HEYNE‹

W0066179

Hayley Morris

Hirn gegen Hayley

LEIDFADEN VON EINER, DIE SICH
ZU VIELE GEDANKEN MACHT

Aus dem Englischen
von Constanze Wehnes und
Lina Robertz

WILHELM HEYNE VERLAG
MÜNCHEN

Die Originalausgabe erschien 2023 unter dem Titel *Me vs. Brain*
bei Century, einem Imprint von CORNERSTONE. CORNERSTONE
ist Teil der Penguin Random House Verlagsgruppe GmbH.

Sollte diese Publikation Links auf Webseiten Dritter enthalten,
so übernehmen wir für deren Inhalte keine Haftung,
da wir uns diese nicht zu eigen machen, sondern lediglich auf deren
Stand zum Zeitpunkt der Erstveröffentlichung verweisen.

Penguin Random House Verlagsgruppe FSC® N001967

Deutsche Erstausgabe 2023
© by Hayley Morris 2023
© der deutschsprachigen Ausgabe 2023
by Wilhelm Heyne Verlag, München,
in der Penguin Random House Verlagsgruppe GmbH,
Neumarkter Straße 28, 81673 München
Redaktion: Isabella Kortz
Umschlaggestaltung: Nele Schütz Design,
unter Verwendung eines Fotos von: David Reiss photography
und eines Designs von: Holly Ovenden
Satz: Schaber Datentechnik, Austria
Druck und Bindung: CPI books GmbH, Leck
Printed in the EU

ISBN: 978-3-453-60674-6

www.heyne.de

*Für meinen Dad,
sorry, dass es in diesem Buch dauernd
um Kacka und Muschifürze geht*

Inhaltsverzeichnis

Einführung 9

Ich vs. Intrusive Gedanken 15
Wie Hirn Chatnachrichten interpretiert 24
Ich vs. Identität 29
Schräge Lügen über meinen Hasen 39
Zehn komische Dinge, die jede:r tut
(oder unbedingt tun sollte) 43
Hirn vs. Pubertät 49
Ich vs. Periode 60
Meine fiktiven Crushs 68
Hirn vs. Lunge 72
Hirn vs. Friseursalon 85
Hirn vs. Spekulum 94
Wie du einen Furz vertuschst 102
Eine genitale Gute-Nacht-Geschichte 106
Hirn vs. Health-Anxiety 114
Fundierte Fakten über Hirn 127
Hirn vs. Kacka 129
Wie du mit einer Trennung fertig wirst 139
Hirn vs. Uterus 142
Herz vs. Vagina vs. Uterus 150
Wie man einen Raum betritt und
dabei wie eine normale Person aussieht 160
Sexstellungen für Dauerbesorgte 165

Ideen für Babynamen aus
meiner Grundschulzeit 168

Hirn vs. Fliegen 171

Einen Kaffee kaufen 184

Wie man mit dem Hochstapler-
Syndrom fertig wird 187

Unverfängliche Gesprächsaufhänger 192

Hirn vs. Körper 195

Hirn vs. Vorträge 198

Hirns Adventskalender 207

Ein Neuanfang 212

Dinge, über die mein Hirn
beim Sex nachdenkt 217

Wie man als Erwachsene:r Spaß am Sex hat 221

Ich vs. Gesicht 224

Ich vs. Hormone 235

Hirn vs. Raketen 242

Hirn vs. Bauch 250

Dad vs. Hirn 262

Ich vs. Trauer 270

Hirn vs. Date 282

Ich vs. Therapie 291

Ich und Hirn 297

Danksagung 301

Hi, ich bin's, Hayley.

Als die Leute vom Penguin Verlag mir vorgeschlagen haben, ein Buch zu schreiben, war mein erster Gedanke:

Na logo, ich will unbedingt ein Buch schreiben! Bis Mittwoch habt ihr mindestens tausend Seiten, verlasst euch drauf. Ach was, zweitausend, wenn nicht mehr. Wie lang darf ein Buch eigentlich werden? Und worüber schreibt man da so? Was, wenn ich einfach tausendmal das gleiche Wort schreibe? Sieht es dann überhaupt noch aus wie ein Wort? Vielleicht drehe ich beim Schreiben ja endgültig durch. Vielleicht wird es das längste Buch, das jemals geschrieben wurde. Leere Seiten sollen ja sehr inspirierend sein …

Und natürlich kam dann auch sofort die Panik. Kaum hatte ich die ersten Wörter – diese Wörter – geschrieben, fragte ich mich, ob ich überhaupt wusste, worauf ich mich da eingelassen hatte. Was, wenn ich gar kein Buch schreiben kann? Vielleicht bin ich nicht gut genug? Ich denke dauernd, dass ich nicht gut genug bin, weil ich es immer allen recht machen will und dabei natürlich völlig absurde Ansprüche an mich selbst stelle. Außerdem bin ich ein Supercooles-aber-eigentlich-superängstliches-Mädel™. Dann ist mir wieder eingefallen, was der große Ernest Hemingway angeblich mal gesagt hat: »Betrunken schreiben, nüchtern lektorieren.«

Wenn dieser alte, mittlerweile leider tote Typ Tausende von Büchern schreiben konnte, obwohl er total hacke war, dann werde ich ja wohl ein einziges hinbekommen. Außerdem habe ich jemanden, der für mich lektoriert, ich kann also ununterbrochen bechern. So wie immer. Spaß beiseite, in Wahrheit bin ich ziemlich langweilig und hasse es, einen Kater zu haben.

Während ich hier so sitze und mit meinen lächerlichen kleinen Händen auf meinem lächerlichen kleinen Laptop herumtippe, denke ich, dass wir eigentlich nie wissen, worauf wir uns einlassen. Zumindest hoffe ich, dass es nicht nur mir so geht; dass ich nicht die Einzige bin, die irgendwie durchs Leben stolpert und einen Fehler nach dem anderen macht. Vielleicht hinterfragen andere beim Schreiben auch jedes Wort dreimal.

Solange ich denken kann, war eigentlich immer Lärm in meinem Kopf. Und zwar keine Soundtracks von Filmen oder gute Ratschläge von irgendwelchen freundlichen Geistern, sondern eine ganz bestimmte Stimme. Eine Zeit lang dachte ich mal, es wäre mein inneres Kind, aber dann ist mir aufgegangen, dass mein inneres Kind unmöglich so gemein sein könnte – in allen Erinnerungen, die ich an mich selbst als Kind habe, finde ich mich eigentlich ziemlich süß und niedlich. Die Stimme sagt mir mit Vorliebe, was ich alles nicht kann. Aber damit nicht genug. Manchmal, zum Beispiel, wenn ich gerade abspüle, taucht die Stimme plötzlich aus dem Nichts auf und sagt so etwas wie: *Bald wirst du sterben.*

Ich will gar nicht abstreiten, dass ich irgendwann sterben werde. Dieses Schicksal erwartet uns alle (viel Spaß bei meinem Buch, ich verspreche euch, dass es nicht immer so düster ist), aber muss ich ausgerechnet jetzt über die Unausweichlichkeit des Todes nachgrübeln, wo ich gerade dabei bin, einem Teller ein nettes Schaumbad zu verpassen? Nein, danke. Immer wieder überrascht mich die Stimme mit irgendwelchen Bemerkungen, Erinnerungen und Ablenkungsmanövern, von banal bis brutal:

Dein Freund liebt dich nicht.
Wenn das nächste Auto blau ist, kriegst du
deinen Traumjob, wenn nicht, wirst du für
immer unglücklich sein.
Alle Menschen, die du liebst, werden sterben.
In dieser Jeans siehst du aus wie
Rumpelstilzchen, und das ist kein Kompliment.

Es kommt vor, dass die Stimme recht hat – manchmal sehe ich tatsächlich aus wie Rumpelstilzchen, und ich weiß, dass das kein Kompliment ist. Na und? Vielleicht sehe ich mit Absicht aus wie das fiese kleine Männchen aus dem Märchen und starte damit einen neuen Trend? Dann muss ich ausnahmsweise mal keine neuen Klamotten kaufen. Mode ist sowieso komisch, erfinde lieber deinen eigenen Stil (das klingt verdächtig nach einer Giorgio-Armani-Werbung, oder?).

Abends im Bett ist die Stimme besonders laut. Sie hält mich wach, indem sie mir die Dinge ins Ohr flüstert, vor denen ich mich am meisten fürchte. Sie jammert mir vor, dass ich morgen total unausgeschlafen sein werde. So geht das, bis der Wecker klingelt. Und wenn ich mich dann todmüde aus dem Bett quäle, sagt sie, ich hätte halt nicht die ganze Nacht grübeln sollen und dass wir jetzt besser bei der Arbeit anrufen, uns krankmelden und zurück ins Bett kriechen. Ich kann nur verlieren.

Die Stimme ist in meinem Kopf, aber sie ist nicht ich. Es ist Hirn. Ich, Hayley, bin ein ausgeglichener, ruhiger und verhältnismäßig guter Mensch, wage ich zu behaupten. Hirn nicht. Sie ist verwirrt, nervtötend und liegt eigentlich immer falsch. Ich würde nicht sagen, dass Hirn und ich Freundinnen sind – wir sind eher so etwas wie Mitbewohnerinnen, wobei sie in meinem Kopf haust, ohne Miete zu bezahlen, und all meine Sachen benutzt, ohne vorher zu fragen. Sie schläft sogar in meinem Bett, und das geht für Mitbewohnerinnen eindeutig zu weit, wenn du mich fragst. Wenn es ginge, würde ich Hirn operativ entfernen lassen. Dann könnte sie in einem Einmachglas auf meinem Schreibtisch wohnen, da würde sie richtig hübsch aussehen, und ich hätte endlich meine Ruhe.

> **HIRN:** Du kannst mich nicht einfach in einem Glas auf deinem Schreibtisch halten. Dann würdest du nämlich sterben, und ich weiß zufällig, dass du auf gar keinen Fall sterben willst, weil du nämlich jedes Mal, wenn ich dir sage, dass wir sterben, sagst: »Nein, alles in Ordnung, uns geht's gut.« Dabei hast du gerade selbst zugegeben, dass wir irgendwann sterben, falls du es nicht mehr weißt.

Andererseits haben Hirn und ich schon so viel zusammen durchgemacht – auch wenn sie es meistens versaut. Immer macht sie mich schlecht, sie ist furchtbar pessimistisch und heckt dauernd irgendetwas aus, um mich in der Öffentlichkeit bloßzustellen. Wegen ihr musste ich nicht nur die Arzt- und Zahnarztpraxis, sondern auch den Friseursalon wechseln – bei denen kann ich mich nie wieder blicken lassen. Vielleicht hast du auch so ein Hirn, dann weißt du, was ich meine. Und wenn nicht, wird dir dieses Buch eine völlig neue Welt öffnen: Willkommen in der Welt der Zuvieldenker:innen.

In diesem Buch geht es um die Reise mit meinem schrecklich anstrengenden und geschwätzigen Hirn, darum, wie wir gelernt haben, gemeinsam durchs Leben zu gehen. Ich hoffe, dass du beim Lesen feststellst, dass du nicht allein bist und so ein verrücktes Hirn ganz normal ist. Wer weiß, vielleicht können Menschen und Hirne eines Tages sogar friedlich zusammenarbeiten und eine bessere Welt für uns alle erschaffen.

> HIRN: O Gott, was für ein peinlicher Satz. Bitte nimm meinen Namen aus dem Titel, ich will auf gar keinen Fall mit diesem Buch in Verbindung gebracht werden. Vielleicht wäre es besser, du würdest überhaupt kein Buch schreiben.

Zu spät, jetzt habe ich schon angefangen ...

Ich vs. Intrusive Gedanken

Gegen ein feines kleines Drama hatte ich noch nie etwas einzuwenden. Mein perfektes Abendprogramm sieht in etwa so aus:

1. AKT: Ein streitendes Paar am Nebentisch, der Typ hat ganz eindeutig Mist gebaut, und das Mädel hat ihn auf die Hörner genommen.

2. AKT: Eine Meinungsverschiedenheit im Pub, der Kunde ist König, aber das Personal bekommt nicht genug Geld, um einfach nett lächelnd nachzugeben, und bleibt stattdessen stur.

3. AKT: Ein Kräftemessen zwischen einem Jugendlichen, der im Bus in voller Lautstärke irgendein Spiel auf seinem Smartphone daddelt, und einer Frau, die der Meinung ist, öffentliche Transportmittel sollten ein Ort der Ruhe und Meditation sein.

Wie gesagt, für ein bisschen Drama im Leben der anderen bin ich immer zu haben. Aber in meinem eigenen Leben? Nein, danke. Das ist nichts für mich, Leute.

Trotzdem spiele ich in meiner eigenen Existenz eindeutig die Hauptrolle. Als Jugendliche bin ich durch unser Haus spaziert und habe vor erfundenen Kameras für meine erfundene Reality-Show *Hayley hängt im Haus ab* posiert.

Wie eine Bloggerin kommentierte ich meine unglaublich schlechte Make-up-Routine und kochte Nudeln, als würden Heerscharen von Fans mir begeistert von zu Hause aus zusehen. Manchmal vergaß ich dabei sogar, dass meine Sendung gar nicht echt war, und überzeugt davon, dass mein damaliger Schwarm mir zusah, räumte ich die Spülmaschine noch ein bisschen verführerischer aus als sonst. Ups, habe ich grade echt einen sexy Squat gemacht, um den Geschirrspüler-Tab aus dem Schrank zu holen? Das war nur für dich, Nathan.

Eigentlich hat mich vor allem die Stimme aus dem Off – so habe ich sie am Anfang genannt – zur Hauptperson gemacht. Von morgens bis abends war da diese Stimme in meinem Kopf, die jede einzelne meiner Bewegungen kommentierte – und es war nicht meine eigene Stimme. Ich lebte in meinem persönlichen Film, aber ich fühlte mich ganz und gar nicht wie ein Star. Als es das erste Mal passierte, war ich sechs Jahre alt. Ich war gerade in einer Disney-Phase und hatte die ganzen traurigen Filme gesehen, in denen die Eltern von irgendwelchen Tierkindern sterben. Wer ist bloß auf so eine bescheuerte Idee gekommen? Sollen diese Filme Eltern etwa dabei helfen, mit ihren Kindern über den Tod zu sprechen? Ein ziemlich traumatisierendes Erlebnis, wenn man mich fragt. Ich bin immer noch nicht über den Tod von Bambis Mutter hinweg. (Achtung Spoiler.)

Eines Abends, ich lag schon im Bett und war kurz davor einzuschlafen, flüsterte mir die Stimme ins Ohr: *Stell dir vor, deine Eltern sterben auch plötzlich.* Woher kam diese Stimme? Ich wusste es nicht. Es war weder meine noch die von Mum oder Dad, und auch nicht die von einem der Disney-Charaktere. Solche Gedanken hatte ich vorher noch nie gehabt. Mir war nie in den Sinn gekommen, dass meine Eltern sterben könnten, eine Welt ohne sie konnte ich mir einfach nicht vorstellen. An jenem Abend weinte ich mich in den Schlaf.

Mit der Zeit wurde die Off-Stimme zu einer ständigen Begleiterin. Von morgens bis abends, von dem Moment, in dem ich aufwachte, bis zur Sekunde, in der ich einschlief, musste ich mir anhören, wie sie meinen Tag beschrieb, mir Fragen stellte und mir neue, oft furchterregende Gedanken in den Kopf pflanzte.

Mit fünfzehn ergatterte ich meinen ersten richtigen Job – als Kellnerin. Wenn ich bei der Arbeit war und meine immer gleichen, monotonen Aufgaben erledigte, war die Stimme meistens still. Und dann, an einem ganz normalen Sonntag, als ich gerade ein Tablett mit Gläsern zu einem Tisch trug, hörte ich sie: *Was, wenn du plötzlich stolperst und mit dem Gesicht in einem Haufen Glasscherben landest?*

Zum ersten Mal kam mir der Gedanke, dass die Stimme vielleicht die Zukunft vorhersagte. Ich stellte sie mir vor wie eine von diesen unheimlichen Wahrsagerinnen. In Filmen spielt die Off-Stimme eine wichtige Rolle – sie leitet die Szene ein, erklärt, was vorher passiert ist, und liefert uns die wichtigsten Informationen zur Hauptperson. In meinem Fall waren das Informationen über mich selbst, die mir allerdings vollkommen neu waren. Schnell stellte ich das Tablett ab und suchte mir eine harmlosere Aufgabe: Besteck polieren.

Doch so schnell gab die Off-Stimme nicht auf: *Die Steakmesser, hm? Die sehen echt scharf aus. Das tut bestimmt ordentlich weh, wenn du dir damit aus Versehen in den Bauch stichst.* An diesem Tag blieben die Steakmesser unpoliert, die Gäste bekamen keine Getränke, und ich ... ich war meinen ersten Job gleich wieder los. Überraschung!

Als ich mit siebzehn endlich den Führerschein machen durfte, bot Dad an, mit mir zu üben – in meinem neuen Auto. Er hatte auch meinem Bruder das Autofahren beigebracht, der zwar nicht beim ersten, aber immerhin beim zweiten Mal bestanden hatte, ich wusste also, dass ich in guten Händen war. Mit meinem Dad an meiner Seite, der mir mit ruhiger Stimme jeden Handgriff erklärte, fühlte ich mich sicher. So sicher, dass ich drei Monate später meinen Führerschein in der Hand hielt. Die Straßen der *Isle of Wight* warteten nur darauf, von mir erobert zu werden.

Die Musik auf voller Lautstärke brause ich also meine Lieblingswege entlang, links nie enden wollende, saftig grüne Felder und rechts das strahlend blaue Meer. Und zwischen mir und dem Meer? Nur die Klippenkante und ein freier Fall. Gar. Kein. Problem.

Fahr über die Klippe.

Was? O mein Gott, nein! Ich drehe die Musik leiser, damit ich besser sehen kann. Bin ich zu nah an der Kante? Ich muss sofort anhalten, ich bin eine Gefahr für mich und alle anderen. Ich sollte jemanden anrufen und mich abholen lassen. Ein paar Meter weiter halte ich auf einem staubigen Parkplatz und krame nach meinem Handy. Wen rufe ich an? Meine Eltern? Aber was soll ich ihnen sagen?

Eine echte Zwickmühle. Ich habe Angst, den Motor anzumachen, Angst, dass ich tatsächlich über die Klippe fahre, aber wenn ich jetzt meine Eltern anrufe und ihnen von den merkwürdigen Einfällen der Off-Stimme erzähle, dann nehmen sie mir garantiert meinen Führerschein weg und zwingen mich, das Auto zu verkaufen. Ich wäre meine neu errungene Freiheit gleich wieder los und müsste mich mit dem nicht existenten öffentlichen Nahverkehr der *Isle of Wight* begnügen.

Also stecke ich mein Handy wieder ins Handschuhfach, drücke auf Play und fahre vom Parkplatz – Spiegel, Blinker, Schulterblick. Auf keinen Fall lasse ich mir meine Freiheit wegnehmen! Für den Rest der Fahrt schmettere ich aus voller Kehle und in Dauerschleife »Unwritten« von Natasha Bedingfield. Wenn die Off-Stimme wieder etwas sagt, höre ich ihr einfach nicht zu.

Ein paar Wochen später düse ich über die Autobahn nach Brighton, auf dem Weg zu meinem allerersten Uni-Semester. Es ist ein berauschendes Gefühl. Die Autobahn ist dreispurig, und ich bin für die Überholspur geboren. Ich tue so, als wüsste ich nicht, dass man auf der ganzen Insel nur achtzig fahren darf, ich fühle mich wild und frei. Mir fällt gar nicht auf, dass die CD, die ich eingelegt habe (um die Off-Stimme zu übertönen) durchgelaufen ist. Ich bin viel zu sehr damit beschäftigt, die Autofahrt und das wundervolle Gefühl der Freiheit zu genießen.

TRITT AUF DIE BREMSE!

Ohne Vorwarnung ist die Off-Stimme wieder da, lauter als je zuvor.

FAHR IN DIE MITTELPLANKE! MACH, DASS DAS AUTO SICH ÜBERSCHLÄGT!

ZIEH DIE HANDBREMSE!

Das Auto schwankt leicht, als ich das Lenkrad fester packe. Vorsichtig ordne ich mich auf der langsameren Spur ein. Die Off-Stimme flüstert mir ins Ohr:

Reiß die Tür auf und schmeiß dich aus dem Auto.

Ich taste nach dem Autoradio. Ich muss die Stimme übertönen. Sie ist gefährlich – sie will nicht, dass es mir gut geht, sie will Nervenkitzel, Gefahr, Tod. Ich höre auf, nach der Play-Taste zu suchen, und konzentriere mich auf die Straße. Ich versuche, die Stimme zu ignorieren. Weil ich den Rest des Weges im Schneckentempo zurücklege, komme ich eine Stunde später an als gedacht, und als ich mein Studentenwohnheim erreiche, würde ich mich am liebsten auf die Erde werfen und den Boden küssen, so dankbar bin ich, dass ich es geschafft habe.

Während meiner Zeit an der Uni ist die Off-Stimme überall dabei. Es ist ein bisschen so, als würde ich in den *Final Destination*-Filmen leben – eine Reihe von Horrorfilmen, in denen eine Gruppe Jugendlicher immer wieder dem Tod entkommt, nur um kurz darauf von ihm eingeholt zu werden. Nicht gerade das, was man sich für die Ersti-Woche wünscht, was?

Jeden Tag sagt mir die Stimme, ich solle aus dem Fenster springen, mich vom Balkon stürzen oder vor einen Zug werfen. Jeden Tag kämpfe ich dagegen an. Die Stimme verlangt vollkommen absurde Dinge von mir. Mein Handy aus dem Fenster schmeißen zum Beispiel, die Vogelkacke von Autos lecken oder in die Getränke anderer Leute spucken. Eines Tages habe ich ein Einzelgespräch mit meiner Dozentin und versuche, ihre Fragen zu meinem Essay zu beantworten, in dem es darum geht, wie das Internet das Fernsehen verdrängt. Es sind viele Fragen. Da meldet sich die Off-Stimme wieder zu Wort:

Küss sie.

Okay, das ist neu. Wo kommt das denn jetzt her? Bin ich etwa in meine Dozentin verknallt? Habe ich Gefühle für sie entwickelt, die ich besser nicht haben sollte? Ist das der Beginn des größten Liebesskandals, den meine Uni je gesehen hat? Mit mir als Hauptperson? Plötzlich sind da Bilder von uns in Hochzeitskleidern in meinem Kopf, und ich frage mich, ob sie wohl ihren Job verliert. Wenn sie sich meinetwegen gegen ihre Karriere entscheidet, wird sie mich letzten Endes bestimmt dafür hassen. Na toll, das kann ja nur schlecht ausgehen.

Die Dozentin spricht über meinen Essay, als wäre nichts gewesen: »Diesen Vergleich hier, zum Beispiel, finde ich wirklich interessant …«

Die Off-Stimme unterbricht sie. *Los, küss sie auf den Mund.*

Nein, hör auf. Garantiert küsse ich sie nicht auf den Mund.

Dann schlag ihr auf die Stirn.

Wieso denn das? Natürlich nicht. O Gott, stell dir vor, was dann passiert. Wahrscheinlich würde ich von der Uni fliegen. Da küsse ich sie ja noch lieber.

Die Dozentin hat aufgehört zu reden.

Bestimmt kann sie hören, was wir denken.

Was? Nein, das geht doch gar nicht, oder?

Verwirrt sieht die Dozentin mich an. »Also, was meinen Sie dazu?«

Die Off-Stimme schlägt vor, »Fotze« zu rufen und aus dem Raum zu rennen. Zugegeben: Eine besonders gute Alternative habe ich nicht. Stattdessen behaupte ich, dass ich Kopfschmerzen habe und mich nicht konzentrieren kann. Verständlicherweise ist sie genervt – ein erster Streit unter Liebenden? Sie beendet das Gespräch und ruft die nächste Studentin herein.

Irgendwie schaffe ich es durchs Studium. Stolpere durchs Leben. Die Off-Stimme immer im Schlepptau.

Eine meiner Freundinnen bekommt ihr erstes Baby, und als ich das süße, kleine, stupsnasige, gerade frisch geschlüpfte Ding im Arm halte, höre ich die Stimme: *Lass es fallen.*

Vor Schreck erstarre ich.

Lass es fallen und verpass ihm einen Tritt.

Ohne Vorwarnung drücke ich meiner Freundin ihr Baby wieder in die Arme. Mir darf man so etwas Kostbares auf keinen Fall anvertrauen.

Natürlich mache ich nicht, was die Off-Stimme will, aber ich passe genau auf, was sie sagt. Mehr als früher. Ich muss wachsam bleiben. Vielleicht bin ich tatsächlich die Art Person, die ihre Dozentin küssen, ein Baby fallen lassen oder das Auto über die Klippe fahren würde. Ich nehme jede einzelne ihrer Ideen als Warnung.

Jahre später, in denen die Off-Stimme in meinem Leben für viel Chaos gesorgt hat, beschließe ich endlich, dass es an der Zeit ist, jemandem von ihr zu erzählen. Sobald ich darüber nachdenke, kann ich nicht fassen, dass ich vorher nie auf die Idee gekommen bin. Eigentlich komisch, dass die Stimme es nicht selbst vorgeschlagen hat. Was ist selbstzerstörerischer, als sein tiefstes, dunkelstes Geheimnis zu verraten? Aber vielleicht hat sie gedacht, dass ich dann sediert und weggesperrt werde und in meinem Kopf vor lauter Nebel kein Platz mehr für sie ist.

Als meine beste Freundin und ich die Strandpromenade entlanggehen, drehe ich mich also zu ihr um und erzähle ihr alles. Ich kotze die Worte regelrecht aus und beobachte sie dabei, wie sie mich beobachtet.

Erst sagt sie gar nichts. Dann gibt sie zu: »Seit wir losgelaufen sind, habe ich mir schon ungefähr achtmal vorgestellt, dich von der Mauer zu schubsen.«

O mein Gott, was für ein Monster, will sie mich etwa umbringen? Oder ist sie …? Sind wir …? Sind wir etwa deshalb beste Freundinnen, weil wir beide Psychopathinnen sind?

Wir fragen Google und finden heraus, dass es da draußen Tausende von Menschen gibt, die mit einer Off-Stimme leben. Nur, dass es nicht Off-Stimme heißt, sondern »intrusive Gedanken«. Auf Französisch heißt es *l'appel du vide*, was irgendwie sexy und mysteriös klingt, finde ich.

Und anscheinend sind intrusive Gedanken auch ziemlich normal. Nur weil man sie hat, bedeutet das noch längst nicht, dass man sich selbst oder andere Menschen umbringen will. Es sind eben nur Gedanken. Und es gibt eine ganze Reihe davon. Welche Art genau dich heimsucht, ist ein nettes, kleines Russisch Roulette. *Du bist nicht gut genug, nicht witzig genug, nicht sexy genug* oder *Das hast du gar nicht verdient* sind nur ein paar Beispiele. Die Off-Stimme flüstert dir vielleicht Dinge zu, wie: *Du hast doch überhaupt keine Gehaltserhöhung verdient, Du bist keine Künstlerin, du hast null Talent* oder *Du bist ein wertloses Stück Scheiße und niemand mag dich.* Ganz normal eben.

Vielleicht drehen sich deine intrusiven Gedanken auch um Sex, und du fühlst dich total pervers, weil du dir vorstellst, wie es wohl wäre, deine Dozentin zu küssen, oder wie Paare beim Geschlechtsverkehr aussehen. Vor allem, wenn es Leute sind, die du dir eigentlich auf gar keinen Fall beim Sex vorstellen willst, wie das ältere Ehepaar, das immer auf der Bank vor deinem Haus sitzt. Obwohl es natürlich schön ist, dass sie noch genug Pep und nicht zu große Probleme mit den Gelenken haben. Trotzdem kann ich auf die Details gut und gerne verzichten. Es ist nämlich gar nicht so einfach, zwei älteren Herrschaften in die Augen zu gucken, wenn deine intrusiven Gedanken dir kurz vorher ein Bild von ihnen in der 69er-Stellung beschert haben.

Ich habe herausgefunden, dass diese Gedanken nicht dazu da sind, einem das Leben unnötig schwer zu machen, sondern dass unsere Gehirne einfach nur versuchen, uns zu beschützen, indem sie sich das Schlimmste ausmalen. Im Grunde sind die intrusiven Gedanken das Gegenteil von dem, was du eigentlich willst. Ich fühle mich also nicht mehr ganz so schlecht, weil ich mir vorgestellt habe, was Betty und Norman hinter verschlossenen Türen treiben.

Mit diesem neuen Wissen als Waffe beschließe ich, der Off-Stimme – oder Hirn, wie ich sie heute nenne – nicht kampflos das Feld zu überlassen. Sie ist ein Teil von mir, aber mehr auch nicht. Manchmal sind wir uns einig und manchmal nicht. Manchmal hat sie recht, aber meistens liegt sie falsch.

Ich gegen Hirn ist das neue Motto.

Wie Hirn
Chatnachrichten
interpretiert

Montag Morgen. Während mein Freund weiterschlafen darf, habe ich mich aus dem Bett in mein Auto gequält – überhaupt nicht bereit für einen neuen Tag. Ich habe total vergessen, meinem Freund Tschüss zu sagen, weil der frühmorgendliche Streit zwischen zwei Nachbar:innen meine gesamte Aufmerksamkeit in Anspruch genommen hat. Wegen diesem Streit komme ich noch zu spät zur Arbeit, außerdem befürchte ich, dass ich vergessen habe, Deo zu benutzen. Ich mache den Schnüffeltest: Unauffällig stecke ich den Finger in meine Achselhöhle und rieche daran, indem ich so tue, als würde ich mich an der Nase kratzen. Ich habe definitiv kein Deo benutzt! Mist!

Mein Handy plingt, und eine Nachricht von meinem Freund leuchtet auf.

FREUND: Morgen.

HIRN: Moment mal, das klingt irgendwie abweisend, oder?

Ich lese die Nachricht noch ein paarmal.

Vielleicht war es eher ein »Mooor-geeen«, so eine Art fröhlicher Singsang.

HIRN: Dann hätte er es mit Ausrufezeichen geschrieben. Er ist sauer auf uns, und das weißt du genau.

Vielleicht war es ein einfaches, effizientes und vollkommen neutrales »Morgen«, so wie wenn wir morgens zusammen aufstehen und er mir persönlich einen guten Morgen wünscht.

HIRN: Wo ist dann der Smiley? Nein, er ist definitiv wütend.

Vielleicht ist er tatsächlich böse auf mich. Ich antworte: Guten Morgen, wie geht's dir heute?

FREUND: Gut, und dir?

HIRN: Oha! Das ist ja noch schlimmer, als ich dachte. Er hat nicht mal Danke gesagt.

Ich finde eigentlich, dass es eine legitime Antwort auf meine Frage ist. Oder nicht?

HIRN: Auf gar keinen Fall. Ganz offensichtlich ist er angepisst, weil wir abgehauen sind, ohne uns zu verabschieden. Er denkt, dass er uns egal ist und dass wir stinken.

Ich kriege Panik, und zwar nicht nur, weil ich kein Deo benutzt habe. Habe ich etwa Mist gebaut? Zur Sicherheit sollte ich mich entschuldigen.

ICH: Mir geht's gut, danke. Tut mir leid, dass ich heute Morgen einfach so gegangen bin. Janine und Bill haben sich schon wieder über den Müll gestritten.

FREUND: Haha, kein Problem. Bin eh gerade erst aufgestanden.

HIRN: O Gott, er hat einen Punkt benutzt. Los, ruf die Polizei. Das könnte böse enden.

Was, wieso? Weil er die Grundlagen der Zeichensetzung beherrscht?

HIRN: Zeichensetzung benutzt man in E-Mails. Aber ganz sicher nicht in einer Textnachricht an die Liebe seines Lebens.

Ach, komm schon. Du übertreibst, alles ist gut.

HIRN: Wenn alles gut ist, warum fragst du ihn dann nicht einfach, ob er böse auf uns ist?

Wenn du darauf bestehst …

ICH: Ach so, okay. Ich wollte nur sichergehen, dass zwischen uns alles in Ordnung ist?

FREUND: Klar, warum auch nicht?

HIRN: Fuck! Das hast du ja super hingekriegt. Garantiert macht er gleich Schluss. Los, wir müssen mehr rausfinden.

Wie konnte nur so schnell alles so schiefgehen? Gerade haben wir uns noch Guten Morgen gewünscht, und jetzt machen wir Schluss? Schnell tippe ich meine Antwort ein.

> **ICH:** Ich frage nur, weil du ein bisschen komisch bist heute Morgen. Sicher, dass alles in Ordnung ist?

> **FREUND:** Ja, alles gut. Ich bin nicht komisch.

> **HIRN:** Ach. Du. Scheiße. Zwei Punkte hintereinander. Wir sind so was von erledigt. Sag ihm, dass wir wissen, was die Punkte bedeuten.

Ich bin empört. Er kann doch nicht ernsthaft Schluss machen, nur weil ich vergessen habe, mich heute Morgen von ihm zu verabschieden. Jetzt fange ich auch noch an zu schwitzen, bestimmt ist der Gestank mittlerweile unerträglich. Außerdem bin ich viel zu spät dran. Und eine Abmahnung kann ich wirklich nicht gebrauchen.

> **ICH:** Ich finde es nur ein bisschen komisch, dass du so viele Punkte verwendest und so tust, als ob alles in Ordnung sei, obwohl ganz offensichtlich nicht alles in Ordnung ist.

> **FREUND:** Du benutzt auch Punkte, Hayley. Ich hab dir doch gesagt, dass alles gut ist. Ist bei dir alles gut?

> **HIRN:** Er will Streit? Den kann er haben!

Das Handy klingelt, es ist mein Freund.

Er versichert mir, dass alles gut ist. Er ist nicht sauer auf mich. Puh, noch mal Glück gehabt.

HIRN: Außer er lügt.

Ich vs. Identität

Ich war unglaublich gerne ein Kind. Kind zu sein ist einfach. Deine Eltern wecken dich, suchen dir was zum Anziehen raus, machen dir Essen, chauffieren dich überallhin. Wie eine winzige Königin mit riesigen Diener:innen. Kinder müssen niemals Entscheidungen treffen.

Als Erwachsene verbringe ich viel zu viel Zeit damit, mich fertig zu machen, bevor ich das Haus verlasse. Es fängt harmlos an: Ich sitze vor dem Spiegel und schminke mich. Ich schminke mich immer genau gleich. Einerseits, weil ich nicht besonders gut im Schminken bin, vor allem aber, um den ewigen Entscheidungsbaum des Lebens etwas zu stutzen. Wenn ich auch noch Smokey Eyes, eine Cut Crease, einen Soft Glam oder No-Make-up-Look könnte, würden die Äste des Baums nie aufhören zu wachsen. In meinem Fall gilt also: Ignoranz gleich Effizienz. Als Nächstes mache ich meine Haare auf eine von zwei möglichen Arten: Offen und gewellt oder eng anliegend und streng zurückgekämmt in einen tief sitzenden Zopf, wozu ich das Fett von meiner Kopfhaut verwende. So weit, so gut.

Der nächste Schritt ist dann schon nicht mehr so einfach, jetzt werden die Dinge mitunter unschön. Ich öffne die Tür meines Kleiderschranks und enthülle meine Auswahl an Klamotten. Die Hälfte meiner Garderobe ist schwarz, die zweithäufigste Farbe ist Weiß, dann kommt Grün, und dann gibt es noch einzelne orange blaue und pinke Farbkleckse. Ich hasse alle meine Klamotten. Ich starre in das Kleiderchaos und spüre, wie sich an meinem Hinterkopf ein unangenehmer Druck aufbaut, während ich verzweifelt nach einem Outfit suche.

HIRN: Wir haben nichts zum Anziehen.

Blöderweise hat sie recht. Es ist nicht so, dass ich nicht genug Klamotten besitze – ich habe sogar eindeutig zu viele –, aber sie sehen alle doof aus. Ein Sammelsurium von verschiedenen Identitäten, die ich in den letzten zehn Jahren anprobiert habe. Dabei habe ich mich davon inspirieren lassen, wer bei Instagram gerade die coolsten Styles hatte. Lackhose und gerüschtes Bandeau-Top? Kein Problem, schon habe ich mich bei *Vinted* eingeloggt, um das Outfit nachzukaufen. Irgendwann kommen die Pakete dann an, und obwohl ich weiß, dass es vollkommen unverantwortlich ist, sich so viele Klamotten liefern zu lassen, ist mir das in diesem Moment egal. In den Pappkartons wartet eine neue, bessere Version meiner selbst. Ich reiße die Verpackungen auf, und sofort verschwindet meine Euphorie: Wie konnte ich je glauben, dass Gothic-Punk-Rave mein neuer Stil sei? Die gute alte Kaufreue setzt ein, und ich fühle mich schuldig. Ich bin eine verschwenderische und lächerliche Person, die den Planeten zerstören will. Ich hasse mich. Und meine neuesten Anschaffungen verschwinden in der Kleiderhölle meines Schranks.

Stattdessen ziehe ich Basic-Outfit Nummer 1 an: Jeans und ein weißes T-Shirt. Schlicht und einfach.

HIRN: Da ist sie wieder, unsere Miss Langweilig.

Okay, zugegeben. Gestern hatte ich genau das Gleiche an. Und vorgestern auch. Vielleicht bin ich langweilig.

Ich probiere Outfit Nummer 2 an: ein schwarzes Kleid. Hübsch, nicht zu auffällig, aber trotzdem ein bisschen was anderes.

HIRN: O mein Gott! Sind wir etwa schwanger?

UTERUS: (Schnappt nach Luft) Wir kriegen Zwillinge!

Ernsthaft? Sieht es so schlimm aus? Im Laden fand ich es eigentlich ganz gut. Dezent, ja, aber auch irgendwie chic. Und die Verkäuferin hat gesagt, dass ich toll darin aussehe.

HIRN: Sie hat natürlich gelogen, Erbsenhirn.

Ich werfe das Kleid auf den wachsenden Berg aus Klamotten, die ich schon mit dem unsichtbaren Etikett »Secondhandladen« versehen habe und die trotzdem immer wieder in meinem Schrank landen.

Nächstes Outfit. Aller guten Dinge sind drei. Ich probiere es mit einem langärmeligen, grünen Midikleid, das ich vor fünf Jahren gekauft habe. Dazu Knöchelsocken und Sneakers.

BRÜSTE: Du machst wohl Witze.

Ich gucke zu den Mädels runter. Sie sind gut versteckt, ich weiß gar nicht, was sie haben.

BRÜSTE: Seit wann bist du denn so prüde?
Schämst du dich etwa für uns?

Nein. Das heißt, manchmal schon, aber nur, weil ich keine Lust habe, dass fremde Männer euch anstarren, obwohl sie überhaupt kein Recht dazu haben.

Eine Stunde später sieht mein Schlafzimmer aus, als hätte eine Bombe eingeschlagen, ich trage wieder mein langweiliges, altes weißes T-Shirt und frage mich zum tausendsten Mal: Wer zur Hölle bin ich eigentlich? Natürlich machen Kleider keine Leute, aber für gewöhnlich sind sie ein guter Anhaltspunkt. Laut meiner Garderobe bin ich also ein Goth-Punk-Cowboy, der gerne auf Raves geht, es manchmal aber auch superschlicht mag.

Strumpfhosen und Turnanzug

Als Jugendliche wusste ich, dass ich einmal Tänzerin werden würde. Meine Uniform bestand aus Strumpfhosen und Turnanzug, beides trug ich fünf Tage die Woche, um nach der Schule trainieren zu gehen. Im Stepptanz war ich eine Niete. Ich habe es gehasst. Ich musste dabei immer daran denken, wie jemand eine Aluminiumdose mit dem Fuß zerquetscht, das habe ich mal in der Kindersendung *Blue Peter* gesehen. Keine Ahnung warum, aber das Bild hat sich in mein Gehirn eingebrannt und flammt immer auf, wenn jemand diesen albernen Hüpfer macht. Ballett habe ich genauso gehasst. Viel zu diszipliniert und ernst. Und warum muss das Haar dabei unbedingt am Kopf kleben und in einen Zopf gezwängt werden? Damals wusste ich noch nicht, dass genau dieser fettige, angeklebte Zopf später zu einem echten Lebensretter werden würde. Jazz dagegen habe ich geliebt. Nur beim Jazz konnte ich – das stille, schüchterne Kind – so richtig loslassen. Wie wild durch den ganzen Raum hüpfen, als wäre ich die Backgroundtänzerin von Britney

Spears, war genau mein Ding! Ich habe zeitgleich mit meiner Cousine mit dem Tanzen angefangen. Irgendwann gegen Ende unserer Schulzeit wurde dann klar, dass sie ihr Glück als professionelle Tänzerin versuchen würde. Mein sehnlichster Wunsch war es, Britney Spears zu werden, Backgroundtänzerin reichte mir nicht mehr. Außerdem wollte ich einen roten Catsuit und eine echte Schlange als Halskette – eindeutig realistischere Wünsche. Nachdem ich mich von meiner Cousine verabschiedet hatte, die an die *Royal Ballet School* ging, hängte ich meine Strumpfhose endgültig an den Nagel, bereit für das Leben als Popstar.

Topshop-Blazer

Es stellte sich heraus, dass es gar nicht so leicht war, ein Popstar zu werden. Sogar noch schwieriger als Primaballerina. Kein Problem, dann wurde ich eben Rundfunkjournalistin. Ich hatte weder die Stimme noch die Power eines Popstars, und Sprechen schien mir einfacher als Singen, außerdem habe ich schon immer gern vor der Kamera gestanden. Ich habe einen Platz in einem tollen Studiengang bekommen, meine schicksten Shirts und elegantesten Blazer von Topshop eingepackt und bin losgezogen, um das Fernsehen zu revolutionieren. Mit Nachrichten und … solchen Sachen halt. Du weißt schon.

Am Anfang lief es gut. Meine Noten waren okay, ich konnte ein bisschen Berufserfahrung sammeln, aber es hat sich irgendwie nicht richtig angefühlt. Die meiste Zeit war ich mies drauf. Vielleicht lag es daran, dass die meisten Nachrichten schlechte Nachrichten sind und ich den Leuten damit den Tag ruinierte. Ich weiß nicht, ob du in letzter Zeit Nachrichten geschaut hast, aber da draußen ist echt die Hölle los. Ganz selten darf man vielleicht mal berichten, dass ein Welpe eine Katze gerettet hat, aber in neunundneunzig Prozent der Fälle geht es um Politik, Krieg und andere deprimierende Dinge. Als ich mit dem Studium fertig war, wusste ich, dass es nicht das richtige für mich war, aber hey, immerhin hatte ich jetzt einen hübschen Studienkredit, der mich noch lange an dieses Kapitel in meinem Leben erinnern würde.

Pencil-Skirts und Ballerinas

Trotzdem war die frischgebackene Absolventin in mir bereit zu zeigen, was sie draufhatte. Und schlappe acht Monate später sollte ich endlich die Gelegenheit dazu bekommen. Alle hatten mir immer gesagt, dass man nach dem Studium unbedingt nach London ziehen müsse – anscheinend erfüllen sich in London alle deine Träume von selbst. Also bin ich nach London gezogen. Nach gefühlt hundert Absagen, genau an dem Tag, an dem meine maximale Kontoüberziehung erreicht war, bekam ich eine Stelle als Praktikantin in einer Beauty-Firma. Jeden Tag um 7:30 Uhr spazierte ich in Pencil-Skirt, einer Schickimickibluse und Ballerinas ins Büro und machte mich daran, Anrufe zu beantworten und PowerPoint-Präsentationen zu erstellen, um meine viel ältere Chefin zu beeindrucken.

Das Problem daran, in London zu leben, war, dass ich aus irgendeinem Grund immer mehr ausgab, als ich verdiente, dabei kaufte ich mir noch nicht mal irgendwelche tollen Sachen. Allein den Fuß vor die Tür zu setzen schien ein Vermögen zu kosten. Ich war derart knapp bei Kasse, dass ich lieber zweieinhalb Stunden nach Hause lief, als das Geld für ein Zugticket auszugeben. Irgendwann habe ich angefangen, nebenher im Restaurant bei mir um die Ecke zu jobben, um mir etwas dazuzuverdienen. Wochenlang sah ich niemanden, nicht mal meine Freund:innen, die nur ein paar Minuten weit weg wohnten. Ich war am Ende meiner Kräfte.

Dann, eines Tages, beschloss ich, dass es so nicht weitergehen konnte. Genug war genug. Und wie alle Zwanzigjährigen mit großen Träumen, wenig Geld und noch weniger Plan kaufte ich das günstigste One-Way-Ticket, das ich finden konnte, packte meine Koffer und flog nach Australien.

T-Shirts, Shorts und Rucksack

Der Greyhound-Bus setzte mich an einem besonders hübschen Straßenabschnitt kurz vor Cardwell an der australischen Ostküste ab, wo ich auf einer Bananenfarm arbeiten würde. Ich hatte ein altes T-Shirt und abgeschnittene Jeans an, aber es war mir vollkommen egal, wie ich aussah. Die Sonne schien, mein Handy war ausgeschaltet, und ich trug kein Make-up. Die Aussicht war so atemberaubend schön, dass ich mich fragte, ob sie echt war oder jemand sie per Green-Screen eingesetzt hatte. Niemand, der noch ganz bei Trost war, würde diese Aussicht aufgeben und jemals wieder weggehen. Das Meer war beinahe unnatürlich blau und erstreckte sich meilenweit, es schien direkt in den wolkenlosen Himmel überzugehen. Die Bäume am Straßenrand hatte ich noch nie gesehen, und überall blühten leuchtend bunte Blumen.

Jeden Tag packte ich Bananen in Kisten und stopfte mich zum Frühstück, Mittag- und Abendessen mit Bananen voll. Freitagabends gingen wir in die einzige Bar im Ort, um uns abzuschießen, und verbrachten dann den Samstag an einem nahe gelegenen Wasserfall, wo wir von Felsen aus in herrlich kristallklares Wasser hüpften. Aber das Allerbeste war, dass ich mit dem Traktor über die Plantage fahren durfte! Keine Frage, mein Leben auf der Bananenfarm war himmlisch, aber bekanntlich soll man ja aufhören, wenn es am schönsten ist, und außerdem hatte ich schon einen neuen Job in Aussicht.

100 % Polyester

Ein neuer Job in einem neuen Land: Ich war jetzt Kellnerin in einem englischen Pub im Epcot-Park in der *Disney World* in Florida, was sich einerseits so anfühlte, als lebte ich in mehreren Ländern gleichzeitig, andererseits hatte ich das Gefühl, hier gäbe es so etwas wie Länder gar nicht. Ich war von Kopf bis Fuß in Polyester gekleidet, in ein Kostüm, das ich nur als sexy Magd beschreiben kann: rosa Oberteil mit Schnürmieder und Puffärmeln, ein ausladender weinroter Rock und eine cremefarbene Halbschürze. Ich war mit den anderen Angestellten in einem Haus untergebracht und arbeitete locker 60 bis 70 Stunden die Woche, aber ich hatte die beste Zeit meines Lebens. Es fühlte sich an, als würde ich auf einem Filmset leben, so losgelöst war ich von der Wirklichkeit. Während meine Londoner Freund:innen sich Tag für Tag zur Arbeit schleppten, sah ich mir Feuerwerke an, aß Burger, fuhr Achterbahn und postete bei Instagram Bilder mit so arroganten Untertiteln wie: »Ich lebe da, wo andere Urlaub machen?«. Ja, so eine Person war ich geworden, und es störte mich nicht mal. Dann kam Corona, ich musste das lahmgelegte Paradies auf Erden verlassen und kehrte zurück auf die *Isle of Wight*. Ich hatte keine Ahnung, wer ich war, und weil ich mich weder hinter meiner abgetragenen Bananenfarm-Uniform oder dem Sexy-Magd-Kostüm verstecken konnte, fiel es mir schwer, mich morgens überhaupt anzuziehen.

Weil ich keinen Job, keine Aussichten und keinen Plan hatte, fing ich an, kurze Comedy-Videos zu drehen und sie bei YouTube hochzuladen. Die Leute (Mum, Dad und Grandma) fanden sie lustig, also machte ich weiter. Außerdem setzte ich mich hin und schrieb eine Liste mit Dingen, die ich in meinem Leben erreichen wollte:

- *Einen Beruf, der mir Spaß macht*
- *Irgendwas mit Comedy*
- *Eine Million Follower*
- *Ein Haus*
- *Glücklich sein*
- *An einem schönen Ort leben*

In den nächsten Monaten wuchs meine Followerzahl stetig. Ab April 2021 war Social Media mein Vollzeitjob. Ich machte jetzt keine Videos mehr im Schlafanzug, sondern Sketche, in denen ich mich mit meinen verschiedenen Körperteilen unterhielt. Ich verkleidete mich als mein Gehirn, als Vulva und sogar als haariger Nippel. Vor allem aber wachte ich jeden Morgen voller Vorfreude und Dankbarkeit auf. Wer darf sich für seinen Job schon als Schamhaar verkleiden?

Meine Mum hat mal gesagt: »Was für dich bestimmt ist, findet seinen Weg zu dir.« In meinen schwierigsten Momenten, wenn ich überhaupt nicht mehr weiß, wer ich bin oder was ich tun soll, denke ich an diese Worte. Es ist nicht schlimm, wenn du nicht genau weißt, was du mit deinem Leben machen willst, aber wenn du etwas gefunden hast, das dir Spaß macht und dich begeistert, dann solltest du unbedingt dranbleiben und herausfinden, wohin es führt.

Sich selbst zu finden braucht Zeit. Deshalb beschließe ich, während ich in Jeans und weißem T-Shirt vor dem Spiegel stehe, es für heute gut sein zu lassen. Schlicht und einfach. Das bin vielleicht nicht ich, aber es ist trotzdem okay.

Schräge Lügen über
meinen Hasen

Meine beste Freundin aus der fünften Klasse (die übrigens auch Hayley heißt) hatte einen Hund namens Dave. Ein komischer Name für einen so süßen Hund, aber wahrscheinlich haben sie ihn nach einem verstorbenen Familienmitglied benannt oder nach ihrem Lieblingsmüllmann, wer weiß. Er hieß nicht nur wie ein Shih-Tzu, er benahm sich auch wie einer, aber ich war trotzdem unglaublich neidisch auf meine Freundin. Hayley gab den lieben langen Tag damit an, was Dave für tolle Tricks konnte – eine Rolle, um Leckerlis betteln, auf Befehl bellen, die Zeitung holen und so weiter. Eigentlich nichts Außergewöhnliches für einen Hund, aber aus irgendeinem Grund hielt ich das Fellbündel Dave für ein Hundegenie.

Monatelang bettelte ich meine Eltern an (und zwar ganz ohne Leckerlis), aber sie weigerten sich strikt, mir einen Hund zu kaufen. Es war so ungerecht! Nur weil mein Dad mit dreizehn Doggen und meine Mutter mit einem hyperaktiven Hund groß geworden waren, hatte es sich für sie ein für alle Mal »ausgehundet«. Es war nicht leicht für mich, diese Entscheidung zu akzeptieren, aber nach weiteren Monaten harter Verhandlung einigten wir uns schließlich auf einen Hasen, den ich Charlie nannte. Ich war fest entschlossen, Charlies Superkräfte zum Vorschein zu bringen, also richtete ich eigens für ihn ein Lern- und Trainingscenter ein, voller Spielzeuge, Hindernisse und anderer kleiner Herausforderungen. Leider interessierte er sich nicht besonders dafür, also erfand ich seine Heldentaten. Ich konnte ja nicht einfach zuhören, wie Hayley über ihre magischen Haustierbesitzerkräfte sprach, obwohl ich ganz eindeutig ein Hasengenie besaß. Hier ein paar meiner besten Lügen.

Mein Hase sieht fern

Es kommt ganz auf die Definition von »fernsehen« an. Jeden Samstagmorgen saß ich mit Charlie auf dem Schoß vor *CITV*, und ab und zu blickte er in die Richtung des Fernsehers, also sah er ja wohl auch irgendwie fern. Ich habe außerdem behauptet, dass er sich Sendungen in der *RadioTimes* aussuchte, indem er auf die jeweilige Stelle kackte. Das war nicht gelogen, weil die Seiten der Zeitschrift alle nach und nach in seinem Stall endeten. Vielleicht war er nur ein langsamer Lerner?

Mein Hase kann seiltanzen

Als Kind habe ich immer davon geträumt, richtig coole Zirkuskunststücke zu können, aber nachdem ich bei einer Vorwärtsrolle auf dem Trampolin blöd auf dem Nacken gelandet bin, habe ich diesen Traum für immer begraben. Charlie dagegen war ein beeindruckender Akrobat, zum Beispiel konnte er über die kleine Rampe, die wir für ihn gebaut hatten, in sein Bett und wieder hinausklettern. Und was ist eine Rampe anderes als ein dickes Seil? Siehst du? Mein Hase konnte es tausendmal mit dem blöden Dave aufnehmen.

Mein Hase
kann Gedanken lesen

Ich habe nicht behauptet, dass Charlie die Zukunft vorhersagen konnte, aber wenn es bald regnen würde – oder grade angefangen hatte, aber nur ein ganz kleines bisschen –, hoppelte er sofort zurück in seinen Stall. Und wenn ich traurig war, saß er auf meinem Schoß (weil ich ihn dort hingesetzt hatte). Der olle Dave dagegen merkte nicht einmal, wenn es in Strömen regnete, und er roch immer nach nassem Hund.

Mein Hase hat uns vor
einem Feuer gerettet

Klingt dramatisch, oder? Als ich meinen Freund:innen erzählt habe, wie Charlie mich aus unserem lichterloh brennenden Haus gerettet hat – du musst schon zugeben, dass das Bild von dem winzigen Hasen, der mich aus den Flammen zieht, ziemlich sensationell ist –, haben sie erschrocken nach Luft geschnappt. In Wahrheit hat Mum eine Kerze umgestoßen, und Charlie einmal laut mit den Pfoten geklopft, bevor er mich in den Finger gebissen hat. Gott sei Dank lag unser Haus so weit weg von meiner Schule, dass meine Freund:innen nie zu Besuch kamen und nicht überprüfen konnten, ob meine Geschichte stimmte.

Mein Hase schläft
bei mir im Bett

Eigentlich durfte Charlie nicht auf mein Bett – wie gemein, dass dieses Recht Hunden vorbehalten ist. Natürlich habe ich es trotzdem versucht, allerdings ist er immer mitten in der Nacht abgehauen. Genau wie die Männer übrigens, mit denen ich später mein Bett geteilt habe.

Zehn komische Dinge, die jede:r tut (oder unbedingt tun sollte)

Ich habe mich lange für einen Freak gehalten, weil ich eigentlich dauernd irgendwelche komischen Dinge tue – Selbstgespräche, schräge Routinen, Rituale oder Spiele –, die außer mir anscheinend niemand macht. Deshalb dachte ich, dass mit mir etwas nicht stimmt. Aber nachdem ich gründlich darüber nachgedacht habe, bin ich zu dem Schluss gekommen, dass wir immerhin mehr als acht Millionen Menschen auf der Erde sind und garantiert alle mehr oder weniger gleich ticken. Schließlich sind wir alle Menschen.

1.
In der Dusche streiten üben

Wer bist du, wenn du nicht mindestens einmal im Monat einen Streit erfindest? Und warum sehnst du dich nicht nach ein bisschen Drama? Je älter ich werde, desto weniger richtige Streits habe ich, also halte ich mich bei Laune, indem ich mich in der Dusche mit meinem fiktiven Freund, toten Promis oder Schulfreund:innen streite, die ich schon seit Ewigkeiten nicht mehr gesehen habe. Manchmal übe ich auch zukünftige Streits oder spiele alte Auseinandersetzungen noch einmal durch – die ich jetzt natürlich glorreich gewinne. Warum fallen mir die guten Argumente nie rechtzeitig ein? Wenn ich in die Duschkabine steige, zittert meine Shampoo-Flasche förmlich vor Angst.

2.
Bis zum letzten Moment so tun, als hätte man jemanden, der direkt auf einen zuläuft, nicht gesehen

Am liebsten treffe ich meine Freund:innen nach Monaten der Organisation an einem festgelegten Ort zu einer festgelegten Uhrzeit. Weniger gerne treffe ich sie zufällig auf der Straße, vor allem, wenn zwischen dem Moment, in dem du eine Person in der Ferne entdeckst, und dem Moment, in dem du nah genug bist, um zu interagieren, eine unglaublich lange, unglaublich peinliche Zeit vergeht. Wenn man zu früh den Blickkontakt herstellt, muss man eine gefühlte Ewigkeit lang lächeln und winken. Stattdessen krame ich hektisch nach meinem Handy, öffne und schließe wahllos irgendwelche Apps, nur damit es so aussieht, als würde ich irgendwas Superwichtiges erledigen, bis ich direkt vor der Person stehe. Und dann so tue, als sei ich überrascht, dass besagte Person plötzlich vor mir steht. Ich sage zum Beispiel gerne: »Oh, du bist es, ich habe meine Brille vergessen.« Dabei trage ich überhaupt keine Brille, und die andere Person weiß das genau.

3.
Betrunken mit seinem Spiegelbild sprechen

Du bist im Pub und hast schon mindestens sechs Drinks und zwei Shots intus. Weil du mal für kleine Mädchen musst, verschwindest du diskret aufs Klo. Es handelt sich um eine geschlossene Kabine mit Waschbecken. Beim Händewaschen entdeckst du im Spiegel deinen betrunkenen Zwilling. Du lächelst ihm aufmunternd zu und sagst: »Na also, so betrunken bist du doch gar nicht. Alle lieben dich.« »Ich weiß«, antwortet dein Zwilling. »Wir sehen uns später. Und mach nichts, was ich nicht auch machen würde.«

4.
Sich die eigene Beerdigung ausmalen

Gedanken an den Tod sind oft traurig, düster und deprimierend. Aber sich die eigene Beerdigung vorzustellen ist ergreifend, aufregend, und wenn ich ganz ehrlich bin, macht es sogar ein bisschen Spaß. Ob dein Schwarm wohl kommt? Vielleicht wird er weinen. Oder sogar eine Rede halten. Welches Bild von dir werden sie auf das Gottesdienstheftchen drucken? Zur Sicherheit solltest du unbedingt jeden Monat ein vorteilhaftes Foto von dir schießen. Welche Lieder werden sie spielen? Du scrollst durch dein Spotify – am besten machst du jetzt schon eine Liste. Ich für meinen Teil will nämlich auf keinen Fall, dass man mich als das Mädchen in Erinnerung behält, das die *Fame-Academy*-2002-Lieder in Dauerschleife gehört hat.

5.
Sich selbst beim Weinen fotografieren

Okay, das klingt jetzt vielleicht komisch, aber ich finde, dass ich einfach hinreißend aussehe, wenn ich weine, und ich sage das nicht einfach nur so. Runde Augen, die in Tränen schwimmen, und dann diese niedliche, pinke Nasenspitze! Ernsthaft, ich glaube, ich sehe am besten aus, wenn ich todunglücklich bin. Vor dem nächsten Fotoshooting sollte ich definitiv *Marley & Ich* gucken.

6.
Sich fragen, ob du in einer Art
Truman Show gelandet bist

Als ich zum ersten Mal den Film *Die Truman Show* gesehen habe – es geht um einen Mann, der in einer Welt aufwächst, die eigens für eine Fernsehsendung kreiert wurde, aber nicht weiß, dass Millionen Menschen ihn auf Schritt und Tritt beobachten –, war ich acht. Von diesem Moment an war ich überzeugt, dass auch ich in so einer Sendung feststeckte. Und es war unmöglich, das Gegenteil zu beweisen. Vielleicht gaukelten die Leute mir nur vor, dass ich in der Realität lebte, genau wie in dem Film, in dem sich alle gegen den armen Truman verschworen haben. Und zugegeben, ich bin ja auch ziemlich faszinierend. Was für eine Verschwendung, die Leute nicht an jeder meiner Handlungen teilhaben zu lassen. Ich konnte mir genau vorstellen, wie sie zu Hause nach Luft schnappten: »Oh, guck mal, jetzt ist sie wieder im Supermarkt. Vielleicht schläft sie nachher noch vor einem Film ein.« Also, wenn das mal keine gute Unterhaltung ist …

7.
Nachgucken, ob eine bestimmte Person
deine Insta-Story gesehen hat

Eigentlich sind Instagram-Storys doch nur dazu da, um herauszufinden, wer auf dich steht und wer dich nicht ausstehen kann. So, jetzt ist es raus. Ich will damit nicht sagen, dass alle, die deine Storys angucken, entweder unsterblich in dich verliebt sind oder dir den Tod wünschen. Manche Menschen sind einfach daueronline, oder sie kennen deine Cousine aus der Grundschule oder was weiß ich. Aber trotzdem gibt es immer diese eine Person, für die wir ein Bild hochladen. Sobald du auf Teilen geklickt hast, musst du einfach nachgucken, ob diese Person sie schon gesehen hat. Und zwar immer und immer wieder. Falls du irgendwann mal jemanden wissen lassen willst, dass du kein Interesse hast, ignorier einfach die Insta-Storys dieser Person, und sie weiß sofort Bescheid. Ein Date, das regelmäßig deine Storys anguckt, ist dagegen absolutes Heiratsmaterial. Ich persönlich gucke mir immer meine eigene Story an und stelle mir vor, ich wäre diese andere Person, um herauszufinden, wie sie mich sieht.

8.
Sich vorstellen, wie fremde
Paare Sex haben

Du läufst völlig unschuldig die Straße entlang und denkst über dein Leben nach, als dir plötzlich ein Paar entgegenkommt. Sie machen nichts Außergewöhnliches, sie küssen sich nicht, sie streiten nicht, und trotzdem fragt Hirn dich plötzlich, wie die zwei wohl beim Sex aussehen. Ist sie oben oder er? Sind sie experimentierfreudig? Geben sie die ganze Nacht lang Gas, oder stehen sie eher auf ein kleines Nachmittagsvergnügen? Ein stinknormales Pärchen. Und ganz sicher stehst du nicht auf sie. Also warum stellst du dir solche Fragen? Wahrscheinlich wirst du nie wieder einen Gedanken an sie verschwenden, aber für einen kurzen Moment warst du ein größerer Teil ihres Lebens, als sie je wissen werden.

9.
An einem neuen Buch riechen

Der Geruch von druckfrischen Buchseiten ist meine persönliche Droge. Ich schleiche durch Buchläden wie ein Junkie und sauge große Atemzüge des berauschenden Dufts von neuen Büchern ein. Einen besseren Geruch gibt es einfach nicht. Büchereien sind auch nicht schlecht, nur ein bisschen muffiger, und ab und zu stößt man auf Krümel, von denen man lieber nicht wissen will, woher sie stammen. Außerdem sieht man immer ein bisschen zwielichtig aus, wenn man zum Bücherschnüffeln in Büchereien geht – sie sind ja auch die Bordelle der Bücherwelt. Aber neue Bücher ... Du glaubst mir nicht? Dann probiere es aus. Hiermit gestatte ich dir offiziell, einmal kostenlos an diesem Buch zu riechen.

10.
Sich vorstellen, wie man eine Zombie-Apokalypse überlebt

Die Welt ist ein beängstigender Ort, und es wird jeden Tag schlimmer. Ich weiß nicht, wie es dir geht, aber ich finde es manchmal schwierig, die Realität vom Fernsehen zu unterscheiden. Kein Scheiß, ich habe das Gefühl, alle meine Erinnerungen wurden von Szenen aus *Love Island* oder *Keeping Up With The Kardashians* ersetzt, alles, was ich gucke, wird ein Teil meines Lebens, sodass ich nicht mehr weiß, was echt ist. Deshalb verbringe ich auch einen nicht unerheblichen Teil meiner Zeit damit, mir eine Strategie für die nächste Zombie-Attacke auszudenken. Bin ich eher Team Kämpfen oder Team Verstecken? Könnte ich einen Hund essen, wenn ich müsste? Zur Sicherheit kaufe ich beim nächsten Mal lieber ein paar Dosen Baked Beans mehr, nur für alle Fälle.

Hirn vs. Pubertät

Manchmal fragen mich jüngere Leute um Rat. Das ist überhaupt kein Problem, wenn es zum Beispiel um Hüftjeans geht (selbst wenn sie wieder *in* sind und es angenehmer ist, mit ihnen ins Restaurant zu gehen, weil nicht so viel Stoff auf den Bauch drückt, solltest du einen großen Bogen um sie machen – auf Fotos sehen sie absolut bescheuert aus) oder ältere Kerle (selbst wenn sie wieder in sind und es angenehmer ist, mit ihnen ins Restaurant zu gehen, weil sie alles bezahlen, solltest du einen großen Bogen um sie machen – auf Fotos sehen sie absolut bescheuert aus), aber nicht in allen Bereichen habe ich eine so fachkundige Meinung parat, vor allem nicht, wenn es um eines geht: die Pubertät. Meine Pubertät war nämlich die reinste Katastrophe.

Das Problem mit der Pubertät ist, dass du und deine Freund:innen gerade noch Zeichentrickfilm guckende und mit Bratz-Puppen spielende Kinder wart, und plötzlich kauft Sarah ihren ersten BH, während du immer noch *Looney Tunes* mit Sasha (deiner Lieblings-Bratz-Puppe) guckst.

In der Schule wird man von allen möglichen komischen Regeln unter Druck gesetzt. Man will cool sein, aber nicht, dass alle über einen reden, man will gut in der Schule sein, aber auch kein:e Streber:in. Für eine Arbeit zu lernen war so ungefähr das Uncoolste, was man tun konnte, aber für eine schlechte Note bekam man auch keine Gummipunkte, also musste man so tun, als ob man nicht gelernt und die Arbeit einfach so mit links gerockt hätte. Als ich in der

Schule war (und das wird mein Alter endgültig verraten), wurde deine Beliebtheit am MySpace-Top-8-Ranking gemessen – eine online einsehbare Liste deiner Lieblingsleute. Und wenn du nicht in den Top 4 von mindestens sechs Leuten warst, dann warst du ganz offiziell ein Freak, und niemand wollte mehr mit dir befreundet sein.

Als meine Freund:innen in die Pubertät kamen, fingen meine Sorgen erst so richtig an, ich war nämlich eine Spätzünderin. Also habe ich mir besonders viel Mühe gegeben, erwachsen zu wirken – ein bisschen wie zwei Kinder, die sich unter einem Trenchcoat übereinanderstellen, damit sie wie ein:e Erwachsene:r aussehen und in den Film ab 18 kommen. Leider fiel niemand darauf herein, weil ich bis zu meinem 16. Geburtstag aussah wie acht.

Die Umkleidekabinen in der Schule waren meine persönliche Hölle. Ich hatte damals einen nach außen gewölbten Bauchnabel, an den ich nie einen weiteren Gedanken verschwendet hatte, bevor ich in die Schule kam. Er stand ein ganzes Stück ab und neigte sich nach unten. Plötzlich war er mir peinlich, und ich wollte auf keinen Fall, dass ihn jemand sah. Also trug ich keine Bikinis und immer – wirklich immer – ein Unterhemd unter meiner Schuluniform, das meinen Bauchnabel versteckte. Aber eines Tages rutschte mein Unterhemd in der Umkleide hoch, und eines der Mädchen aus meiner Klasse bemerkte meinen Nabel. Sie erzählte allen, dass ich einen Pimmel auf dem Bauch habe. Und natürlich wurde ich sofort zum Objekt des öffentlichen Spotts. Nachdem ich meinen Eltern mehrere Monate lang jeden Tag vorgeheult hatte, wie sehr ich meinen Bauchnabel hasste, zahlten sie mir eine OP. Ein Kind, ein paar Klassen unter mir, boxte mich in die frisch verheilte Wunde auf meinem Bauch und fragte mich, ob es wehtue, in den Pimmel geboxt zu werden. Es tat höllisch weh.

An meiner Schule regierte eine Clique cooler Mädels. Sie waren alle hübsch, dünn, trugen Strings mit passenden BHs, hatten ihre Unschuld angeblich mit 15 verloren, und natürlich standen alle Jungs der Schule auf sie. Ich war in keiner dieser Hinsichten wie sie, aber immerhin hatte ich jetzt einen nach innen gewölbten Bauchnabel. Dafür hatte ich mit 14 immer noch nicht meine Tage. Dieses dunkle Geheimnis hütete ich wie kein anderes, denn meinen Freundinnen hatte ich erzählt, dass ich schon seit drei Jahren regelmäßig blutete.

In der siebten Klasse hießen meine besten Freundinnen Lauren und Jennifer. Wir waren unzertrennlich. Unsere Lieblingsbeschäftigung war chatten. Wir chatteten im Unterricht, in den Pausen und nach der Schule über MSN. Für vorpubertierende Mädchen ist chatten das, was Sport gucken für vorpubertierende Jungs ist: ein Vorwand, um über heiße, verschwitzte Körper zu sprechen.

Lauren, Jennifer und ich ähnelten uns wie ein Ei dem anderen – nur dass zwei der Eier Brüste hatten und das dritte ein gewöhnliches, flachbrüstiges Ei war. Die beiden waren außerdem gut einen Kopf größer und sahen so aus, als wären sie mindestens drei Klassen über mir. Mit elf waren sie bereits mitten in der Pubertät. Bei Pyjamapartys unterhielten sie sich darüber, wie es war, BHs zu kaufen, während ich nur eifrig nicken konnte. Ich hatte nicht den blassesten Schimmer, wie es war, einen BH zu kaufen, geschweige denn einen zu tragen. Meine einzige Erfahrung mit Dessous stammte daher, dass ich mir die BHs meiner Mutter wie Alien-Augen vor das Gesicht hielt und durch das Haus rannte, um meine Familie zu erschrecken.

Als sie gerade zwölf geworden war und wir unsere neuen Stundenpläne zusammenstellten, eröffnete Jennifer uns die großen Neuigkeiten: »Ich habe meine Tage bekommen!«

Sie strahlte vor Freude. Ich nicht. Angst, Panik und Eifersucht stürzten auf mich ein. Jetzt waren also nur noch Lauren und ich über. Zwei von drei Musketieren, zwei periodenlose Eier. Ein paar Wochen später musste Lauren den Englischkurs verlassen, weil sie Bauchschmerzen hatte. Ich wusste noch vor ihr, was das bedeutete, Jennifer hatte uns alles über die Bauchschmerzen erzählt, die sie kurz vor ihren Tagen bekam. Ich sah zu, wie Jennifer und Lauren sich in der Mittagspause in die Arme fielen und Binden austauschten, während ich als einziges flachbrüstiges und periodenloses Ei verloren danebenstand.

Von da an verbrachte ich die Tage in der Schule wie die Frauen in den 1930er-Jahren, die voller Sorge darauf warteten, dass ihre Männer aus dem Krieg zurückkehrten: wehmütig aus dem Fenster starrend. Nur dass mein Mann Periode hieß und ich mit meinem Körper auf Kriegsfuß stand. Wann zur Hölle würde ich endlich bluten, und warum sah ich immer noch aus wie acht?

> **PERIODE:** Meine Güte, deine Verzweiflung ist echt erbärmlich. Tu wenigstens ein bisschen cool. So oder so bestimme ich hier, wo es langgeht. Du denkst, du kennst mich? Du hast keine Ahnung!

Ein paar Monate später hingen wir in den Toiletten hinter der Schule herum. Ich weiß nicht warum, aber jede Schule hat diese Geistertoiletten, in denen sich die Leute angeblich dauernd herumtreiben, aber trotzdem ist nie jemand dort. Jennifer hatte gerade wieder ihre Tage bekommen und kramte in der breiten Auswahl an Binden und Tampons in Laurens hübscher, kleiner Reißverschlusstasche. Die Verpackungen leuchteten hell und bunt, und am liebsten hätte ich mir auch eine der grünen, geblümten Binden aus Laurens Tasche ausgesucht. Plötzlich übermannte mich eine riesige FOMO-Attacke. Ich wollte endlich wissen, wie es war.

HIRN: Sag einfach, dass wir auch unsere Tage haben.

Nein! Ich kann sie nicht anlügen. Außerdem würden sie mich sofort durchschauen. Sie sind hier die Perioden-Spezialistinnen.

HIRN: Wie sollen sie es denn bitte überprüfen?

Hirns Worte spukten in meinem Kopf herum. Konnte ich? Sollte ich? Traute ich mich? Schließlich würde ich damit niemandem wehtun, oder? Ich glaube nicht, dass man jemandem wehtun kann, indem man behauptet, man habe seine Tage.

Andererseits hatte Lauren mir sogar sehr wehgetan, als sie mir erzählt hatte, dass sie ihre Tage bekommen hatte. Der schlimmste Tag in meinem Leben. Na ja, vielleicht war es noch schlimmer gewesen, »Pimmel-Mädchen« genannt zu werden. Aber ich würde meine Regel ja sowieso bald bekommen. Es war also eigentlich nur eine halbe Lüge. Wer weiß, ob ich nicht schon morgen anfangen würde zu bluten? Und bevor ich einen weiteren Gedanken fassen konnte, hörte ich mich selbst herausposaunen: »Ich habe auch meine Tage!«

Die Mädels hielten inne und sahen mich misstrauisch an. Ich fing furchtbar an zu schwitzen, und mein Blick flitzte auf der Suche nach einem Versteck durch den Raum. Ich konnte ihnen ansehen, dass sie mir nicht glaubten. Ich war

ja auch bescheuert. Warum hätte ich das Ende der Mittagspause abwarten sollen, um ihnen von etwas so Weltbewegen-
dem zu erzählen? Und wie hoch waren bitte die Chancen,
dass ich zur gleichen Zeit anfing zu bluten wie Jennifer?

> **PERIODE:** Ach du liebes bisschen, du hast ja
> wirklich keine Ahnung von nichts. Natürlich kann
> das passieren, es macht mir sogar einen
> Heidenspaß. Vor allem, wenn deine Freundinnen
> und du später in einer WG wohnt. Dann ist das
> Chaos für eine Woche vorprogrammiert. Eine
> tolle Art, eure Freundschaft auf die Probe zu
> stellen – au ja, auf so ein Drama stehe ich.

Plötzlich streifte Jennifer einen unsichtbaren Pailletten-Bla-
zer über und fragte mich im Quizmaster-Modus: »Tampons
oder Binden?«

> **HIRN:** Benutzen nicht nur Mädchen, die
> schon mal Sex hatten, Tampons? Schnell,
> ruf eine Freundin an.

»Binden.«
  »Viel Blut oder wenig?«

> **HIRN:** Wie viel ist viel? Eine Fifty-fifty-Frage ...
> Nimm viel.

»Viel.«
  »Wann hast du sie genau bekommen?«
  Ich erstarrte. Ich hatte das Gefühl, dass Details von mir
erwartet wurden und ich meine Geschichte ausschmücken
müsste.

HIRN: Ah, ich weiß! Sag, dass du sie in der Dusche bekommen hast und das Wasser sich rot verfärbt hat, wie in diesem Horrorfilm, von dem wir gerade mal 15 Minuten gesehen haben und dann die ganze Nacht nicht schlafen konnten.

Also beschrieb ich die grauenvolle Szene in all ihren blutigen Einzelheiten wie ein winziger, blonder, achtjähriger Alfred Hitchcock. Vielleicht habe ich es ein bisschen übertrieben, als ich erzählte, wie das Blut von der Decke regnete, aber es fühlte sich irgendwie richtig an. Jennifer und Lauren starrten mich ausdruckslos an. Ich überlegte, ob ich noch ein paar schaurige Details hinzufügen sollte. Irgendwas mit einem abgetrennten Finger vielleicht?

Schließlich öffnete Lauren den Mund: »Beweis es!«

HIRN: Na toll. Jetzt haben wir den Salat. Daran hast du wohl nicht gedacht, was? Ich habe dir doch gesagt, dass du nicht lügen sollst. Was für eine dämliche Idee.

»Ich … Wie …«

In dem Moment klingelte es. Puh, gerettet! Ich flitzte davon. Zum großen Glück hatte ich als Nächstes ein Fach ohne die beiden.

Als die Schule aus war, verschwand ich schnell nach Hause und versuchte, nicht über meine Lüge nachzudenken. Es funktionierte halbwegs, bis ich MSN öffnete. Jennifer und Lauren hatten mir geschrieben, dass ich, wenn wir Freundinnen bleiben wollten, beweisen musste, dass ich wirklich meine Tage hatte. Als ich sah, dass sie mich bereits aus ihren MSN-Namen gelöscht hatten, rutschte mir das Herz in die Hose. Adios drei Musketiere, Adios Friede, Freude,

Eierkuchen. Ich wusste, dass ich ihnen die Wahrheit sagen musste.

HIRN: Es sei denn …

Eine geniale Idee! Ich rannte in mein Zimmer und kramte eine der Binden hervor, die Mum mir für den Fall der Fälle gekauft hatte. Jetzt brauchte ich nur noch Blut. Ich wusste, dass mein Bruder von Halloween noch ein paar Blutkapseln übrig hatte, also schlich ich mich in sein Zimmer wie Tom Cruise in *Mission Impossible* – nur ohne die Seile. Und die andere beeindruckende Sonderausstattung. Okay, in Wahrheit bin ich einfach nur in sein Zimmer spaziert, aber ich habe versucht, nichts anzufassen, weil ich keine Lust hatte, mich rechtfertigen zu müssen. Mein Bruder wäre nämlich gar nicht begeistert, wenn er herausfände, dass ich in seinem Zimmer gewesen war – unsere Schlafzimmer waren unsere Heiligtümer. Außerdem wollte ich sicher nicht mit meinem Bruder über meine nicht existenten Tage sprechen.

PERIODE: Wow! Ich bin noch nicht mal da,
und du schämst dich schon für mich. Dir
ist aber schon klar, dass sich auch Männer mit
der Menstruation beschäftigen müssen?

Schon, aber darum kann ich mich jetzt gerade nicht kümmern.

Da, in der Nachttischschublade lagen die Kapseln. Bingo!

Ich ging auf direktem Weg ins Badezimmer und zog die Plastikfolie von der Binde. Sie roch verdächtig nach Krankenhaus. Ich hatte einen Plan. Diese schneeweiße Binde würde nicht mehr lange so unschuldig aussehen. Ich legte sie neben das Waschbecken, riss die Kapsel mit den Zähnen auf und verteilte überall Kunstblut. Das war keine starke Menstruation mehr, das war ein Massaker.

HIRN: Moment mal, Regelblutungen
sehen doch aus wie ein Massaker, oder?
Es regnet aber schon Blut von der Decke?

Eine richtige Aufklärung hatte ich zwar nie bekommen, aber ich war mir sicher, dass es genauso dramatisch aussah, wie ich es mir vorstellte. Ich steckte die Binde in einen Gefrierbeutel und packte ihn in meine Schultasche. Die ganze Nacht träumte ich von riesigen, roten Flutwellen, langen, roten Wasserrutschen und bösen, roten Monstern.

HIRN: ... und davon, wie der Drache aus *Shrek*
dich mit Weintrauben gefüttert hat.

He! Das ist privat!

Am nächsten Tag trafen wir uns zur verabredeten Zeit auf den Geistertoiletten. Ich sagte den Mädels, dass sie in die Kabine neben mir gehen sollten. Ich holte die Binde aus ihrem Gefrierbeutel und klebte sie in meine Unterhose, damit es auch wirklich echt aussah.

Sobald ich alles in Szene gesetzt hatte, sagte ich ihnen, sie sollten über die Kabinenwand gucken. Ihre Gesichter erschienen am oberen Rand der Trennwand, wie zwei Riesinnen starrten sich auf mich hinunter, während ich auf meinem winzigen Porzellanthron kauerte. Jennifer und Lauren keuchten erschrocken auf, als sie die Binde sahen. Sie glaubten mir und viel besser noch: Sie waren richtig beeindruckt. Es fühlte sich wunderbar an, wieder ein gleichberechtigtes Mitglied der Gang zu sein. Ich war Zutat des Eierkuchens, und ich wollte, dass es für immer so blieb.

Meine Freundschaft mit Lauren und Jennifer verlief sich im Sand, als die beiden ihre ersten Freunde hatten. Keiner der Jungs an meiner Schule stand auf mich, weil ich immer noch so viel jünger aussah als die anderen Mädchen. Ich hatte jetzt andere Freundinnen. Und irgendwie war das Gerücht, dass ich bereits meine Tage hatte, bis zu ihnen durchgedrungen. Also trug ich die nächsten drei Jahre jeden Tag eine Binde. Ich watschelte durch die Schule wie eine Baby-Erwachsene und hoffte, betete, dass meine Tage kommen mögen. Wenn es endlich so weit sein sollte, wäre ich bereit, und bis dahin würde ich eben weiterlügen.

Wenn jemand fragte, sagte ich immer, dass ich gerade meine Tage hatte – wenn nötig auch dreimal im Monat. Niemand blutete mehr als ich. Außerdem fing ich an, meinen BH auszustopfen – ich war richtig gut darin, meine eigene Pubertät zur Schau zu stellen, bis ins kleinste Detail. Die Pubertät wurde zu einem richtigen Wettbewerb. Meine Freundin Kimberly und ich riefen uns nach der Schule an, um die Anzahl unserer Schamhaare zu vergleichen. Wenn sie vier sagte, sagte ich fünf, während ich auf meinen vollkommen haarlosen Körper starrte.

Eines Tages, ich saß gerade auf dem Schulklo, fiel mir plötzlich ein einzelnes, verlorenes Schamhaar auf, und als ich in meine Unterhose guckte, entdeckte ich doch tatsächlich einen winzigen, dunkelbraunen Blutfleck. Und als ich das Klopapier wieder hervorzog, war auch dort Blut. Es war so weit! Endlich! Ich hatte meine Tage! Ich war in der Pubertät! Jetzt war ich wirklich erwachsen. Ich wollte es hinausschreien, es allen erzählen … nur dass das eben nicht ging. Wegen meiner blöden Lügen hatte ich jetzt ein neues Geheimnis, das zu hüten sogar noch schwerer war.

Als mir dann endlich winzige Brüste zu wachsen begannen, musste ich meinen BH nach und nach entstopfen, jeden

Tag ein bisschen, sodass sie ungefähr gleich groß blieben. Ich musste so tun, als wäre mir Nacktheit unangenehm, und bei Übernachtungspartys meine Klamotten anbehalten, während meine Freundinnen ihre Brüste verglichen. Ich schlief sogar mit BH.

Nach ungefähr einem Jahr wurde mir klar, dass meine Brüste niemals die von mir vorgetäuschte und ziemlich ehrgeizige Größe erreichen würden, also sparte ich mein Taschengeld für eine Brustvergrößerung. Mir war nicht klar, dass ich mit meinen läppischen 15 Pfund mindestens 33 Jahre würde sparen müssen, um mir auch nur eine Brust leisten zu können. Aber im Endeffekt war der ganze Titten-Tumult doch zu etwas gut: Von dem gesparten Geld konnte ich mir einen 18-Zoll-Flachbildfernseher kaufen.

Also, falls du wirklich einen Tipp von mir zur Pubertät haben willst: Keine Lügen.

Und wenn du lügen musst, sag einfach, du benutzt Tampons.

Ich vs. Periode

Sobald Periode einmal da war, kam sie immer zu den unpassendsten Momenten. Sie hatte recht gehabt, ich kannte sie wirklich schlecht. In den ersten Jahren kam sie in unregelmäßigen und unvorhersehbaren Abständen zu Besuch, und ich hatte dauernd das Gefühl, als würde mich jemand aus dem Hinterhalt belauern, als könne Periode jeden Moment hinter meinem Busch hervorspringen und mich erschrecken.

Sechs Monate nachdem Periode das erste Mal ins Hotel Uterus (»4 Sterne, geräumig, besser als erwartet« – TripAdvisor) eingecheckt hatte, lud mich meine neue beste Freundin Immy ein, die Ferien mit ihr zu verbringen. Eigentlich sollten nur Immy, ihre Mutter und ich fahren, aber als die Abreise immer näher rückte und Periode sich schon mehrere Wochen lang nicht hatte blicken lassen, fing ich an, mir Sorgen zu machen, dass sie mitkommen wollte.

> **PERIODE:** So läuft das nun mal. Du sagst mir, wann es dir überhaupt nicht passt, und ich sehe zu, dass ich genau dann komme. Du kannst dich darauf verlassen, dass ich dir das Leben zur Hölle mache.

Bis zu diesem Zeitpunkt hatte ich immer noch den riesigen Vorrat an extradicken Binden abgearbeitet, die Mum mir – zu meiner allergrößten Schande –, schon Jahre bevor meine Tage überhaupt angefangen hatten, gekauft hatte. Obwohl ich so lange so sehnsüchtig darauf gewartet hatte, war meine Verwandlung zur Frau mir auf einmal peinlich, warum weiß ich auch nicht.

Als Immy und ich anfingen, Pläne für die Ferien zu schmieden, und unsere Erlebnisbad-Strategie entwickelten, wurde mir klar, dass ich unmöglich eine Binde unter meinem Bikini würde tragen können. Schon nach der ersten Rutsche würde ich gute zehn Kilo Wasser in meinem Bikinihöschen mit mir herumschleppen. Die Zeit, Tampons auszuprobieren, war gekommen – auch wenn es mir davor grauste. Vor allem, weil ich immer noch glaubte, dass man Tampons nur benutzen konnte, wenn man vorher seine Unschuld verloren hatte.

Ich packte das typische Teenie-Mädchen-Überlebenspaket – hochkarzinogenes Haarspray, eine Toupierbürste, neun Bücher, klebrigen Lipgloss, eine krümelige Lidschattenpalette, mein höchstwahrscheinlich giftiges Britney-Spears-Parfum und eine Packung Lillets – und brauste damit ab in den Urlaub, in der Hoffnung, von der anderen Seite der Teenie-Disco aus Jungs beobachten zu können, mit denen ich niemals ein Wort wechseln würde.

An Tag drei tauchte Periode auf, genau wie ich es befürchtet hatte.

PERIODE: Oh, hübscher weißer Rock. Sieht so aus, als würdest du es dir richtig gut gehen lassen, hm? Wie wär's mit Unterleibsschmerzen und ein paar frischen, roten Flecken? Nein, natürlich lasse ich dir keine Wahl. Überraschung, da bin ich schon!

Es war so weit. Ich ging auf mein Zimmer und öffnete zögerlich die Tampon-Schachtel. Sie sahen aus wie winzige und (hoffentlich) harmlose Patronen.

Plötzlich fiel mir auf, dass ich nicht den leisesten Schimmer hatte, wie man Tampons überhaupt benutzt. Ich wusste, dass man sie ... reinstecken muss, aber wie? Und wo? Ich schloss mich selbst im Badezimmer ein und verbrachte fast eine Stunde dort. Es schien mir wie ein unlösbares Puzzle, eines der großen Rätsel der Menschheitsgeschichte, wie zum Beispiel »Wer hat die Pyramiden gebaut?« oder »Warum sind Damenrasierer teurer als Herrenrasierer, obwohl sie genau gleich aussehen und nur halb so viele Haare entfernen?«.

Ich verbog meinen Körper wie eine Olympia-Turnerin und schaffte es sogar, die Beine über den Kopf zu bekommen, obwohl ich das nie für möglich gehalten hätte. Ich stieß mir mehrmals den Kopf am Waschbecken. Ich lachte, schrie, weinte. Ich verpasste das Abendessen. Aber den Tampon bekam ich einfach nicht rein. Natürlich habe ich keine Sekunde lang darüber nachgedacht, Immy oder ihre Mutter um Hilfe zu bitten. Immys Mum war Hebamme, sie hätte genau gewusst, wie sie es mir am besten erklärte. Aber warum einfach, wenn es auch kompliziert geht?

Also mussten eben doch die alten Binden wieder ran. Aber weil ich damit nicht ins Wasser konnte, musste ich für den Rest des Urlaubs aufs Baden und den ganzen Spaß verzichten und in kurzer Hose auf meinem Handtuch sitzen. Ich bin mir nicht sicher, ob Immys Mum mir geglaubt hat, als ich gesagt habe, dass *Titanic* meine Einstellung zu großen Wassermassen für immer verändert habe.

Als ich wieder zu Hause war, war ich fest entschlossen, das mit den Tampons endlich hinzukriegen. Abgesehen davon, dass Binden mir meinen Urlaub versaut hatten, stakste ich damit wie ein Cowboy durch die Gegend, und außerdem finde ich es unangenehm zu spüren, wie die Gebärmutterschleimhaut den Körper verlässt. Aber das liegt wahrscheinlich nur daran, dass ich ein überempfindlicher Freak bin und bei dem kleinsten Blutstropfen in Ohnmacht falle. *Your body, your choice!* Also startete ich eine supergeheime Mission und ging verkleidet (ich trug eine Sonnenbrille) in unsere Apotheke, um unerkannt den Feind auszuspionieren und in aller Ruhe meine Optionen durchzugehen.

Bei dieser Gelegenheit fand ich heraus, dass es Tampons mit Applikatoren gab. Was für eine Offenbarung! Warum hatte ich vorher noch nie davon gehört? Das war meine Rettung! Ich kaufte gleich mehrere Packungen, schmuggelte sie nach Hause und studierte die Gebrauchsanweisung. Und zwar gründlich. Von vorne bis hinten, jede einzelne Seite des winzigen Buches, das in winziger Schrift gedruckt und wahrscheinlich für Puppen gedacht war. Und als ich gerade aufgeben und den Tampon wie ein Calippo-Eis meine Vagina hochschieben wollte, sah ich es: »Zu den Symptomen des toxischen Schocksyndroms (TSS) gehören Fieber, Durchfall, Übelkeit, Ohnmacht, Schwindel und Ausschlag.«

Und natürlich protestierte Hirn sofort.

HIRN: Auf keinen Fall stecken wir uns dieses Teil in die Muschi. Willst du uns etwa umbringen?

So groß kann die Wahrscheinlichkeit nicht sein, dachte ich. Jeden Tag benutzen Millionen Menschen Tampons – und wie viele davon sterben?

HIRN: Das mag ja sein, aber wir beide wissen, dass das in unserem Fall nichts heißt. Wir haben immer Pech.

Ich versuchte, mich daran zu erinnern, wann ich mal vergessen hatte, so normale, alltägliche Dinge zu tun, wie einen

Tampon zu wechseln, aber mir fiel keine einzige ein. Eindeutig ein schlechtes Zeichen! Außerdem hatte Hirn recht, an so etwas Dummem und leicht Vermeidbarem zu sterben sah mir ähnlich. Wie peinlich, wenn alle bei deiner Beerdigung herausfinden, dass du mit 17 wegen einem – peinliches Räuspern – Ding in deiner Vagina gestorben bist. Was würden Oma und Opa sagen?

Ich war jetzt also stolze Tamponbenutzerin und stand jedes Mal Todesängste aus, wenn ich meine Tage hatte. Sobald ich einen Tampon trug, fühlten sich selbst die normalsten Symptome meiner Regel an wie TSS. Ich wechselte meinen Tampon alle paar Stunden und hatte furchtbare Angst, einen in meiner Scheide zu vergessen und aus Versehen einen zweiten hinterherzuschieben.

Bei der Hochzeit von Freund:innen der Familie stürzten meine drei besten Freundinnen und ich uns auf die Bar – alle Drinks waren umsonst. Wir kippten Shot um Shot herunter, bis Jess sich auf der Terrasse übergeben musste. Also fuhren wir mit dem Taxi zu Jess nach Hause, um sie ins Bett zu bringen. Ihre Klamotten klebten von ihrer eigenen Kotze, und weil wir gute Freundinnen waren, steckten wir sie in die Dusche. Als wir sie aus der Duschkabine auf den Boden hievten, fiel uns ein, dass sie ihre Tage hatte und ihren Tampon seit zehn Uhr morgens trug.

Es war jetzt neun Uhr abends.

> **HIRN:** O mein Gott! TSS! Sie wird sterben, und du bist schuld daran!

Hirn hatte recht, Jess hatte die empfohlene Verwendungszeit längst überschritten. Ich selbst ließ meine Tampons aus Vorsicht nie länger drin als drei Stunden, also kamen mir Jess' elf Stunden vor wie ein sicheres Todesurteil. Wir spielten Schere, Stein, Papier, weil keine von uns sich darum riss, Jess' Tampon herauszuholen.

Ich hätte wissen müssen, dass ich das große Los ziehen würde. Jess lag immer noch ohnmächtig auf dem Badezimmerboden. Sie war vollkommen reglos und viel zu schwer für drei betrunkene Teenies. Ich zog ihren Tampon heraus und schleuderte ihn in Richtung Mülleimer, aber natürlich zielte ich daneben und traf stattdessen den Spiegel. An diesem Tag schwor ich Tampons für immer ab.

Ungefähr einen Monat später erfuhr ich dank Google von der Existenz von Menstruationstassen. Sie waren nicht gerade neu, aber niemand in meinem Bekanntenkreis benutzte eine. Ich fühlte mich wie eine heldenhafte Entdeckerin. Auf Grundlage von vier guten Bewertungen, die mir echt schienen und nicht von irgendwelchen gekauften Bots geschrieben, wählte ich eine Marke aus. Und nachdem ich geraten hatte, ob ich einen hoch, tief oder mittelhoch sitzenden Muttermund habe – ich habe mich für die goldene Mitte entschieden –, drückte ich auf Kaufen.

Zwei Tage später kam die Tasse an, und ich war richtig aufgeregt, ich konnte es kaum abwarten, sie auszuprobieren. Auf YouTube guckte ich mir an, wie man den Cup richtig einführte und, noch wichtiger, auch wieder herausholte. Ich war zufrieden mit meiner Entscheidung. Und als meine Tage dann endlich kamen, war ich bereit.

Ich schnappte mir meine Menstruationstasse und ein bisschen Gleitgel, und nach ein paar unkoordinierten Versuchen war die Tasse drin. Die nächsten Stunden verbrachte ich selbstzufrieden vor dem Fernseher: Ich hatte das toxische Schocksyndrom überlistet und rettete ganz nebenbei noch den Planeten. Irgendwann war es an der Zeit, den Cup zu wechseln. Easy.

Ich ging ins Badezimmer, schloss die Tür hinter mir ab und setzte mich breitbeinig auf die Toilette. Dann tastete ich mit dem Zeigefinger nach dem kleinen Stiel an der Unterseite der Tasse.

Er war nicht da. Verdammt! Wo war er hin?

HIRN: Vielleicht ist die Tasse rausgefallen, ohne dass du es gemerkt hast.

Unmöglich. Ich hatte doch die ganze Zeit eine Hose angehabt. Außerdem hätte ich es wohl gemerkt, wenn ein blutiges Ding aus meiner Vagina gefallen wäre, oder?

Ich schnappte mir einen Spiegel und versuchte, in mich selbst hineinzuspähen. Keine Spur von der Tasse. Vor meinem inneren Auge sah ich bereits, wie der Krankenwagen lärmend vorfuhr und ich ins Krankenhaus gebracht wurde, wo eine Ärztin mir die schlechte Nachricht überbrachte: »Sie werden für immer halb Frau, halb Menstruationstasse sein.«

Nach ein paar weiteren Verdrehungen entdeckte ich den Cup. Aber nur weil ich ein winziges Stück sehen konnte, hieß das noch lange nicht, dass ich ihn auch zu fassen bekam. Jedenfalls nicht, solange ich auf der Toilette saß. In Erinnerung an mein Tampon-Urlaubs-Fiasko streckte ich mich auf dem Boden aus, legte die Beine über den Badewannenrand und betete. Ich wollte nur noch, dass dieser kleine Silikonkelch endlich meinen Körper verließ.

Ich presste, als ob es sich um ein Kind und nicht um eine Menstruationstasse handelte, und schließlich gelang es mir, den blutigen Cup hinauszuziehen. Das Periodenblut spritzte, und ich schrie triumphierend auf. Ein Wunder! Ein verdammtes Wunder! Ich bin so unglaublich stark, ich …

»Ist alles in Ordnung, Hayley?«

… muss dieses Blutbad beseitigen, bevor Mum es sieht.

Aber die Geschichte hat ein glückliches Ende: Mit der Zeit habe ich die Menstruationstasse lieben gelernt. Ich würde sogar so weit gehen und behaupten, dass meine Menstruationstasse das Beste ist, was ich besitze. Immer wenn ich den Cup nach dem Benutzen abkochte, fühle ich mich wie eine Starköchin. Und den Cup wieder aus dem Wasser zu fischen ist wie Apfeltauchen, nur dass man besser nicht den Mund benutzt, weil das Wasser kochend heiß ist. Außerdem beherrsche ich jetzt die hohe Kunst des richtigen Einsetzens und Entfernens: nach vorne beugen, pressen, als ob man ein besonders großes Geschäft erledigen wollte, einen tiefen Seufzer der Erleichterung ausstoßen und tadaaa… da ist euer Baby-Cup.

UTERUS: Dann sollte es ja auch kein Problem sein, ein echtes Baby rauszudrücken.

Das ist etwas vollkommen anderes.

Meine fiktiven Crushs

Nichts ist so aufregend, wie verliebt zu sein. Dein Herz rast, du bekommst weiche Knie und fühlst das Leben in jedem Zentimeter deines Körpers. Wenn ich auf jemanden stehe, kann ich den ganzen Tag an nichts anderes denken. Ich vergesse, was ich eigentlich tun sollte, und träume stattdessen davon, wie mein Leben mit meinem Schwarm aussehen würde. Vor allem, wenn absolut keine Chance besteht, dass wir jemals zusammenkommen, was oft der Fall war, als ich noch ein Kind und alle meine Crushs fiktive Figuren waren. In meinem Kopf war kein Platz mehr für irgendetwas anderes. Heute schwärme ich vor allem für echte Leute – meistens kenne ich sie sogar. Und auch, wenn ich meine Kindheits-Crushs hinter mir gelassen habe, denke ich immer noch wehmütig an sie zurück.

ALS ICH 5 WAR: Wenn ich drei Wünsche frei hätte, hätte ich sie alle drei benutzt, um mit Aladdin abzuhängen. Diese lila Weste! Und dann seine coolen Baggy Pants. Und – hallo? – ein Affe als Haustier? Ich wünschte mir nichts sehnlicher, als mit Aladdin auf meinem Spiel- und Lernteppich die weite Welt zu entdecken. Was für ein Traummann!

MIT 6: Er ist nicht nur der König der Löwen, sondern auch mein Märchenprinz – ein lautes Gebrüll für Simba, bitte! Ich glaube, mir war damals nicht klar, dass Beziehungen zwischen Menschen und Löwen nur selten funktionieren. Am liebsten hätte ich meine gesamte Zeit im Zoo verbracht. Auch wenn ich wusste, dass Simba nicht dort war, fühlte ich mich ihm im Zoo einfach näher.

MIT 7: Alle lieben Bad Boys, und ich liebte Peter Pan mit seinem neckischen kleinen Hut, den spitzen Schuhen und seinen zweifelhaften Ansichten zu Frauen und Haushalt. Ich schwor mir selbst, dass wir für immer zusammen Kinder bleiben würden.

MIT 8: Ich hatte die Nase voll von kleinen Jungs und Zeichentrickfiguren, ich wollte einen Mann, und Robbie Williams war genau der richtige. »*Down the waterfall, wherever it may take me, I know that … I'm loving Robbie instead.*« Ich habe heimlich ein Poster von ihm an die Rückseite meiner Tür geklebt und hinter meinen tausend Bademänteln versteckt, wie ein perverser kleiner Groupie. Zum Einschlafen habe ich mir selbst seine Lieder vorgesungen.

MIT 9: Als ich neun war, kam eine Realverfilmung von Peter Pan raus, also stand ich wieder auf den kleinen kecken Kerl mit den blonden Locken. Anscheinend hatte ich doch noch nicht genug von erfundenen Helden.

MIT 10: Auch wenn er bei der *Fame Academy* nur dritter wurde, war Lemar der unangefochtene Sieger meines Herzens. Ich war mir absolut sicher, dass er einer der größten Stars aller Zeiten werden und ich, als seine Freundin, ihm das Mikrofon hinterhertragen und von der Bühne aus zujubeln würde. Nur seinetwegen habe ich mir damals zu Weihnachten die *Fame-Academy*-CD gewünscht.

MIT 11: Steig ein, Loser – ich hatte grade *Girls Club* gesehen und war verrückt nach Aaron Samuels. Laut den »Plastics«, der berüchtigten Mädels-Clique im Film, ist er einer der heißesten und beliebtesten Jungs an der *North Shore High School*, und ich war absolut ihrer Meinung. Er sah aber auch verdammt sexy aus mit seinem lässig nach hinten geschobenen Haar.

MIT 12: Und wieder eine Zeichentrickfigur, diesmal allerdings in Fischform. Jep, ich hatte mich allen Ernstes in Nemos Dad verknallt. Er mag ein Clownfisch sein, aber er ist ein echter Daddy, und außerdem sagen immer alle, dass Orange mir steht.

MIT 13: Ich habe *10 Dinge, die ich an dir hasse* geguckt und sofort zehn Dinge gefunden, die ich an Heath Ledger liebe. Ich habe so viel Zeit damit verbracht, an seine Haare zu denken, dass ich sogar ein ganzes Shakespeare-Stück von vorne bis hinten geguckt habe, ohne mich zu beschweren.

MIT 14: Stand ich total auf Seth aka Jonah Hill aus *Superbad – I'm McLovin him!* In der Hoffnung, dass er mich bemerkt, habe ich alle meine Hefte mit Penissen vollgekritzelt. Er war der süßeste von allen – jedes Mal, wenn ich ihm in die Augen sah, war es, als hörte ich die Beatles wieder zum ersten Mal.

MIT 15: Zum ersten Mal hatte ich einen altersgerechten Crush, denn Alex Pettyfer war nur drei Jahre älter als ich (das perfekte Alter also). Ein Jahr lang habe ich jeden einzelnen Tag *Wild Child* geguckt und mir vorgestellt, wie Alex und ich uns bei einer Hollywood-Party kennenlernen – falls sie aus irgendeinem Grund beschließen sollten, auf der *Isle of Wight* eine Hollywood-Party zu feiern und Fünfzehnjährige einzuladen.

MIT 16: Chad. Michael. Murray. Auf Channel 4 war *One Tree Hill* angelaufen, und ich wusste, dass Chad Michael Murray aka Lucas Scott der Eine war. Endlich hatte ich ihn gefunden. In jedem einzelnen Notizbuch, das ich besaß, standen unsere Namen nebeneinander: Chad & Hayley für immer. Ich druckte Bilder von ihm aus und gab ihnen einen Gutenachtkuss. Ich malte mir aus, wie wir uns bei einer Fan-Veranstaltung treffen würden, wie die Welt eine Sekunde lang stillstehen und er dann auf mich zustürzen würde, um mich vor allen Anwesenden zu küssen. Einen Monat später würden wir heiraten und ich Mrs. Hayley Michael Murray heißen.

MIT 17: Habe ich angefangen, echte Jungs zu daten. Ich habe auch herausgefunden, dass Chad Michael Murray zwölf Jahre älter ist als ich. In eine Zeichentrickfigur habe ich mich erst wieder verknallt, als die Neuverfilmung von *Der König der Löwen* erschien und ich die computeranimierte Version von Simba in all seiner Pracht entdeckt habe.

Hirn vs. Lunge

Wir wissen alle, wie wichtig Sport ist. Kein Wunder, es wird es uns ja auch Jahr für Jahr aufs Neue eingetrichtert. Vor allem um Silvester herum bekommen wir alle immer wieder zu hören, dass wir eine nagelneue Version unserer selbst werden können, wenn wir nur genug Sport machen.

> **HIRN:** O nein! Nicht das wieder! Das hatten wir doch schon. Wir haben es versucht, wir sind rot angelaufen, wir haben geschwitzt – vor allem am Hintern –, und wir haben beschlossen, es gut sein zu lassen. Nein, nein, setz du dich mal schön wieder aufs Sofa, mach Netflix an und hör auf, uns lächerlich zu machen.

Du findest Sport doch nur deshalb doof, weil du dann zur Abwechslung mal die Klappe halten musst.

> **HIRN:** Ganz genau. Unter solchen Bedingungen kann ich nicht denken. Warum muss es überall wehtun? Und wovor laufen wir überhaupt davon? Hast du darüber mal nachgedacht?

Ich für meinen Teil finde Sport super: Hirn ist still, und ich bekomme quasi nebenbei einen Traumkörper. Klingt nach einer Win-win-Situation.

Das Problem dabei ist folgendes: Die Leute schwärmen immer davon, wie viele Endorphine beim Sport freigesetzt werden, dass sie beim Netball im Handumdrehen neue Leute kennengelernt haben und sich ein Erfolgserlebnis an das andere reiht. Aber diese Leute sind alle schon von Anfang an total athletisch. Sie stolzieren einfach aufs Feld, auf die Bahn, auf die Straße oder ihr sonstiges auserwähltes Terrain und fühlen sich sofort unbesiegbar. Sie brauchen keine sechs bis neun Monate schnaufen und schnauben, um nach einem neunminütigen Spaziergang auf dem – sehr langsamen – Laufband nicht mehr lautstark würgend zusammenzubrechen. Und ich kann dir versichern, dass man sich dabei weder unbesiegbar fühlt noch besonders viele Freunde findet, und ein Erfolgserlebnis war es ganz sicher auch nicht.

Ich habe viele Talente – Dinge aufschieben, Drinks mixen, mein Bett machen (so, wie ich es will) und Panik schieben –, aber sportliche Ertüchtigung gehört nicht dazu. Wenn ich ehrlich bin, hat Sport bei mir schon immer mehr Stress auf- als abgebaut, also habe ich gelernt, ihn zu vermeiden.

> HIRN: Ach ja, richtig ... Wie war das
> noch mal damals in der Grundschule?
> Was hast du da gemacht?

Zu lange gewartet, bevor ich den Kunstlehrer gefragt habe, ob ich aufs Klo gehen kann, und mir in die Hose gemacht?

> HIRN: Nein, das meinte ich nicht. Aber gut,
> dass du mich dran erinnerst, das merke ich mir
> fürs nächste Mal und hole die Erinnerung
> genau dann raus, wenn es dir gerade so gar
> nicht passt.

Ach, du meinst das Nasenbluten? Stimmt ja, das hatte ich ganz vergessen.

Als ich in der Grundschule war, musste ich jeden Freitag in einer langen Schlange aus anderen Mini-Menschen in grellgelben Sicherheitswesten zum Schwimmbad zockeln, um …

HIRN: … dich so richtig schön zu blamieren.

… schwimmen zu lernen. Einmal im Schwimmbad gingen ein Junge aus meiner Klasse, Luke Balding, und ich immer auf direktem Wege zum tiefen Ende des Beckens, wo wir abwechselnd und »ganz aus Versehen« mit Bauchklatscher ins Wasser sprangen, um zu sehen, wer als Erste:r Nasenbluten bekommen würde. Klar, das ist nicht gerade eine olympische Sportart, aber es machte uns Spaß, und wir waren gut darin. Aber das Beste war, dass wir mit Nasenbluten nicht weiter am Schwimmunterricht teilnehmen durften. Und dass wir im Zentrum der Aufmerksamkeit standen. Das nenne ich mal eine echte Win-win-Situation.

Ich weiß, was du jetzt denkst: Ernsthaft? Nasenbluten? Mit Absicht? Wow, Hayley muss in der Schule ja echt beliebt gewesen sein. Und das stimmt sogar, Nasenbluten war in der Grundschule nämlich unglaublich cool. Nur die coolsten Mädchen bluteten dauernd aus der Nase. Ich kann dir nicht erklären, warum Kinder ticken, wie sie ticken, aber wenn Nasenbluten damals ein Schönheitsideal war, dann war ich in der dritten Klasse Kate Moss.

Leider sollten meine Eltern meiner blutigen Beliebtheit bald ein Ende bereiten, sie bestanden nämlich darauf, mir beide Nasenlöcher veröden zu lassen. Damals hatte ich keine Ahnung, was das bedeutete. Ich malte mir aus, dass meine Nasenlöcher zusammengenäht oder gleich ganz abgeschnitten würden.

Meine Eltern brachten mich in ein Gebäude, in dem ich noch nie gewesen war. Der Flur zum Wartezimmer war lang und dunkel. Ich hatte das Gefühl, in einem Horrorfilm gelandet zu sein, dessen Ende mir nicht gefallen würde. Dann wurde ich aufgerufen und in einen noch dunkleren, noch gruseligeren Raum gebracht, wo man mir mit einem grellen Licht ins Gesicht leuchtete und – so fühlte es sich zumindest an – meine Nase in Brand setzte. Ich verließ das Gebäude mit dem Gefühl, dass man mir etwas Wichtiges gestohlen hatte (meine Nasenhaare). Von da an musste ich wie alle anderen am Schwimmunterricht teilnehmen. Meine Zeit als blutige Kate Moss war vorbei. Ich habe tagelang geweint.

HIRN: Wetten, wir könnten Nasenbluten
bekommen, wenn wir unbedingt wollten?
Ein gezielter Stoß und wusch ...

Es hat sich herausgestellt, dass ich gar nicht mal so schlecht im Schwimmen war. Ich war zwar nicht die Beste in meiner Klasse – vielleicht weil mein abstehender Bauchnabel mich nach unten zog –, aber nachdem ich meine Abzeichen gemacht hatte, bin ich tatsächlich anderthalb Kilometer geschwommen. Und dann – es fällt mir selbst schwer, das zu glauben – sogar drei. Ich habe eine ganze Reihe Kellogs-Abzeichen gewonnen, aber meine Mum hat sich geweigert, sie auf meinen Badeanzug zu nähen.

Während ich durchs Wasser pflügte, sah ich, wie das Blut aus Luke Baldings Nasenlöchern strömte und er im Ruhm schwamm (ganz ohne nass zu werden). Ich war viel zu stolz, um ihn zu fragen, ob alles in Ordnung war.

Traurigerweise konnte ich meinen Rückstand nie ganz aufholen, sodass ich nie zu den Besten gehörte. Der Vorsprung der anderen Kinder war einfach zu groß. Heute beschränke ich mich darauf, im Meer zu planschen – nach ausgiebigem Kreischen, wenn das kalte Wasser meinen Bauch erreicht. Dann dümpele ich fünf Minuten vor mich hin, bis ich mir erfolgreich eingeredet habe, dass ich einen Hai gesehen habe und wieder schreiend aus dem Wasser renne.

> **HIRN:** Wir haben alle den *Weißen Hai* gesehen. Man kann gar nicht vorsichtig genug sein.

Aber nicht nur mit Wassersport hatte ich meine Probleme. In Dads Familie war ich das erste Mädchen, mein Opa hatte also immer nur Jungs großgezogen, und er konnte es gar nicht abwarten, seine Lieblingsbeschäftigungen mit mir zu teilen – die natürlich alle mit Sport zu tun hatten. Er hatte sich in den Kopf gesetzt, mir Golf und Tennis beizubringen. Jedes Wochenende bauten wir im Garten meinen privaten kleinen Golfplatz auf, und meine Oma sah vom Küchenfenster aus zu, wie ich wieder und wieder meinen winzigen Golfschläger schwang, aber der Ball stur auf dem Golftee liegen blieb. Schon damals war mir klar, dass Sportarten, bei denen man einen Gegenstand in einem Loch versenken muss, nichts für mich sind.

> **HIRN:** That's what she said.

He, ich schwelge gerade in Kindheitserinnerungen, also lass gefälligst die dreckigen Witze sein.

Als er feststellen musste, dass ich körperlich nicht in der Lage war, einen Golfschläger richtig zu schwingen, war mein Opa am Boden zerstört und hat kein einziges Wort mehr mit mir gesprochen. Nein, Spaß. Natürlich hat er noch mit mir gesprochen, aber ich habe ihm nicht zugehört, weil ich *Tom und Jerry* guckte oder auf Grandpas Acorn-Computer *Lemmings* spielte – wenn das nicht »Millennial« schreit, weiß ich auch nicht.

Nachdem wir in der Schule mit Schwimmen durch waren, kamen Mannschaftssportarten an die Reihe. Juhuuu! Immer wenn die Lehrer:innen keinen Plan hatten, was sie mit uns machen sollten, spielten wir *Rounders*. Und weil diese Sportart in Großbritannien – sie wird schließlich auch englisches Baseball genannt – sogar im Lehrplan stand, spielten wir gefühlt drei Monate lang nichts anderes als *Rounders*.

Ich hasse Rounders. Man muss vor versammelter Klasse zur Homebase gehen und versuchen, mit feuchten Händen den glatten Schläger festzuhalten. Bevor du dich auch nur orientieren kannst, kommt schon der erste Ball angeschossen, direkt auf dein Gesicht zu.

HIRN: Den triffst du nie.

Natürlich treffe ich nicht. Es ist eine einzige Blamage. Ein paar der Jungs lachen. Die Feldspieler machen Pause, sie wissen, dass so bald kein Ball in ihre Richtung kommt.

Von der Seite des Spielfelds ruft meine Sportlehrerin Mrs. Pennings: »Augen auf den Ball, Hayley.«

Der zweite Ball kommt angeflogen.

HIRN: Mach lieber die Augen zu.

Nein, du hast doch gehört, was Mrs. Pennings gesagt hat: Augen auf den Ball. Bitte, ich brauche dich, können wir ausnahmsweise mal zusammenarbeiten?

Ich treffe wieder nicht, dafür schwinge ich den Schläger dieses Mal besonders theatralisch. Jegliche Hoffnung, dass einer der Jungs auf mich stehen könnte, ist mit dem Ball davongeflogen.

Meine Sportlehrerin schreit: »Letzte Chance, Hayley. Hol weit aus mit dem Schläger.«

Wieder schleudert der Bowler den Ball in meine Richtung. Ich lasse ihn nicht aus den Augen, hole weit aus und ... der Ball segelt über das Feld und steigt hinauf in den Himmel. Die ganze Klasse schnappt nach Luft. Der Ball fliegt immer weiter, höher als Vögel oder Flugzeuge. Wow! Ich bin eine der größten Rounders-Spielerinnen aller Zeiten. Alle laufen jauchzend und jubelnd auf mich zu und wollen wissen, wie es sich anfühlt, nicht nur ein Rounders-Star, sondern auch das coolste und klügste Mädchen der Schule zu sein.

»Hayley, steh auf.«

Ich öffne die Augen. Ich bin umgekippt und liege zusammengekauert auf dem Boden. Ich habe nicht nur den Ball verfehlt, er hat mich auch noch mitten ins Gesicht getroffen. Und anscheinend ist es mir nicht in den Sinn gekommen auszuweichen. Ich bin einfach stocksteif stehen geblieben, während der Ball auf mich zugesaust kam. Leider habe ich noch nicht mal Nasenbluten, sodass ich keinen Mitleidsbonus bekomme und unzeremoniell vom Feld geschickt werde, wo ich ganz allein am Rand sitzen muss. Für die nächsten neuen Jahre werde ich immer als Letzte gewählt.

> HIRN: Stimmt schon, wir waren ziemlich schlecht im Schlagen. Und im Werfen? Lass uns übers Werfen sprechen.

Im Werfen war ich genauso schlecht.

> HIRN: Das ist Musik in meinen Ohren. Lass uns an deinen schönsten Misserfolgen teilhaben.

In der Mittelstufe war mein Sportlehrer fest entschlossen, aus mir eine große Werferin zu machen. Dabei war ich mit Abstand die schlechteste der ganzen Stufe. Aber aus irgendeinem Grund hatte er sich in den Kopf gesetzt, das zu ändern – wahrscheinlich wäre es der Höhepunkt seiner Karriere gewesen, aus seiner schlechtesten Schülerin eine Weltklassesportlerin zu machen. Er gab und gab nicht auf, auch wenn ich keinen Deut besser wurde. Ich glaube, ich habe ihn zur Verzweiflung getrieben, weil ich einfach nicht imstande war, einen Diskus, Speer oder jegliche Art von Ball zu werfen. Einmal ist er total ausgerastet, und ich musste so sehr weinen, dass ich trotz meiner beidseitigen Nasenlochverödung wieder Nasenbluten bekommen habe (aufgepasst, Jungs, meine zweite coole Ära beginnt). Wie durch ein Wunder bekam ich danach ein ärztliches Attest und musste Gott sei Dank keine überdimensionalen Speere mehr in die Hand nehmen.

HIRN: That's what she ...

Wag. Es. Ja nicht.

In meiner ganzen Teenagerzeit habe ich keine Sportart gefunden, die mir wirklich Spaß gemacht hat oder in der ich richtig gut war. Ich habe es mit Leichtathletik probiert und war nicht schlecht im Hochsprung, aber nur, weil ich lang und dünn war. Ich konnte ein paar Sekunden durch die Luft segeln und auf einer dicken Matte landen, wow. Zuerst hat es sich großartig angefühlt, ich hatte das Gefühl, endlich in meinem Element zu sein.

Im Sommer stand dann ein Wettkampf an, und ich hatte mich für Hochsprung gemeldet – das würde mein großer Moment werden! Aber ich schaffte es nicht einmal in die Auswahl. Charlie, Charlotte und Katie waren einfach größer und besser als ich, also konnte ich Hochsprung auch abhaken.

Dafür war ich für den Staffellauf eingetragen: hundert Meter mit einem kleinen Aluminiumstab in der Hand. Niemand nahm diese Disziplin ernst. Und niemand war überrascht, als ich neben den Stab griff, stolperte und der Länge nach auf den Boden klatschte. Ich versuchte aufzustehen, fiel aber zweimal über meine eigenen Füße. Also schwor ich neben dem Ballsport und der Leichtathletik auch allen Sportarten ab, bei denen in irgendeiner Form Aluminium beteiligt war – bestimmt kam daher meine Abneigung gegen Stepptanz.

Als Nächstes war Crosslauf an der Reihe. Ich hatte mich von verschiedenen Leuten überreden lassen, für die es anscheinend nichts Schöneres gab und die locker zehn Kilometer oder mehr liefen, als ob es sich um einen Sonntagsspaziergang handelte. Ich bin immer noch überzeugt, dass das nicht normal ist. Der menschliche Körper ist einfach nicht dafür gemacht, so lange Zeit am Stück zu laufen. Crosslauf habe ich aufgegeben, nachdem ich mehrmals dabei erwischt wurde, wie ich mich den ganzen Nachmittag hinter einer Hecke versteckte, um nicht mitlaufen zu müssen. Was ich dann natürlich doch musste, zu allem Überfluss auch noch im Dunkeln.

In einer besonders stressigen Schulsportphase habe ich öfter mal so getan, als würde ich in Ohnmacht fallen – und mir dabei manchmal richtig wehgetan. Mrs. Pennings muss der Meinung gewesen sein, dass ich sowohl blöd als auch entschlossen genug war, um früher oder später im Koma zu landen, jedenfalls nahm sie danach glücklich jede noch so schlecht gefälschte Entschuldigung entgegen. Immer noch besser als meine Selbstmordversuche …

HIRN: Jawohl. Wenn man wirklich will, kriegt man am Ende alle klein. Was für eine Lektion. Danke dir dafür, Hayley.

Vor Kurzem haben Sport und ich es noch einmal miteinander versucht. Nachdem ich zu Hause, im sicheren Umfeld meines Wohnzimmers, ein paar Joe-Wicks-Work-outs ausprobiert habe, habe ich beschlossen, dass es um meine Fitness gar nicht so schlecht steht, und mich in dem Fitnessstudio gegenüber von meiner Wohnung angemeldet. Jetzt gab es keine Ausreden mehr!

In den eigentlichen Teil des Fitnessstudios traue ich mich nicht – du weißt schon, der Teil mit den Gewichten und Geräten und all dem … Gedöns. Einerseits, weil ich keinen Schimmer habe, wie das alles funktioniert, andererseits wegen der knurrenden und grunzenden Muskelprotze, die da immer herumhängen und die Trainingsgeräte bewachen. Außerdem habe ich die starke Vermutung, dass ich mehr schwitze als der durchschnittliche Mensch.

> **HIRN:** Das kann ich bestätigen. Beim Sport
> neben dir zu stehen ist ungefähr so trocken wie
> ein Bootsausflug zu den Niagarafällen.

Lieber nutze ich das vielfältige Angebot an Kursen. Da zeigt mir dann jemand, was ich machen muss, und ich kann mich hinter den anderen Kursteilnehmer:innen verstecken.

Der erste Sportkurs, für den ich mich völlig freiwillig melde, ist ein Spinning-Kurs. Fahrradfahren? Kann ich! Sind Bälle im Spiel? Nein! Was kann da schon schiefgehen?

Eine ganze Menge, wie sich herausstellt. Irgendwie merkt der Coach, dass ich schummle, weil ich die Gänge nicht hochschalte, und verpetzt mich vor allen anderen. Zweimal! Vielen Dank auch. Ich schummle ja nur, weil ich Angst habe, dass ich tot zusammenbreche, wenn ich auch nur einen Gang hochschalte – ich finde es nämlich so schon verdammt anstrengend.

Am Anfang des Kurses habe ich besonders mit meinen Schuhen gekämpft, weil die sich einfach nicht an den Pedalen befestigen lassen wollten. Aber natürlich konnte ich niemanden um Hilfe bitten, sonst hätte ich mich ja direkt als Anfängerin geoutet. Das Problem ist nur, dass ich sie jetzt nicht mehr abbekomme und als eine der letzten noch auf meinem Fahrrad sitze. Ich tue so, als würde ich ganz langsam abkühlen. Vorne auf dem Fahrrad ragt ein langer, runder Stab in die Höhe – ob ich wohl daran ziehen soll?

Hirn? Langer, runder Stab?

HIRN: Nein, danke. Viel zu einfach.

Als ich am nächsten Tag aus der Dusche steige, stelle ich fest, dass meine Vulva dunkellila angelaufen ist. Kurz bekomme ich Panik: Was, wenn ich mir auf dem Fahrradsattel irgendeine Geschlechtskrankheit geholt habe? Dann sehe ich wieder die ältere Frau in ihrer überdimensionalen Radlerwindel vor mir, und mir geht ein Licht auf. Ich kann mich eine ganze Woche lang nicht hinsetzen. Das tu ich meiner armen Vulva auf keinen Fall noch einmal an.

Aber Aufgeben kommt auch nicht infrage – schließlich habe ich ja schon die Mitgliedschaft im Fitnessstudio bezahlt. Stattdessen probiere ich es mit Zirkeltraining. Keine Bälle, keine Fahrräder, und ich habe gelesen, dass die einzelnen Übungen nur fünfundvierzig Sekunden dauern. Das scheint sogar mir machbar.

Als ich den Raum betrete, stelle ich fest, dass ich mit Abstand die Jüngste bin. Alle anderen sind mindestens dreißig Jahre älter. Yes, denke ich, das sind meine Leute, dieser Kurs ist genau das Richtige für mich. Ich suche mir eine Station aus und mache mich bereit für die einfachste Sportstunde meines Lebens. Ein bisschen Stretching, ein bisschen

Mobility und in den Pausen vielleicht eine Tasse Tee mit den netten Ladys da hinten. Ich träume schon davon, einmal in meinem Leben beim Sport die Beste zu sein. Das hier wird das absolute Highlight meiner langen Laufbahn als Sportlerin. Es geht los. Es fühlt sich gut an. Total einfach.

> **LUNGE:** Ich fühle mich super. Das ist genau mein Ding!

> **HERZ:** Wow, ich fühle mich auf einmal so lebendig.

> **HIRN:** Weißt du was, Hayley, ich finde, wir sollten das öfter machen, das macht echt Spaß.

Aber ich wiege mich in falscher Sicherheit. Jetzt geht es nämlich richtig los, und plötzlich fühlt es sich gar nicht mehr so gut an. Meine Lunge ist kurz vor dem Zerreißen, mein Herz hämmert, als ob es das Schlagzeug für eine Heavy-Metall-Gruppe spielen will, und Hirn ist alles andere als still.

> **HIRN:** Es ist so weit. So werden wir also sterben. Aber immerhin ist es dann vorbei, und wir müssen uns nicht länger quälen.

Ich schmecke Blut, aber ich glaube nicht, dass es Nasenbluten ist. Vielleicht habe ich tatsächlich einen Lungenkollaps – sollte ich der Trainerin Bescheid sagen? Ich verspüre das große Bedürfnis, nach meiner Mum zu rufen, aber die ist Hunderte von Kilometern weit weg und kann mich auch nicht retten. Mein Kopf fühlt sich komisch an, und ich bin mir ziemlich sicher, dass gerade all mein Blut in meine Füße rauscht. Ich fühle mich gar nicht gut. Mein Magen vollführt einen Salto, und plötzlich hänge ich mit dem Kopf über dem kleinen Abfalleimer in der Ecke des Raumes und übergebe mich. Die Trainerin bringt mir meine Wasserflasche und sagt mir, dass ich den Schmerz einfach wegatmen soll.

Als ich mit dem Kotzen fertig bin, fragt sie mich, ob ich bereit bin weiterzumachen. Das bin ich definitiv nicht, aber jetzt zu gehen wäre viel zu peinlich, und außerdem bin ich viel zu stolz, um Nein zu sagen. Also mache ich auf zittrigen Beinen weiter und tue so, als würde es mir auch noch Spaß machen.

Am Ende des Kurses klopft mir ein Mann in seinen späten Siebzigern auf den Rücken und sagt: »Wir müssen alle irgendwo anfangen.«

Noch auf dem Weg nach draußen kündige ich meine Mitgliedschaft. Zu Hause angekommen, öffne ich sofort die Immobilien-App *Rightmove*, um nach einer neuen Wohnung zu suchen. In diesem Viertel kann ich nie wieder einen Fuß vor die Tür setzen.

Nach vielen gescheiterten und hochnotpeinlichen Versuchen weiß ich mittlerweile, dass es nur einen einzigen Sport für mich gibt: Yoga. Bewusstes Atmen, weiche Matten, lange Dehnübungen, ein bisschen Meditation in einem schwach beleuchteten Raum und …

HIRN: Auf dem Boden rumliegen?

Das nennt man »Shavasana«. Und ich bin richtig gut darin, also halt die Klappe.

Hirn vs. Friseursalon

Ich werde niemals vergessen, wie ich mit 14 zum ersten Mal Strähnchen bekommen habe. Im Winter wird mein sonst blondes Haar immer ziemlich dunkel, mausbraun könnte man auch sagen. Damals trug ich es mit Vorliebe in zwei kleinen Zöpfen – wie du dir denken kannst, war ich also nicht gerade ein Hingucker. Ich ging in der Masse der anderen Kinder einfach unter. Aber am Tag nach meinem Friseurbesuch spazierte ich mit meinen von der (chemischen) Sonne geküssten Zöpfen in die Klasse wie das Mädchen aus dem Teenie-Film, das seine Hornbrille losgeworden und auf einmal wunderschön ist. Endlich war ich nicht mehr unsichtbar. Alle Jungs, für die ich mal geschwärmt hatte, kamen und machten mir Komplimente zu meinen Haaren. Ich fühlte mich wie ein Star. Damals habe ich die wichtigste Lektion meiner gesamten Schulzeit gelernt: Beliebt und schön sein ist alles, die Filme hatten von vornherein recht.

Diesem High habe ich seitdem nachgejagt. Glänzendes Haar, hübsche Nägel, eine lässig-elegante Haltung statt bis zu den Ohren hochgezogene Schultern wie ein Superschurke – das ist mein wahrer Traum. Leider ist der Besuch im Friseursalon oft nicht der erhoffte Ausflug ins Schönheits- und Entspannungsparadies. Manchmal ist er sogar die reinste Hölle.

Hier meine Auswahl an Beauty-Desastern:

1.
Im Friseursalon

Schon im Märchen lernen wir, dass wir uns vor Spiegeln hüten sollten. Warum setzen wir uns dann bitte schön freiwillig stundenlang vor einen Spiegel und starren uns an? Und das auch noch im unvorteilhaften Licht der Neonleuchten im Friseursalon, mit zerzaustem Ansatz, einer Fiat-Punto-Fußmatte um den Hals und in einem Friseurstuhl, der sich wie wild um die eigene Achse dreht. Ich habe jedes Mal Angst, für immer im »Vorher« eines Umstyling gefangen zu sein.

Ich persönlich nutze die Zeit im Friseursalon – zwischen vierzig Minuten und vier Stunden ist alles möglich, wobei das Ergebnis immer dasselbe bleibt – gern, um ein Buch oder eine Zeitschrift zu lesen, aber meistens hat Hirn andere Pläne.

> **HIRN:** O mein Gott, guck mal, wie viele Falten du hast! Warst du schon immer so hässlich? Wir sollten hiernach unbedingt bei einem Schönheitschirurgen vorbeischauen und uns ein Lifting verpassen lassen. Und wusstest du, dass eines deiner Nasenlöcher größer ist als das andere?

Nach dieser anfänglichen Runde konstruktiver Kritik meines geliebten Gehirns ist mir eine kurze Verschnaufpause gegönnt, während ich zum Waschbecken geleitet werde, um mir von einer anderen erwachsenen Person das Haar waschen zu lassen wie ein Baby. Manche Leute behaupten ja, dass sie diesen Moment lieben, aber ich glaube ihnen nicht. Außerdem ist es oberpeinlich, von einem Stuhl in den nächsten geschickt zu werden – warum, kann ich dir auch nicht erklären. Vielleicht, weil ich jedes Mal fast das Gleichgewicht verliere wie ein echtes Baby, das das Konzept Stuhl noch nicht verstanden hat. Dann muss man den Nacken auf den kalten und unbequemen Waschbeckenrand legen, wobei ich es immer schaffe, mir den gesamten oberen Rücken zu verspannen, und mich total zusammenreißen muss, um vor Schmerz nicht zusammenzuzucken.

HIRN: Warum zur Hölle hast du die Augen offen? Du starrst an die Decke wie ein Freak.

Ich kneife die Augen zusammen, während kochend heißes Wasser in meine Ohren läuft. Über das Rauschen des Wassers hinweg fragt mich der Friseur: »Ist die Temperatur so in Ordnung?«

Ich nicke eifrig, obwohl das Wasser mir die Kopfhaut verbrennt. Meine Augen sind fest geschlossen. Auf gar keinen Fall werde ich irgendjemandem in die Augen schauen, bis wir dieses demütigende Ritual hinter uns haben.

Der Friseur massiert meine Schläfen. Das fühlt sich gar nicht mal so schlecht an. Dann fährt er mit rhythmischen Bewegungen über meinen Schädel, ein bisschen wie diese dubiosen Kopfmassagegeräte, von denen wir alle irgendwann mal eines hatten und die aussehen wie eine langbeinige Spinne. Ich gebe es nur ungern zu, aber das fühlt sich unglaublich an.

HIRN: Was tust du denn da? Mach sofort die Augen auf, du Perversling. Nachher denkt er noch, wir haben von seinem Kopfrubbeln einen Orgasmus bekommen. Und was soll das widerliche kleine Grinsen? Igitt!

Ich reiße die Augen wieder auf, bemühe mich um ein ausdrucksloses Gesicht und starre nach oben, wo die Friseurstirn vor meinen Augen auftaucht und wieder verschwindet.

> **HIRN:** O Gott, nein, mach die Augen wieder zu, du
> kannst ihn doch nicht mit offenem Mund anstarren.
> Da muss er ja denken, wir sind in ihn verknallt.

Ich bekomme Panik – was soll ich denn jetzt tun!? Die Augen offen lassen, schließen oder doch irgendetwas dazwischen? Soll ich versuchen, mit den Augen zu lächeln? Nein, das könnte er missverstehen.

Also kneife ich die Augen wieder zu, während der völlig verwirrte Friseur, der nicht versteht, warum er plötzlich ein Vertrauensspiel mit mir spielen muss, mich zu meinem Platz führt. Aber so ist es sicherer für uns beide.

Als ich wieder sicher in meinem Sessel sitze, fängt der Friseur eifrig an zu schnippeln. Nur die Spitzen, sage ich, während er mindestens zehn Zentimeter abschneidet. Eigentlich sollte ich ihm sagen, dass das genug ist, dass ich es auf keinen Fall kürzer will.

> **HIRN:** Wag es ja nicht, sein Können infrage
> zu stellen. Er ist hier der Profi, und außerdem
> hat er eine Schere in der Hand. Halt einfach
> die Schnauze und guck auf dein Handy.

Für die nächsten paar Stunden klebt mein Blick auf dem Bildschirm, während ich die immer gleichen Apps öffne und schließe. Und weil es im Friseursalon keinen Empfang gibt, sind das der Apple-Kalender und die Fotogalerie. Ich habe Angst, dass der Friseur vielleicht die Nahaufnahme von meinem Fuß gesehen hat, die ich meinem Freund geschickt habe, um ihn zu fragen, ob ich einen eingewachsenen Zehennagel habe. Oder den Eintrag in meinem Kalender für die Geburtstagsparty des Hundes meiner besten Freundin nächste Woche.

HIRN: Jep, er hält dich definitiv für eine Spinnerin.

Als der Friseur fertig ist, präsentiert er mir in einem kleinen Spiegel stolz sein Werk. Weil ich nicht sicher bin, was genau von mir erwartet wird, lächele ich nur und nicke.

»Sieht toll aus, viel gesünder als vorher.« (Das sagt man doch so, oder?)

Ich reiche ihm meine Kreditkarte, und in dem Moment wird mir klar, dass ich mir niemals ein Haus werde leisten können. Ich verlasse den Salon mit einem Pixie-Cut, den ich gar nicht haben wollte, setze mich hinters Lenkrad und schluchze in eine extra große Tüte *Chilli Heatwave Doritos*. Ich sehe aus wie ein ausgebüxter Feldhamster.

2.
Im Waxing-Studio

Waxing ist eine mittelalterliche Foltermethode, die eigens dazu entworfen wurde, einem den Tag oder sogar die ganze Woche zu versauen. Wenn man Glück hat, wird dabei auch noch ein bisschen Schamhaar entfernt. Letztes Jahr habe ich mich zum ersten Mal waxen lassen, weil ich mir im Urlaub keine Sorgen machen wollte, dass jemandem auffallen könnte, dass mir Haare auf dem Körper wachsen.

HIRN: (Erschauert bei dem Gedanken daran)
O Gott, stell dir das mal vor.

Wenn man in einen Waxing-Salon geht, muss man sich zuerst entscheiden, wo und wie die eigene Vulva gerne Urlaub machen würde. Möchte sie nach Brasilien fahren und nackt am Strand herumlaufen? Oder steht ihr der Sinn nach einem Ausflug mit dem Privatjet über die Landebahn? In echt macht meine Vulva am häufigsten Urlaub auf der *Isle of Wight*, und du kannst dir wahrscheinlich ungefähr vorstellen, wie das aussieht. Die einzig sinnvolle Intimfrisur wäre ein Pfeil, der direkt auf die Klitoris zeigt, aber das würde ich mich niemals trauen, und wenn ich ehrlich bin, weiß ich nicht, ob das die Typen davon abhalten würde, wie wild an der Innenseite meines Oberschenkels zu rubbeln.

Dann muss man sich untenrum ausziehen. Wenn man möchte, bekommt man einen lächerlich kleinen Papierschlüpfer ausgehändigt, in den niemandes beste Teile hineinpassen. Und weil ich die Idee unerträglich finde, dass meine Schamlippen aus diesem Miniatur-Papier-String herausquellen könnten, bleibe ich lieber nackt. Dann muss man eine Reihe von unvorteilhaften Yoga-Posen vorführen, während die Kosmetikerin das Poloch und seine langen Locken untersucht. Währenddessen mache ich gern höflich Konversation, um die Stimmung etwas aufzulockern.

> **HIRN:** Okay, aber rede über irgendwas
> Normales. Ich erinnere dich daran, dass sie
> heißes Wachs in der Hand hat ...

Hier eine Auswahl an Konversationsthemen aus meinen letzten Waxing-Sitzungen:

- *Ob es möglich ist, den Sinn des Lebens innerhalb einer einzigen Lebensspanne zu ergründen (ihre Antwort: Nein)*
- *Wie sich Kindheitstraumata in unseren Beziehungen als Erwachsene widerspiegeln (ihre Antwort: Einmal umdrehen, bitte)*
- *Was ich am Wochenende so vorhabe (ihre Antwort: Okay, wir sind dann fertig)*

Zwei Tage nach meinem ersten Waxing bekam ich am Oberschenkel den fiesesten Ausschlag meines Lebens. Ich rief sofort den Notarzt, aber die Frau am anderen Ende der Leitung erklärte mir erheitert, dass das a) normal sei, dass ich b) ein sanftes Peeling machen solle und dass es sich c) nicht um eine sexuell übertragbare Krankheit handeln könne, außer ich hätte kürzlich ungeschützten Geschlechtsverkehr gehabt. Hatte ich nicht. Ich wünschte, das wäre der blödeste Grund, aus dem ich je den Notruf gewählt habe.

3.
Bei der Massage

Massagen gehören zu den Dingen, von denen wir anscheinend irgendwann beschlossen haben, dass sie gut, toll und entspannend sind, dabei ist es eine der unangenehmsten und unentspanntesten Situationen überhaupt. Eine fremde Person drückt auf deinem Rücken herum und fasst Stellen an, die du selbst noch nie angefasst hast. Während du in einem halbdunklen Raum auf einem Tisch liegst. Nein, danke, ohne mich! Da schlage ich mich lieber mit meinen Verspannungen, Knoten und Rückenschmerzen herum.

4.
Im Nagelstudio

In regelmäßigen Abständen werde ich meiner eigenen Hände überdrüssig und beschließe, dass ich ihnen mit einem neuen Look etwas Gutes tun sollte. In meinen verrücktesten Momenten denke ich, dass ich mit ein bisschen Glück und Lack auch ein Handmodel sein könnte. Also begebe ich mich, wie jedes gute Handmodel, ins Nagelstudio.

Pediküre halte ich für sinnlos, außer man möchte Bilder von seinen eigenen Füßen im Internet verkaufen, wozu ich mich irgendwie nicht durchringen kann. Noch nicht jedenfalls. Abgesehen davon finde ich den Teil, wo sie die Käsereibe herausholen, einfach viel zu peinlich. Außer mir scheint sich sowieso niemand die tote Haut an den Füßen wie Parmesan raspeln zu lassen. Und ich lasse mich lieber mit einem Eimer eiskalten Wassers begießen, als diese Demütigung noch einmal durchzustehen.

Nachdem ich das Nagelstudio betreten habe, drückt man mir einen Ring voller abgetrennter Nägel in jeder erdenklichen Farbe in die Hand. Sie klicken und klacken lustig aneinander, während ich sie probeweise auf meine eigenen Nägel halte wie eine Serienmörderin ihre makabren Trophäen. Ich tue so, als würde ich mir alle Farben ganz genau ansehen, dabei weiß ich jetzt schon, dass ich nur drei Varianten nicht fürchterlich bereuen würde. In einer Anwandlung von Verrücktheit ziehe ich trotzdem die Wildcard. Neongrün. Wie spontan ich doch bin.

Die Frau im Nagelstudio fragt mich viermal, ob ich mir auch ganz sicher bin: »Das ist eine sehr grelle Farbe.«

Ich nicke enthusiastisch und sage, dass ich mich heute übermütig fühle, wobei mich mein Mut schon wieder verlässt. Aber dafür ist es zu spät, ich will nicht schwach wirken, obwohl ich das natürlich bin. Also strecke ich ihr meine Hände entgegen wie ein braver Hund seine Pfoten.

HIRN: Warum sehen unsere Nägel so aus,
als hätten wir mit bloßen Händen ein Loch
in die Erde gegraben?

Der Prozess beginnt wie immer damit, dass ich mich für den desolaten Zustand meiner Nägel entschuldige, obwohl es der Frau vor mir nicht gleichgültiger sein könnte. Sich die Nägel machen zu lassen ist eine komplexe Choreografie, in der man zu jedem Zeitpunkt wissen sollte, wo und wie man seine Hände halten sollte. Wenn du Glück hast, darfst du dabei in einem Massagestuhl sitzen, sodass du wild hin und her ruckelst, während die Person vor dir versucht, genau zu zielen, damit der Lack nicht danebengeht.

Nachdem sie einen Nagel neongrün angemalt hat, hält die Nageldesignerin ihn mir unter die Nase. Ich nicke wieder, um zu bestätigen, dass ich eine sehr gute Wahl getroffen habe, danke. Entgegen ihrer vorigen Reaktion behauptet die Frau, dass Neongrün gerade sehr beliebt sei, und fragt, ob ich am Wochenende auf ein Festival gehe. Natürlich gehe ich nicht auf ein Festival, aber aus reiner Verlegenheit sage ich »Ja« und muss dann für den Rest der Zeit über ein Festival reden, zu dem ich gar nicht gehe.

Während der gesamten Tortur musst du aufpassen, dass du ihre Hand nicht zu zärtlich hältst, sonst könnte sie denken, dass du in sie verliebt bist.

Ich weiß nicht, wer beschlossen hat, dass wir all diese komischen Dinge tun müssen, oder wie ich da hineingeraten bin, aber hier bin ich. Und obwohl ich so ungern ins Nagelstudio gehe, bin ich süchtig nach frisch lackierten Nägeln.

Nur, einen PAP-Abstrich machen zu lassen ist noch besser, als ins Nagelstudio zu gehen.

Hirn vs. Spekulum

Es gibt so viele Dinge, von denen einfach erwartet wird, dass ein erwachsener Mensch sie kann, aber niemand zeigt einem, wie sie gehen. Seine Steuern machen zum Beispiel (davon habe ich immer noch keinen blassen Schimmer), einen Tampon benutzen, das Haus putzen oder eine verstopfte Toilette reinigen. Letztens musste ich zum Beispiel mit einem Kleiderbügel aus Draht und Spülmittel im Abflussrohr nach einem verloren gegangenen Tampon fischen. Wie haben die Leute nur ohne TikTok oder YouTube überlebt?

> **HIRN:** Weißt du noch, als du herausgefunden hast, dass man sein Haus auch falsch putzen kann?

Ja, und seitdem hinterfrage ich alles.

Zwei Wochen vor meinem 25. Geburtstag habe ich per Post eine Erinnerung bekommen, dass ich einen Termin für meinen ersten Gebärmutterhalsabstrich buchen soll. Es heißt auch »Schmiertest«, was nicht unbedingt nach einem wissenschaftlichen Grund klingt, mir etwas in die Vagina stecken zu lassen.

> **HIRN:** Als ob du dafür einen wissenschaftlichen Grund bräuchtest. Jetzt tu mal nicht so ...

Aber der Reihe nach: Dieses Kapitel ist dein Erinnerungsbrief, also greif zum Telefon und ruf deine:n Gynäkolog:in an, um einen Termin für eine Krebsvorsorge auszumachen, wenn du schon länger keine mehr gemacht hast. Jetzt sofort. Leg das Buch zur Seite und ruf an. Ich warte so lange.

Gut. Und falls du Angst vor dem Termin hast, lass dir gesagt sein, dass du dich unmöglich blöder anstellen kannst als ich …

> HIRN: Ach ja, es gibt doch nichts Schöneres als eine deiner peinlichen Storys. Und die hier liebe ich. Sag Bescheid, wenn du Hilfe brauchst, ich erinnere mich an ALLES.

Ausgerechnet am Tag meines ersten PAP-Abstrichs mache ich mir plötzlich Gedanken über die Ästhetik meiner Genitalien. Theoretisch weiß ich, dass es medizinischen Fachkräften schnurzpiepegal ist, wie ihre Patient:innen untenrum aussehen, ob es symmetrisch ist oder nicht. Aber irgendwie fühlt es sich unhöflich an, sich gar keine Mühe zu geben. Wieso sollte ich mich für einen Fremden, den ich vor zwei Tagen auf einer Dating-App kennengelernt habe, schön machen, aber nicht für eine:n Krankenpfleger:in? Meine Eltern wären enttäuscht von mir.

Aber welche Frisur ist die richtige? Soll ich komplett kahl geschoren gehen wie ein kleiner Seelöwe? Mit einem feschen Vajazzling wie eine Discoqueen? Oder sollte ich meinem Busch einen extravaganteren Schnitt verpassen? Ich könnte mir auch die Schamhaare blau färben und so meine Solidarität zum National Health Service bekunden. Unter all den verschiedenen Intimfrisen entscheide ich mich schließlich für den Klassiker: die Glatze.

> HIRN: Gute Wahl. Mit diesem Style sagst du: Ich bin draufgängerisch, keck, und ich habe

einen eigenen Rasierer. Wir haben unser Leben definitiv im Griff!

Sobald mein Liebesgarten gemäht ist, schalte ich auf Autopilot. Weil ich weiß, dass mein Kätzchen heute Ausgang hat, mache ich mich automatisch so fertig, als würde ich ausgehen. Auf YouTube gucke ich mir ein Glam-Make-up-Tutorial an, style mein Haar aufwendiger als sonst, ziehe schicke Klamotten und vor allem eine gute Unterhose an. Stell dir vor, ich hätte ausgerechnet heute die mit dem Loch angezogen! Auf dem Weg zur Arztpraxis fühle ich mich wie ein Supermodel.

Erst geht alles gut. Ich schwebe vom Wartezimmer in das Büro der Krankenschwester, wo ich einen Fragebogen ausfüllen und unter anderem angeben soll, wie viel Alkohol ich pro Woche trinke. Ich lüge.

Dann fragt mich die Krankenschwester, wann ich das letzte Mal meine Tage hatte, und ich lüge wieder, weil ich keine Lust zum Rechnen habe und nicht den Eindruck vermitteln will, als würde ich meinen eigenen Körper nicht kennen. Dann kommt der Moment der Wahrheit. Die Krankenschwester führt mich zu einem Vorhang und lächelt freundlich, während sie den Vorhang hinter mir wieder zuzieht. »Einmal bitte untenrum frei machen und dann auf die Liege legen.«

Okay, Hayley, ganz ruhig. Du hast das schon einmal hingekriegt – das letzte Mal hatte ich so ein komisches Gefühl in der Vagina, das sich dann als Pilzinfektion herausgestellt hat. Neben dem viel zu attraktiven Gynäkologen war damals noch eine ganze Gruppe Medizinstudent:innen mit im Raum gewesen, wogegen ich Einspruch hätte einlegen können, aber weil ich es immer allen recht machen will, habe ich natürlich Ja gesagt. Die Student:innen starrten gebannt in mich hinein, während der heiße Gynäkologe ihnen erklärte, wonach sie Ausschau halten sollten, und ich mir eine Strategie zurechtlegte, falls ich einer dieser Personen später im Supermarkt begegnen würde. So schlimm konnte es dieses Mal also gar nicht werden.

Alles ist gut, ich bin tiefenentspannt, ich … trage einen Jumpsuit.

Fuck. Ich trage ernsthaft einen Jumpsuit.

Wenn ich mich untenrum frei mache, bin ich obenrum auch frei. Ich werde komplett nackt sein. Splitter. Faser. Nackt. Ich trage mein Geburtstags-Outfit, dabei habe ich nicht mal Geburtstag.

> HIRN: Immerhin haben wir einen BH an.
> Stell dir vor, wie peinlich es wäre, wenn wir keinen hätten.

Ich gucke nach. Ich trage keinen BH.

Eine Schockwelle durchläuft meinen Körper. Panisch schießt mein Blick von links nach rechts. Das hier ist noch viel schlimmer als das letzte Mal. Was soll ich nur tun?

> HIRN: Keine Panik. Ruf einfach »Feuer«.

Tolle Idee, dann kommt die Krankenschwester, sieht, dass es weit und breit nicht brennt, und erklärt mich für übergeschnappt.

> HIRN: Renn nach Hause.

Aber ich habe monatelang auf diesen Termin gewartet. Außerdem müsste ich an der Krankenschwester vorbeirennen, um zur Tür zu gelangen, und dann würde sie mich auch für übergeschnappt erklären.

HIRN: Hm. Ich hab's. Mach ein Top aus
dem Jumpsuit. So wie bei Project Runway.
Wir schneidern uns einfach aus der Affäre.
Sie wird es nicht mal bemerken.

Die Krankenschwester läuft vorbei, und der Vorhang raschelt.
»Sind wir gleich so weit?«
»Noch nicht ganz«, krächze ich zurück.

HIRN: Na toll, jetzt denkt sie, dass wir wer weiß
was hier drin machen – wir haben schon viel zu
lang gebraucht.

Das Adrenalin übernimmt die Kontrolle über meinen Körper, und in diesem Moment entscheide ich, etwas zu tun, von
dem ich heute noch Albträume bekomme. Ich ziehe mich
komplett aus, lege mich hin und drapiere ein Stück von dem
dünnen, blauen Papier, mit dem die Liege abgedeckt ist,
auf meinem Oberkörper. Natürlich versteckt es absolut gar
nichts. Ich trage nur meine Socken.

Die Krankenschwester öffnet den Vorhang. Verblüfft starrt
sie mich an. Ich kann sehen, dass sie sich zusammenreißen
muss, um nicht laut zu lachen. Am liebsten wäre ich im Boden
versunken. Das einzig Positive? Meine wahren Bestseller –
meine Füße – sind bedeckt.

Während die Krankenschwester den Test vorbereitet, versucht sie, mich zu beruhigen, aber alles, was sie sagt, macht
es nur noch schlimmer. Zum Beispiel: »So was passiert hier
dauernd.« Von wegen. Oder: »Wenn Sie mir Bescheid gesagt hätten, hätte ich Ihnen etwas anderes zum Anziehen besorgt.«

Aber dafür ist es jetzt verdammt noch mal zu spät. Ich
fühle mich wie eine Weihnachtsgans: Nackt, verängstigt und

außerdem soll gleich etwas in mich reingestopft werden. Die Krankenschwester bittet mich, nach unten zu rutschen, und ich halte mich an meinem Stück Papier fest wie an einem Rettungsring, während ich ruckelnd meinen Hintern nach unten bewege. Viel Platz kann eigentlich nicht mehr sein, bevor meine untere Hälfte von der Liege rutscht. Hirn amüsiert sich köstlich.

> HIRN: Ich wette, sie denkt, unsere Vulva sieht komisch aus. So eine Vulva hat sie bestimmt noch nie gesehen. Was, wenn wir stinken? Sollten wir uns unterhalten? Vielleicht sollten wir die Socken ausziehen. Haben wir auch unsere Unterhose versteckt?

Ja, ich habe sie in die kleine Tasche des Jumpsuits gesteckt. Nicht auszudenken, wenn die Krankenschwester die Unterhose sehen würde, die eben noch mein jetzt entblößtes Geschlecht bedeckt hat.

Sie schiebt das kalte, harte Spekulum in meine Vagina und fragt mich, was ich beruflich mache. Es ist so kalt, dass ich einen unterdrückten Schrei ausstoße. Ich habe nicht damit gerechnet, Small Talk machen zu müssen, vor allem nicht mit einem entenschnabelförmigen Dildo in mir drin. Ich versuche, zwanglos zu antworten, aber ich kann nicht aufhören, darüber nachzudenken, dass ich gerade mit nacktem Hintern in einem Arztzimmer sitze und eine Frau, die ich gerade zum ersten Mal gesehen habe, in meinem Gebärmutterhals rumstochert. Sie hätte mir wenigstens vorher einen Drink spendieren können.

> HIRN: Ich will ja keine Panik verbreiten, aber ich glaube, wir müssen furzen.

Nein, nicht jetzt, bitte. O Gott, was, wenn ich ihr ins Gesicht pupse? Dafür kann man bestimmt ins Gefängnis kommen. Ich kneife den Beckenboden zusammen, was dazu führt, dass sie das Spekulum nicht mehr bewegen kann.

Die Krankenschwester sieht auf. »Versuchen Sie, sich zu entspannen.«

Nein, danke, Ma'am. Ich bleibe genau so angespannt sitzen. Anders geht es leider nicht. Ob sie wohl denkt, dass ich mit meinen nicht existenten Bauchmuskeln angeben will?

> HIRN: Nee, ich wette, sie weiß, dass da ein Furz im Anmarsch ist. Wahrscheinlich hat unser Poloch es ihr zugeflüstert.

Der Abstrich dauert nicht länger als 60 Sekunden, aber zwischen dem Small Talk und der gerade noch abgewendeten Furz-Katastrophe fühlt es sich an wie 60 Jahre. Als sie das Spekulum wieder herauszieht, zucke ich zusammen. Hoffentlich klebt nichts daran.

> HIRN: Das ist gerade wirklich unser kleinstes Problem.

Endlich ist es vorbei. Die Krankenschwester lobt mich, und absurderweise bin ich stolz, obwohl ich gar nichts gemacht habe – schließlich hat sie die ganze Arbeit geleistet. So läuft es eigentlich immer, wenn ich nackt auf einem fremden Bett liege …

Die Krankenschwester zieht den Vorhang wieder zu. Ich weiß, dass sie mir nur ein bisschen Privatsphäre geben will, aber ist das nicht reine Zeitverschwendung? Sie hat mich nackt gesehen, da muss es mir wohl kaum peinlich sein, mich vor ihr wieder anzuziehen.

Von der anderen Seite des Vorhangs sagt sie: »Wenn Sie fertig sind, kommen Sie einfach an den Empfang.«

Die Tür fällt ins Schloss, und endlich kann ich mich entspannen. Ich habe es geschafft. Es ist vorbei. Gott sei Dank. Und dann lasse ich einen ohrenbetäubenden Furz fahren. Der Untersuchungstisch wackelt wie bei einem Erdbeben.

Ich ziehe meinen Jumpsuit wieder an, schiebe den Vorhang auf, und da steht sie.

»Ich habe meine Notizen vergessen.«

HIRN: Sicher, dass du nicht wegrennen willst?

Und die Moral von der Geschicht'? Mach trotzdem einen PAP-Abstrich. Aber zieh lieber keinen Jumpsuit an und verschwende keinen Gedanken an Schamhaar-Styling. Furze auf keinen Fall, wenn du nicht hundertprozentig sicher bist, dass du allein im Raum bist, außer du bist pupsbewusster als ich. Respekt gegenüber unsere:n Krankenpfleger:innen ist gut, sie machen einen verdammt wichtigen und anstrengenden Job, aber sag auf keinen Fall »Gut gemacht« am Ende der Untersuchung.

Wie du einen
Furz vertuschst

Pupsen ist ein unabänderlicher Teil der menschlichen Existenz. Wir pupsen alle, und wenn du nicht pupst, könnte das sogar ein Zeichen dafür sein, dass irgendetwas mit dir nicht stimmt – vielleicht solltest du mal mit einem Arzt darüber sprechen. Pupsen ist normal, deshalb ist es umso merkwürdiger, dass wir alle beschlossen haben, dass es das Peinlichste ist, was einem Menschen je passieren kann. Es gibt nichts Demütigenderes, als bei einem Date zu pupsen. Wir wollen auf keinen Fall, dass die Person, mit der wir möglicherweise einen großen Teil unseres Lebens – oder sogar unser gesamtes Leben – verbringen wollen, herausfindet, dass wir pupsen. Ich bin keine Psychologin oder Soziologin oder wer auch immer sich mit unserer Pupskultur am besten auskennt, aber selbst ich kann dir sagen, dass Menschen irrational sind. Damit will ich nichts zu tun haben. Also lasst endlich die Fürze frei.

Einen Furz zurückzuhalten bringt sowieso nichts. Man bekommt nur Bauchschmerzen davon, und irgendwann pupst man in sich drinnen, was ja wohl noch viel abtörnender ist als ein normaler Furz. Ein wütendes Grummeln aus deinem Hintern? Hilfe!

Ich verstehe, wenn du deinen Fürzen nicht gleich von Anfang an freie Fahrt lassen willst. Um dich langsam an den Gedanken zu gewöhnen, schlage ich vor, dass du und dein neuer Schwarm euch in der Anfangsphase eurer Beziehung nur in alten Häusern und/oder an Ententeichen trefft. Wenn dir dann aus Versehen ein Flatus maximus entweicht, kannst du es auf ein knarzendes Dielenbrett oder eine verdächtig aussehende Ente schieben. Leider kann ich mir kein altes Haus mit knarrenden Holzdielen leisten, aber dafür bin ich mittlerweile eine echte Spezialistin darin, meine Fürze zu vertuschen. Ich habe dir hier eine Liste mit verschiedenen Strategien zusammengestellt, mit denen auch du deine Flatulenzen kaschieren kannst, ob du nun gerade mit deinem Schatz im Bett liegst oder nach einem Drei-Bohnen-Taco (gestatten: mein Schatz) durch den Supermarkt kurvst.

Das Ablenkungsmanöver

Du befindest dich in der Gefahrenzone: Du merkst, dass ein besonders großer Furz im Anmarsch ist und du ihn unmöglich aufhalten kannst. Mein Tipp: Huste laut und ausgiebig. Husten zählt zu den lautesten Geräuschen, die ein Mensch machen kann, außer natürlich Schreien, aber einen Furz mit einem Schrei zu tarnen ist vielleicht ein bisschen gewagt, das kann ich dir nicht guten Gewissens empfehlen. Stell dir vor, wir würden alle dauernd ohne Vorwarnung losschreien. Jaja, die Außenwelt ist ein Spiegel der Innenwelt …

Husten und Pupsen sind außerdem phonetisch gesehen nicht ganz unähnlich, wenn man das Husten also genau richtig timt und eine einigermaßen überzeugende Performance hinlegt, dann erzeugt man eine komplexe Komposition aus Geräuschen, die man unmöglich voneinander unterscheiden kann – eine Kakofonie sozusagen. Jetzt musst du nur noch die Lautstärke der verschiedenen Geräusche beachten, nicht dass deine Darmposaune am Ende lauter ist als deine Lungenleier.

Der Schalldämpfer

Das hier ist mein Favorit unter den Vertuschungsstrategien, aber sie funktioniert nur, wenn man schon auf der Toilette sitzt. Dafür ist sie perfekt, wenn Graf Flatula mal wieder versucht, einen auf Harry Houdini zu machen, während du schon bei der Sache bist. Und schließlich gibt es nichts Schlimmeres als ein von der Keramik zurückgeworfenes Analecho, vor allem, wenn dein:e Liebste:r in Hörweite ist.

Der Trick? Schnapp dir einen knappen Kilometer Klopapier, falte es zusammen und halte es (vorsichtig) vor dein Poloch. Eine todsichere Maßnahme, um lautlos Luftkekse zu backen und weiterhin so tun zu können, als hätte man keine Körperfunktionen.

Tag der offenen Tür

Diese Strategie ist einfach, aber effizient – sie hält, was sie verspricht. Zieh die Backen auseinander und lass das Analgewitter entweichen wie eine laue Sommerbrise. Um ehrlich zu sein, bin ich mir bei dieser Strategie nicht ganz sicher, aber andere Leute schwören darauf. Vielleicht probierst du es vorher ein paar Mal aus, wenn du allein bist. Und ausschließlich, wenn der Tank leer ist, wenn du verstehst, was ich meine.

Der Yogi-Furz

Hierbei dreht sich alles um bewusstes Loslassen. In vielerlei Hinsicht ist es die gegenteilige Taktik zum Tag der offenen Tür. Kurz bevor Trump das Weiße Haus verlässt, kneifst du alles so fest zusammen, wie es geht, und geleitest ihn sicher, aber bestimmt hinaus. Wie die Luft aus einer Luftmatratze entströmen deine Darmdämpfe ganz still und heimlich. Dabei solltest du unbedingt alles vermeiden, was dir einen Schrecken einjagt, denn jede plötzliche Bewegung könnte deinen inneren Fokus stören – und das hätte verheerende Folgen für alle Beteiligten.

Der Kicktrick

Wenn du mit einem *Hottie* im Bett gelandet bist und es geschafft hast, unbemerkt einen Furz durch die Hintertür zu schmuggeln, dann muss ich dir zuallererst einmal gratulieren. Du hast immer noch eine Chance, dass dein Vergehen nie ans Licht kommt. Was du jetzt tun musst: die Decke möglichst sexy um dich wickeln, um deine persönliche »Hotbox« zu bauen, und dann unbemerkt mit dem Fuß ein kleines Luftloch freikicken. Achtung, diese Strategie kann vor allem an heißen Tagen nach vorne losgehen, wenn am hinteren Ende des Betts ein Ventilator steht.

Stolz wie Oskar

Wenn du wirklich Eindruck schinden oder herausfinden willst, ob es sich lohnt, mehr Zeit in die andere Person zu investieren, dann drück den Furz einfach so laut und unerwartet wie möglich heraus, ohne dabei die Miene zu verziehen. Irgendwann wird dir das sowieso passieren, also kannst du die Gelegenheit auch gleich beim Schopf ergreifen. Außerdem hat er:sie auch die ganze Zeit heimlich gefurzt. Igitt.

Eine genitale Gute-Nacht-Geschichte

In einem Buch über bewusstes Träumen habe ich mal gelesen, dass du deine Träume vorprogrammieren kannst. Ehrlich gesagt habe ich es nur überflogen, aber es schien eigentlich ganz einfach: Vor dem Schlafengehen denkst du an die Leute, die Orte und Situationen, von denen du träumen willst, und wie durch Zauberei landest du genau dort im Traumland, wo du hinwolltest. Natürlich habe ich das sofort mit ein paar Sexträumen versucht.

Szenario 1:
Die Superjacht

Ich bette meinen Kopf aufs Kissen, schließe die Augen und stelle mir mich selbst in einem wunderschönen weißen Playsuit vor.

> **HIRN:** Moment mal. Ein weißer Playsuit?
> Arbeiten wir auf dem Schiff?

Nein, natürlich nicht. Ich bin eingeladen. Ach was. Die Jacht gehört mir. Jep, in diesem Traum hänge ich nicht einfach nur auf schicken Jachten herum, ich bin auch superreich. Also kann ich tragen, was ich will.

HIRN: Aber was, wenn wir unsere Tage kriegen? Kein Fleckenentferner der Welt kriegt Blut aus weißer Baumwolle.

Ich kriege aber nicht meine Tage. Es ist ein Traum. Also kann ich selbst entscheiden, was passiert und was nicht.

HIRN: Ich finde trotzdem, du solltest den Playsuit streichen. Zieh lieber was an, das uns hilft, wenn wir ins Wasser fallen. Ich bin mir nicht sicher, ob wir gut genug schwimmen – weißt du noch damals, als wir fast in dem Hairiff ertrunken sind, weil du dachtest, du hättest einen Babyhai gesehen?

Ja, danke, dass du mich daran erinnerst. Auch wenn das absolut gar nichts damit zu tu hat, wie gut ich schwimme. Oder nicht.

HIRN: Wie wär's mit einem Neoprenanzug? Nur für alle Fälle ...

Ich ziehe in meinem Sextraum bestimmt keinen Neoprenanzug an.

HIRN: Ich sage ja nur, dass wir vielleicht ein bisschen praktischer träumen sollten.

Also gut. In praktischen schwarzen Shorts, einem weißen T-Shirt und Plateausandalen spaziere ich unter der Sonne Capris über die Marina. Ich entdecke einen hochgewachsenen, attraktiven Mann mit durchdringend blauen Augen und so muskulösen Armen, dass er damit mindestens zehn

Einkaufstüten voller Baked Beans und Waschmittel tragen könnte, ohne auch nur ins Schwitzen zu geraten. Was der wohl mit der armen, zerbrechlichen Hayley anstellen würde?

Der Mann kommt mit großen Schritten auf mich zu und verkündet, dass er mich sofort auf seine Jacht entführen müsse, damit wir Sex haben können. Dann hebt er mich auf eine seiner gigantischen Handflächen wie eine kleine, süße, hilflose Maus. Er zeigt auf die größte Superjacht, die ich je gesehen habe. Seine riesigen Beine tragen uns in drei Schritten hinüber. Um uns herum sammelt sich eine Menschentraube, die jauchzt und jubelt, als wir auf seine Jacht steigen: »Das Adonisröschen«. Er legt meinen winzigen Körper auf das runde, drehbare Bett (sehr retro, ich weiß), reißt sich das Netzhemd vom Körper und entblößt seinen beeindruckenden, strammen …

Langsam gleite ich in einen tiefen Schlaf. Jetzt geht's los.

Doch plötzlich schlägt das Wetter um, es ist mitten in der Nacht, und die Wellen klatschen gegen das Boot. Mein sexy Adonis geht zum Fenster, um hinauszusehen, und wird von einem riesigen Tentakel in die wogenden Wassermassen gezogen. »He, warte. Ich dachte, wir wollten Sex haben«, schreie ich in die stürmische Nacht. Aber meine Schreie werden erstickt, kein Laut dringt aus meinem Mund. Ich versuche es noch einmal …

Nach Luft ringend, wache ich auf und gucke auf mein Handy. Es ist 3:08 Uhr – Geisterstunde. Mit dem Handrücken wische ich mir den Schweiß von der Stirn und schließe wieder die Augen. Hoffentlich lande ich dieses Mal in einer schöneren Version meines Traumes.

Verdammt. Ich bin zurück auf der nutzlos auf und ab schaukelnden Jacht. Ich starre auf den Horizont. Wieder schießt ein überdimensionaler Tentakel aus dem Wasser, schlingt sich um meine Taille und zieht mich hinunter. Der Tentakel gehört zu einem riesigen Seemonster, Pablo, eine Mischung aus Wal, Fisch, Oktopus und … Muskelprotz? Okay, damit habe ich jetzt nicht gerechnet. Unsere Blicke treffen sich und … da ist sofort eine Connection. Wie bitte? DAS ist mein Sextraum? Ist das nicht Sodomie? Und stört mich das überhaupt? Ich beuge mich vor, um den schuppigen Prinz Pablo zu küssen. Er beugt sich ebenfalls vor. Dann geht alles ganz schnell. Pablo reißt mir den Kopf ab. Ich bin tot.

Ich wache auf und habe meine Tage.

> HIRN: Ich hab dir ja gesagt, dass wir besser einen Neoprenanzug hätten anziehen sollen.

Ich brauche Wochen, um über meinen Sextraum mit Pablo dem Muskelmonster hinwegzukommen. Ich traue mich nicht, in die Badewanne zu gehen, weil ich Angst davor habe, was das Wasser in mir entfachen könnte. Mit einem Blick hat Pablo mehr in mir ausgelöst als jeder andere Mann in meinem Leben. Ich swipe alle nach links, die auf ihrem Datingprofil angegeben haben, dass sie gerne am Strand sind oder Wassersport mögen. Nicht mal die Toilette kann ich benutzen, ohne dass mir sofort Flashbacks durch den Kopf schießen.

Szenario 2:
Die Hütte

Ein paar Monate später, als ich bei dem Geräusch von laufendem Wasser nicht mehr sofort in kalten Schweiß ausbreche, versuche ich es noch einmal. In meinem sexysten Schlafanzug schlüpfe ich unter die Decke und mache das Licht aus. Dieses Mal bin ich auf dem Land, ich will der Realität für eine Weile entkommen. Ich fühle mich ausgebrannt, ich brauche eine Pause von all den Bildschirmen, auf die ich den lieben langen Tag starre.

> HIRN: Dein Ernst? Das ist doch viel zu realistisch. Ein Sextraum sollte Spaß machen. Wie wär's mit dem Muskelmonster?

Nein! Keine Seemuskelmonster mehr! Ich bin so weit vom Meer entfernt wie nur irgend möglich, weit entfernt von allem. Dieser Ort ist völlig abgeschieden. Abseits jeder Zivilisation. Ich bin frei.

Ich streiche mir das Haar hinter das linke Ohr, mache schnell ein Selfie mit der ganzen Natur um mich herum und stelle es in meine Insta-Story.

> HIRN: Ach, es gibt also 5G im Wald? Dann guck doch mal schnell in die Mails, vielleicht hat unser Chef geschrieben.

Es gibt kein 5G, und ich kann das Bild nicht hochladen. Ich mache den Flugmodus an und begrabe mein Handy in einem Loch in der Erde.

> HIRN: Mit den Händen in der Erde herumwühlen? Tolle Idee! Sehr sexy. Erklär das mal den Leuten im Nagelstudio.

Ich schnappe mir den beigefarbenen (übrigens völlig überteuerten) Stoffbeutel von Urban Outfitters und mache mich auf den Weg zu meiner Blockhütte. Mir fällt wieder ein, wie wichtig mir die Natur und der Planet sind, und ich starre ehrfürchtig hinauf in die riesigen Baumkronen.

Plötzlich steht ein Mann mit freundlichen Augen und kräftigen Beinen vor mir. Er ist riesig und sieht ziemlich stark aus. Bestimmt könnte er ganz allein den Türsteher vor dem *Slug and Lettuce* am *Leicester Square* machen, selbst an einem langen Wochenende. In einer Hand hält er eine Axt. Ist er etwa ... Holzfäller?

> **HIRN:** Noch ein großer, starker Mann?
> Sieht ganz so aus, als hätte hier jemand
> einen Vaterkomplex.

Er sieht kein bisschen aus wie Dad, jetzt verdirb mir das hier nicht. Der Mann fordert mich auf, ihm zu folgen, und führt mich zu einem riesigen Vogelhaus, das er selbst gebaut hat. Ich will schon mein Handy herausholen und einen Schnappschuss für Instagram machen, da fällt mir ein, dass ich mein Handy begraben habe. Und dass es kein 5G gibt. Seine Hand berührt meine, und mir stockt der Atem. Auch er atmet bei der Berührung scharf ein. In dem Moment weiß ich, dass wir heißen, leidenschaftlichen Sex haben werden.

Wir stehen in dem Vogelhaus und beobachten die vielen tropischen Vögel. »O, sieh mal, ein Wellensittich«, rufe ich dem schönen namenlosen Mann zu. Er korrigiert mich und sagt, es sei eine Hohltaube. Dann tätschelt er liebevoll meinen Kopf und legt mich auf sein Lager aus Strohmatten.

Ich falle in einen tiefen Schlaf.

Die Augen der Vögel sind plötzlich nachtschwarz, sie stürzen sich auf uns. Verzweifelt versuche ich, sie mit den Strohkissen abzuwehren. Aber als ich hinunterblicke, sehe ich, dass die Kissen in Wahrheit Taschen voller Fleisch sind, das die furchterregenden fliegenden Viecher nur noch stärker anzieht. Die Tauben zerreißen auch meinen sexy Waldschrat. Er sieht jetzt aus wie Haufen zerquetschter Krabbenschwänze. Unsere Liebe ist nur noch ein Horrorpuzzle.

Ich bekomme Panik und renne zur Tür des Vogelhauses, sie ist verschlossen. Ich werfe mich mit aller Kraft dagegen. Aber es ist zu spät, die Vögel schießen in einem Durcheinander aus schlagenden Flügeln und den krabbenschwanzgroßen Stücken meines Holzfällers auf mich herab.

Ich schrecke aus dem Schlaf hoch und stelle erleichtert fest, dass ich in meinem eigenen Bett liege. Kein Vogel weit und breit. Gott sei Dank. Dieses Mal hole ich meinen Womanizer-Klitoris-Stimulator aus der Nachttischschublade und nehme die Dinge selbst in die Hand (wenn Gott Vibratoren erschaffen hätte …).

Ich gleite wieder in einen tiefen, zufriedenen Schlaf.

Plötzlich bin ich in meiner alten Grundschule. Mein Freund ist auch da, aber er sieht aus wie der Hund von meiner Cousine, eine Mischung aus Beagle und Mops namens Roo. Ich muss pinkeln, also laufe ich den Flur hinunter zu den Toiletten. Ich stoße die Tür auf und sehe, dass jeder Zentimeter von Käfern bedeckt ist. Sexy Käfer, aber eben trotzdem Käfer.

Ich renne zur nächsten Tür, hinter der sich alle meine früheren Lehrer:innen gegenseitig die Haare waschen. Aus irgendeinem Grund macht mich das an – warum, weiß ich nicht. Jedenfalls kann ich hier nicht pissen, das wäre echt daneben. Doch hinter der nächsten Tür wartet Pablo, das Muskelmonster. Mein Herz setzt aus. Er hackt Holz mit seinen Tentakeln und sieht verdammt heiß dabei aus.

Die nächste Tür enthüllt die fittesten Hohltauben, die ich je gesehen habe. Sie versuchen alle, Sex mit mir zu haben, es ist eine einzige traumwandlerische Riesenorgie.

Mitten im Flur ziehe ich meinen Federschlüpfer runter und lasse einen mächtigen Strahl auf den Fußboden nieder. Ich wache auf. Ich habe ins Bett gemacht.

HIRN: Wie gesagt, wir hätten einen Neoprenanzug ...

Halt die Klappe.

Hirn vs. Health-Anxiety

Meine erste Panikattacke war ganz anders als die Panikattacken, die man aus Filmen oder dem Fernsehen kennt. Ich dachte immer, dass man eine Panikattacke an den folgenden Faktoren erkennt:

1. Du weißt sofort, dass du eine Panikattacke hast, weil du wie verrückt hyperventilierst – nicht gerade schwer zu erraten.
2. Du hältst dir eine Papiertüte vor den Mund und atmest hinein, bis es besser wird.

Wie sehr man sich täuschen kann.

Meine erste Nahtoderfahrung hatte ich am Anfang des Studiums. Ich liege auf einem uralten staubigen Sofa und gucke *The Great British Bake Off*. Die letzte Nacht war wild, und mein Kater ist dementsprechend schlecht gelaunt – Normalzustand für Student:innen wie mich. Zu diesem Zeitpunkt in meinem bewährten Anti-Kater-Prozess bin ich mehr *Lucozade Sport* als Frau. Meine Mitbewohnerin Scarlett hängt auf dem zweiten Sofa, sie hat ebenfalls einen Kater, sieht aber nicht so aus. Sie kritisiert Urvashis japanische Limettenmuffins und mampft dabei eine Schüssel trockener Frühstücksflocken, was ihr Urteilsvermögen über die kulinarischen Fertigkeiten der Bäcker:innen meiner Meinung nach infrage stellt.

Und genau hier, zwischen (un)dekorativen Sofakissen, fühlt sich meine Brust mit einem Mal furchtbar eng an. Als ob jemand ein Gummiband um meine Lunge gespannt hätte.

DOKTOR HIRN: Wie ich sehe, haben Sie Probleme beim Atmen, Mrs. Morris.

Hirn ist seit Neustem der Meinung, dass sie vielleicht nicht alles, aber dennoch eine ganze Menge über Medizin weiß. Das liegt vor allem daran, dass ich in letzter Zeit ziemlich oft die Krankenhaus-Serie *Casualty* gucke, und weil ich nicht die Absicht habe, damit aufzuhören, musste ich ihr einreden, dass sie dabei etwas lernt. Und vielleicht lernt sie ja wirklich etwas – jedenfalls nennt sie sich selbst in medizinischen Krisen jetzt Doktor Hirn.

DOKTOR HIRN: Ich habe gerade deinen Puls überprüft und kann dir mitteilen, dass er völlig aus der Reihe tanzt.

Ich lege die Finger an den Hals und versuche, etwas zu fühlen. Nichts. Ich fühle überhaupt nichts. O mein Gott, bin ich etwa tot?

Ich presse die Finger fester gegen den Hals, und da ist er: mein Puls. Okay, also bin ich doch noch nicht tot, aber Hirn hat recht, mein Herzschlag fühlt sich tatsächlich etwas unregelmäßig an. Und viel zu schnell. So als würde mein Herz das Schlagzeug in »Seven Nation Army« spielen – in einer schlechten Coverband.

DOKTOR HIRN: Hayley. Die Lage ist ernst. Du hast einen Herzinfarkt.

Einen Herzinfarkt? Aber ich bin doch noch so jung. Es gibt so viel, was ich noch machen will. Und eigentlich glaube ich nicht, dass ich für einen Herzinfarkt gestresst genug bin. Mir wird klar, dass ich niemals nach Japan reisen oder eine der komischen Cola-Geschmacksrichtungen ausprobieren werde, Kirsche oder Limette zum Beispiel. Langsam, um Scarlett nicht zu alarmieren, greife ich nach meinem Handy und öffne Web MD.

DOKTOR HIRN: Eine ausgezeichnete Idee!

Ich gebe meine Symptome ein: Engegefühl in der Brust, Kurzatmigkeit, Schwindel, Durst. Letzteres könnte auch am Kater liegen, aber man weiß ja nie.

Der Algorithmus will wissen, ob ich stechende Schmerzen im linken Arm habe.

DOKTOR HIRN: Sag Ja.

Wirklich? Eigentlich tut keiner meiner Arme weh …

DOKTOR HIRN: Nur weil du den Schmerz nicht spürst, heißt das nicht, dass er nicht da ist. Schließlich hast du gerade einen Herzinfarkt, kein Wunder, dass du abgelenkt bist.

Ich klicke auf »Ja«. Die Ergebnisse meiner Suche werden angezeigt.

DOKTOR HIRN: Sag ich ja. Du hast einen Herzinfarkt.

Plötzlich fängt der Raum an, sich zu drehen. Meine Augen gehorchen mir nicht mehr. Alles sieht auf einmal komisch aus, die Wände bewegen sich auf mich zu. Ich fühle mich furchtbar müde. Vielleicht sollte ich die Augen schließen, nur ganz kurz …

DOKTOR HIRN: BLEIB BEI MIR, HAYLEY.
GUCK NICHT INS LICHT. WAS NATÜRLICH
BEDEUTET: GUCK INS LICHT.

Ich zwinge mich dazu, meine Augen offen zu halten, und starre in das grelle weiße Licht der Deckenlampe. Alles um mich herum ist verzerrt und unscharf. Wahrscheinlich sollte ich Scarlett Bescheid sagen.

DOKTOR HIRN: Auf gar keinen Fall! Wir kennen sie gerade mal drei Monate. Weißt du, wie peinlich das wäre? Puh, ich darf gar nicht dran denken. Wag es ja nicht, was zu sagen. Besser, wir sterben schweigend.

Ein kleines, kaum hörbares Stöhnen dringt aus meiner Kehle, und Scarlett dreht sich zu mir um.

»Alles in Ordnung, Hayley? Du siehst gar nicht gut aus.«

Meine Deckung ist aufgeflogen. Jetzt kann ich genauso gut gestehen, dass ich gerade sterbe.

Bei diesen Neuigkeiten pausiert sie das *Bake-Off*.

Zum Glück hat Scarlett ein Auto, also quetschen wir und die Jungs, mit denen wir das Haus teilen, uns hinein und fahren sofort in die Notaufnahme. Mit einem kleinen Umweg über *Pizza GoGo* (die haben extragroße Pizzen für fünf Pfund – ein Wunderheilmittel gegen Höllenkater). Ich kriege immer noch schlecht Luft, aber ich fühle mich ein bisschen besser, seitdem meine Chancen, auf einem Sofa zu sterben, auf dem bereits Hunderte von Studis gebumst haben, erheblich gesunken sind.

Moment mal. WIE viele Studis hatten wohl Sex auf diesem Sofa? Könnte ich womöglich … schwanger sein? Vom *Bake-Off*-Gucken auf einem spermaverkrusteten Sofa? Dann bekomme ich ein kleines Sofababy. Bei der Vielzahl an verschiedenem Ejakulat müsste es eigentlich gleich mehrere Väter haben. Vielleicht hat es Superkräfte?

> **DOKTOR HIRN:** Zu diesem Zeitpunkt können wir nichts ausschließen.

Meine Gedanken spielen verrückt. Im Krankenhaus werde ich in einen Rollstuhl verfrachtet und ins Wartezimmer geschoben. Es fühlt sich ziemlich dramatisch an, aber auf jeden Fall angemessen. Alle üblichen Verdächtigen sind anwesend: ein kleines Kind mit einem großen Bluterguss, ein Mann, der seine Hand in ein blutiges Geschirrtuch gewickelt hat, eine Frau, die überallhin hustet, ohne sich die Hand vor den Mund zu halten. Und alle versuchen, kränker auszusehen als die anderen, damit sie zuerst drangenommen werden. Ich kenne die Spielregeln.

> **DOKTOR HIRN:** Warum brichst du dann nicht bewusstlos zusammen? Oder schreist vor Schmerzen?

Jetzt übertreib mal nicht. Ich habe schließlich keine Wehen (noch nicht jedenfalls).

> **DOKTOR HIRN:** Aber du hast einen Herzinfarkt. Willst du etwa hier sterben!?

Nein, das ist das letzte, was ich will. In meinen eigenen vier Wänden zu sterben ist beängstigend genug, ich mag mir gar nicht ausmalen, wie es wäre, hier in den sterilen und nach Desinfektionsmittel stinkenden Wänden des Krankenhauses zu sterben. Ich kenne die Regeln des Jenseits zwar nicht, aber ich habe Angst, dass mein Geist für immer hier gefangen bleibt. Zeit, mitzuspielen.

Es stellt sich heraus, dass ich eine oscarreife Vorstellung aus der Tasche ziehen kann, wenn mein Leben in Gefahr ist. Zuerst wimmere ich leise vor mich hin und schmeiße mich in meinem Rollstuhl von links nach rechts. Damit ziehe ich die Aufmerksamkeit der Empfangsleute auf mich. Gerade bin ich auf der unsichtbaren Wer-wird-zuerst-drangenommen-Liste ein paar Plätze nach oben gerutscht.

Ich schalte einen Gang hoch. Mittlerweile bin ich mir nicht mehr sicher, ob ich nur wahrgenommen werden will oder ob ich tatsächlich ausflippe und langsam, aber sicher die Kontrolle verliere. Es ist mir nicht mal peinlich, was komisch ist, weil mir eigentlich immer alles peinlich ist. Verlegenheit ist mein Normalzustand. Normalerweise kann ich nicht mal die Straße überqueren, ohne das Gefühl zu haben, jedes einzelne Augenpaar auf mich zu ziehen. Ich habe ununterbrochen das Gefühl, im Zentrum der Aufmerksamkeit zu stehen. Und zwar nicht auf eine gute Weise. Die Leute im Auto warten gelangweilt darauf, dass die Ampel auf Grün springt, und haben nichts Besseres zu tun, als mich zu beobachten. Und ich scheine komplett vergessen zu haben, wie man sich bewegt, ich laufe mit stocksteifen Beinen und wild schwingenden Armen über die Straße. Um diesem traumatisierenden Erlebnis zu entgehen, nehme ich oft kilometerweite Umwege in Kauf, nur um eine Ampel zu vermeiden.

Ich springe aus dem Rollstuhl und klammere mich an den Empfangstresen.

»Hilfe, ich kriege keine Luft.«

Eine Krankenschwester steckt den Kopf aus einem Neben-
raum und winkt mich herein. Sie bedeutet mir, mich aufs
Bett zu legen, und sagt mir, dass ich lang und tief einatmen
und mich auf einen Punkt vor mir konzentrieren soll. Dabei
stellt sie mir eine ganze Reihe Fragen:

1. Rauchen Sie?
2. Haben Sie getrunken?
3. Haben Sie andere Substanzen zu sich
   genommen?
4. Nehmen Sie irgendwelche Medikamente,
   und wenn ja, welche?
5. Haben Sie Beschwerden in Armen oder
   Beinen?
6. Ist Ihnen das schon einmal passiert?
7. Könnten Sie schwanger sein?

Aber ich höre ihr nicht zu, weil Doktor Hirn in meinem Kopf
schreit.

DOKTOR HIRN: ERZÄHL IHR VON DEM
SOFABABY MIT DEN SUPERKRÄFTEN.

Auf keinen Fall erzähle ich einer Ärztin von dem spermaverkrusteten Sofa. Es ist vollkommen ausgeschlossen, dass ich
schwanger bin, ich hatte seit Monaten keinen Sex.

In einem kleinen Spiegel über dem Waschbecken entdecke ich mein Spiegelbild und bin erschrocken: Ein Geist
starrt zurück. Meine Haut ist weiß, fast grau, und ich habe
riesige Ringe unter den Augen. Ich muss wieder daran denken, dass mein Geist für immer dieses Krankenhaus heim-
suchen wird. Das kann nicht wahr sein, ich darf nicht hier
und jetzt sterben. Ich drehe mich wieder um und sehe, dass

die Krankenschwester eine riesige Nadel in der Hand hat. Sie will mir Blut abnehmen.

> **DOKTOR HIRN:** Blut abnehmen? Mit einer Nadel? Nichts da! Als Ärztin bin ich mir sicher, dass wir vollständig genesen sind. Wir sollten nach Hause gehen und uns ausruhen. Los, steh auf. Wir gehen. SOFORT.

Ich versuche aufzustehen, was gar nicht so leicht ist. Ich zittere. Bevor ich protestieren kann, packt die Krankenschwester meinen Arm und versenkt die Nadel in meiner Ader.

Vor meinen Augen explodieren Sterne. Es wird dunkel um mich herum. Ich bin ohnmächtig.

Als ich wieder zu mir komme, kotze ich in einen bohnenförmigen Karton, den die Krankenschwester mir vors Gesicht hält. Offenbar ist meine Angst vor Nadeln nicht verschwunden. Die Krankenschwester geht hinaus, um meine Blutprobe auszuwerten.

> **DOKTOR HIRN:** Was meinst du, wie sollten wir unser Sofababy nennen? Ich wäre ja für Diwan für einen Jungen und Chaiselongue für ein Mädchen.

Irgendwann kommt ein Arzt herein. Er hat ein Klemmbrett in der Hand und trägt eine Brille, die ihn ungeheuer klug aussehen lässt. Seinem Gesichtsausdruck nach zu urteilen, hat er schlechte Neuigkeiten für mich. Ich mache mich auf das Schlimmste gefasst.

»Wir haben Ihr Blut untersucht, und ich kann Sie beruhigen: Es sieht alles ganz normal aus.«

DOKTOR HIRN: Kann gar nicht sein. Ich bin
Profi. Ich habe einen Google-Abschluss.
Ich kenne mich viel besser aus als der da.

Ich blinzle ihn ungläubig an. Er versucht es noch mal: »Hatten Sie schon mal eine Panikattacke?«

Wie bitte? Panikattacke? Das war eine Panikattacke? Ganz ohne Hyperventilieren und braune Papiertüte? Wie kann das sein? Vor Scham würde ich am liebsten im Boden versinken. Ich fühle mich wie der letzte Dummkopf. Ich habe die anderen verrückt gemacht, obwohl ich gar keine ärztliche Behandlung gebraucht hätte. Ich denke an all die Leute im Wartezimmer, und eine Welle der Schuld erfasst mich. Ich versuche, mich an jede:n Einzelne:n zu erinnern. Keine:r von ihnen sah richtig schlimm aus, was mein Gewissen ein kleines bisschen beruhigt.

Bei der Rückfahrt weiche ich den Fragen meiner Mitbewohner:innen aus, und zu Hause verschwinde ich sofort in meinem Zimmer. Sie gucken *Bake-Off* ohne mich zu Ende.

Mein nächstes Nahtoderlebnis habe ich im Oktober, mehrere Monate nach dem demütigenden Krankenhausbesuch. Meine Mitbewohnis sind über die Semesterferien nach Hause gefahren, aber ich habe beschlossen, ein paar Tage länger hierzubleiben, um ein bisschen Stoff nachzuholen, bevor ich dann zu meiner Familie auf die *Isle of Wight* fahre. Ich sitze mit meinem Laptop im Bett, als mein Kopf sich plötzlich merkwürdig anfühlt und das Zimmer vor meinen Augen verschwimmt.

DOKTOR HIRN: Ein Gehirntumor!

Keine Panik, es ist alles in Ordnung und ganz sicher kein Gehirntumor. Ich nehme einfach eine Ibuprofen, und dann geht es schon wieder.

DOKTOR HIRN: Ibuprofen? Spinnst du? Was, wenn das alles noch viel schlimmer macht? Du bist viel zu faul, um die Packungsbeilage zu lesen, und ich bin mir ziemlich sicher, dass wir sterben, wenn wir jetzt Ibuprofen nehmen.

Übertreibst du nicht ein bisschen? Ibuprofen kriegt man sogar im Supermarkt. Ich nehme dauernd Ibuprofen. Sogar Kinder können Ibuprofen nehmen.

Trotzdem, meine Brust fühlt sich ziemlich eng an, und von der Magengegend breitet sich ein brennender Schmerz aus.

DOKTOR HIRN: Bleib, wo du bist.
Ich frage Google.

Nein, das ist keine gute Idee.

DOKTOR HIRN: Genau wie ich vermutet habe. Das ist das Ende. Uns bleiben nur noch wenige Stunden, vielleicht sogar Minuten.

Und was mache ich jetzt?

DOKTOR HIRN: Meiner Meinung als Medizinerin nach? Ich denke, es wäre angemessen, Panik zu bekommen.

Hirn will, dass ich den Krankenwagen rufe. Aber als ich an meinen letzten Besuch in der Notaufnahme denke, entscheide ich mich dagegen. Stattdessen rufe ich Dad an. Hysterisch berichte ich, dass ich gerade sterbe. Mit ruhiger, beschwichtigender Stimme sagt er, ich solle mich aufs Bett setzen, ganz langsam ein- und ausatmen und mich auf einen Gegenstand vor mir konzentrieren, genau wie die Krankenschwester letztes Mal. Es funktioniert, und ich sterbe nicht. Ich springe dem Tod gerade noch mal von der Schippe – ein wahres Wunder!

Als ich ein paar Tage später nach Hause fahre, überredet Dad mich, einen Termin bei meiner Hausärztin zu machen. Ich erzähle ihr von meinen Symptomen und all den schrecklichen Gedanken und Gefühlen aus den letzten paar Jahren, von meinen zwei Nahtoderfahrungen und den anderen hundert Malen, bei denen ich überzeugt war, dass ich gleich sterben würde, aber nicht gestorben bin.

Die Schauergeschichten von kranken Menschen aus meinem Umfeld spuken in meinem Kopf herum. Da war zum Beispiel dieses Mädchen, das auf eine Schule in der Nähe ging und ein ganzes Jahr lang krank war. Sie fiel immer wieder in Ohnmacht und bekam Nasenbluten. Niemand nahm ihre Symptome ernst, alle behaupteten, es sei alles in Ordnung, bis sich herausstellte, dass sie Krebs hatte. Gott sei Dank ist sie nicht gestorben, aber die Geschichte habe ich nie vergessen.

Dann war da noch ein Mädchen aus meiner Schule, eine Klasse unter mir. Ihre Eltern ließen sich scheiden, und sie war total mitgenommen. Sie bekam ihre Tage nicht mehr und musste sich dauernd übergeben. Ihre Ärztin hat sie wegen Stress von der Schule befreit. Einen Monat später hat sie bei sich zu Hause im Badezimmer ein Kind bekommen.

Während ich mit der Ärztin spreche, überkommt mich eine dunkle Vorahnung. Garantiert überbringt sie mir gleich eine grauenvolle Diagnose.

DOKTOR HIRN: Wie gesagt, ich bin mir
ziemlich sicher, dass es ein Gehirntumor ist.

Die Ärztin fragt mich, ob ich vorher schon mal Angststörungen hatte.

»Nein, ich habe keine Angststörungen«, antworte ich.

Aber stimmt das?

»Ist dir oft schwindelig? Fühlst du dich unruhig?«

Ich denke daran, wie oft am Tag ich ein flaues Gefühl im Magen habe, obwohl eigentlich nichts Weltbewegendes passiert ist, wie oft mein Herz allein beim Gedanken an unbekannte Situationen anfängt zu rasen. Daran, dass mir oft so schlecht ist, dass ich nichts essen kann.

»Und dein Schlaf? Schläfst du gut?«

Nicht wirklich. Meistens liege ich nachts wach und frage mich, wie die Flecken da oben an die Decke gekommen sind oder wie ich wohl sterben werde oder ob die Flecken daher stammen, dass in der oberen Wohnung eine unentdeckte Leiche liegt und die Leichensäfte durch den Teppich und die Decke dringen. Vielleicht weicht die Decke irgendwann so sehr durch, dass sie einstürzt, ich unter den Trümmern begraben werde und ersticke.

»Und hattest du schon mal Panikattacken?«

Na ja, nicht so wie in den Filmen, aber nach dem, was der Arzt in der Notaufnahme mir gesagt hat, anscheinend schon.

»Hayley, ich glaube, du hast etwas, was man generalisierte Angststörung nennt.«

DOKTOR HIRN: Ha, ich wusste es die ganze Zeit.

Stimmt doch gar nicht. Du hast behauptet, ich würde jeden Moment sterben.

DOKTOR HIRN: Ganz ruhig. Atme tief ein und aus und konzentrier dich auf einen Punkt vor uns.

Die Ärztin erklärt mir genau, was eine Angststörung ist, bevor sie mir sagt, was ich dagegen tun kann. Mehr Sport machen zum Beispiel und weniger Alkohol trinken. Sie sagt, dass meine Angststörung daran schuld ist, dass ich oft lieber zu Hause bleibe, dass soziale Interaktionen mir Angst machen und dass ich Schwierigkeiten habe, mich zu konzentrieren. Ich höre ihr aufmerksam zu. Ich kann gar nicht glauben, dass es für all das, was ich seit Jahren mit mir herumschleppe, einen Namen gibt. Endlich eine Chance, mein Leben wieder in den Griff zu bekommen.

Dann sagt die Ärztin: »Vielleicht solltest du auch eine Therapie ausprobieren.«

> **DOKTOR HIRN:** Aber dann müssen wir ja mit einer fremden Person sprechen. Das geht auf gar keinen Fall!

Fundierte Fakten über Hirn

1. Das menschliche Gehirn umfasst ungefähr 86 Milliarden Neuronen und zweihundert Millionen Erinnerungen an all die peinlichen Dinge, an die sich außer dir absolut niemand erinnert.
2. Bis zum 25. Lebensjahr hat sich das Gehirn noch nicht vollständig ausgebildet, also kann man auch nicht für seine jugendlichen Dummheiten verantwortlich gemacht werden. (Ich bin keine Juristin, also verlass dich lieber nicht auf meine Aussage.)
3. 75 Prozent des Gehirns bestehen aus Wasser, also schwimmen unsere Gedanken wortwörtlich in unseren Köpfen herum.
4. Mit der Zeit wird unser Gehirn immer kleiner, bis es irgendwann nur noch so groß ist wie ein Golfball. Deshalb sind alte Leute auch so besessen davon, ihr Gehirn zu trainieren. Plötzlich ergibt alles Sinn.
5. Die Informationen schießen mit einer Geschwindigkeit von 431,3 Kilometern pro Stunde durch dein Gehirn, was schneller ist als ein Formel-1-Auto, aber langsamer als dein Kollege, der dir alles über seine neueste Kalkulation erzählt, obwohl du ihn nicht darum gebeten hast.

6. Ein durchschnittliches Gehirn produziert
   48,6 Gedanken pro Minute, und nur 48 davon
   gelten Nigel aus dem kleinen Laden auf der
   Ecke, auf den du aus unerfindlichen Gründen
   stehst.

7. Albert Einsteins Gehirn war ein bisschen
   kleiner als der Durchschnitt – ein Beweis dafür,
   dass es wirklich nicht auf Größe ankommt.

8. Es stimmt nicht, dass wir nur zehn Prozent
   unseres Gehirns wirklich nutzen. Selbst mit
   deinem gesamten Gehirnvolumen bist du in
   Mathe nicht so gut wie das Mädchen aus deiner
   Klasse damals. Und Menschen werden niemals
   Telepathie können.

9. Es gibt keinen Beweis dafür, dass unsere
   Konzentrationsspanne tatsächlich nachlässt,
   außer … Moment, was wollte ich noch mal
   sagen?

Hirn vs. Kacka

Es ist allgemein bekannt, dass Kinder nicht in der Lage sind, sich selbst den Hintern abzuwischen. Das Problem dabei ist, dass man als Kind nicht versteht, was für eine Chance man hat. Jep, du hast richtig gehört: Ich persönlich wische mir nicht gern den eigenen Hintern ab. Auch nicht den von anderen, um das klarzustellen. Schande über mich. Aber ich finde nun mal, sich den Hintern abzuwischen ist eine langweilige und manchmal mühselige Aufgabe. Die Länder mit Bidet haben uns einiges voraus. Eigentlich ist es doch nur logisch, dass wir uns nach dem Kacken den Hintern waschen.

Meine Eltern haben mir nie das Gefühl gegeben, dass ich mich dafür schämen muss, mir nicht den Hintern abwischen zu können. Leider hat das dazu geführt, dass ich es lange Zeit gar nicht erst versucht habe. Mein Kindergehirn hat einfach angenommen, dass meine Eltern es deshalb nicht eilig hatten, weil es für beide Seiten eine vorteilhafte Situation war – ihnen machte es Spaß, und ich brauchte mich nicht abmühen. Warum also nicht so lange wie möglich von dieser Win-win-Situation profitieren? Weil ich auf eine lange Reihe von Vorfahr:innen mit ausgeprägtem Reizdarmsyndrom zurückblicken kann, habe ich immer angenommen, dass es normal ist, ganz ungeniert übers Kacken zu sprechen. Schließlich kacken wir doch alle ständig und überall. Also können wir auch darüber sprechen, oder nicht?

HIRN: Niemand spricht so viel übers Kacken wie du.

Wir haben alle diese berühmten Geschichten aus unserer Kindheit, die unsere Eltern mit Vorliebe bei großen Anlässen wie Geburtstagen, Hochzeiten und Beerdigungen zum Besten geben. Normalerweise nicht die gleiche bei allen drei Gelegenheiten, aber man kann nie wissen. In meinem Fall geht es in all diesen Geschichten ums Kacken. Zum Beispiel bin ich mir sicher, dass meine Mutter bei meiner Hochzeit aufstehen und sagen wird: »Als Hayley zwei Jahre alt war und ich gerade einen wichtigen Anruf für die Arbeit bekam, verkündete sie laut und deutlich, dass sie mal kacken müsse. Da ich keine Zeit hatte, ging sie brav allein auf die Toilette, aber nach vollbrachter Tat fiel ihr auf, dass sie ja gar nicht wusste, wie man sich den Hintern abwischt …«

HIRN: Applaus bitte! Eine Runde hämisches Lachen. Und noch mal Applaus.

»… also kam sie mit ihrer Hose um die Knöchel zurück und fragte vor einem Komitee aus alten Männern: ›Mum, kannst du kommen und mir den Popo abputzen?‹ Ich sagte, dass ich gleich bei ihr sei, aber anstatt auf mich zu warten, ging sie zurück aufs Klo und stopfte eine ganze Rolle Klopapier hinein – und ich meine eine ganze Rolle.«

HIRN: Die Hochzeitsgäste wischen sich die Lachtränen aus den Augen. Diese Story wird in die Geschichtsbücher eingehen. Der Bräutigam steht auf einem Tisch und macht dich nach, wie du haufenweise Klopapier in die Schüssel stopfst. Eure Liebe war nie größer.

»Dann hat sie die Spülung betätigt und das ganze Haus geflutet. Ich habe es erst bemerkt, als das Wasser schon durch die Decke tropfte. Ich bin sofort nach oben ins Badezimmer gerannt, und da saß Hayley in einer Lache aus Scheiße und durchweichtem Toilettenpapier und schrie aus Leibeskräften.«

> **HIRN:** Dein frischgebackener Ehemann kniet vor dir nieder und hält noch einmal um deine Hand an. Er ist vollkommen verrückt nach dir.

Aber verglichen mit der Geschichte, die sie bei meiner Beerdigung erzählen werden, ist das gar nichts. Du solltest dir unbedingt jetzt schon deinen Platz sichern.

Anstatt die Sintflut von 95 als Anlass zu nehmen und endlich zu lernen, wie ich mir den Arsch abwische, habe ich das genaue Gegenteil getan. Ich habe den Schluss gezogen, dass ich am besten nie wieder kacken sollte, und wenn es sich gar nicht vermeiden ließ, dann musste unbedingt eine erwachsene Person dabei sein. Auf keinen Fall würde ich riskieren, noch einmal fast in meinen eigenen Fäkalien zu ertrinken.

Drei Jahre später kam ich in die Grundschule, ausgestattet mit meiner Schulmappe (bis heute die tollste Tasche, die ich je besessen habe – eine echte Balenciaga), meiner Miniaturschuluniform und zwei hohen Pferdeschwänzen zu jeder Seite. Endlich war ich ein großes Mädchen. Ich konnte es kaum erwarten.

Tag eins: Ich lebe mich in meiner neuen Klasse ein. Umgeben von meinen winzigen Freund:innen widme ich mich gerade der hochwissenschaftlichen Aufgabe, trockene Nudeln mit Klebestift zu einer Form zu arrangieren, als ich ein Grummeln im Bauch spüre. Ich hebe die Hand und frage, ob ich auf die Toilette gehen dürfe, in der Erwartung, dass Mrs. Neiddu, meine Lehrerin, mich begleitet. Aber anstatt während des gesamten Ablaufs meine Hand zu halten und mir Ratschläge zu geben – genau das erwarte ich nämlich von jeder erwachsenen Person –, schickt sie mich einfach hinaus. Ich bin mir selbst überlassen. Sofort kommen die alten Zweifel wieder hoch. Wie viel Papier soll ich benutzen? In welche Richtung wischen? Wann höre ich auf? Ich wollte auf keinen Fall riskieren, die Schule unter Wasser zu setzen, also rief ich aus voller Kehle nach Mrs. Neiddu.

Da sie nicht kam, wischte ich mir auch nicht den Hintern ab. Ich hüpfte einfach vom Klo, zog meine Hose wieder hoch und ging zurück in die Klasse. Niemand bemerkte etwas – jedenfalls dachte ich das lange, bis ich gut 20 Jahre später bei einer Hochzeit Mrs. Neiddus Tochter traf. (Sie war die Trauzeugin.) Als ich mich vorstellte, lehnte sie sich zu mir rüber und sagte leise:

»Mum hat mir erzählt, dass du dich früher geweigert hast, dir den Hintern abzuwischen.«

> HIRN: Na ja, so toll ist die Story nun auch wieder nicht, aber immerhin wurde bei einer echten Hochzeit schon mal übers Kacken gesprochen – noch dazu über deine Kacke. Träume werden wahr!

Heute kann ich mir allein den Hintern abwischen. Ich bin sogar ziemlich gut darin. Generell fühle ich mich, wenn es ums Kacken geht, als eine kompetente Ansprechpartnerin, würde ich behaupten. Jedenfalls dachte ich das immer, bis ich mit meinem ersten Freund in den Urlaub gefahren bin.

Wie bei allen großen Liebesgeschichten haben Jake und ich uns in der Uni beim Feiern kennengelernt. Ich hatte eine Flasche Wodka intus, war stockbesoffen und als Riesenbaby verkleidet – mit Windel und Schnuller und allem Drum und Dran. Jake ging als Russell Brand. Später habe ich herausgefunden, dass er gar nicht verkleidet war, sondern nur ein bisschen aussah wie Russell Brand und einen ähnlichen Klamottenstil hatte. Ich weiß nicht mehr, wer auf die glorreiche Idee gekommen war, als Baby verkleidet auszugehen, aber es schien zu funktionieren. Vielleicht hätte ich damals schon stutzig werden sollen.

Jake und ich hatten die gleichen Hobbys: feiern gehen, lange schlafen und Kaffee trinken. Aber vor allem wollten wir beide unbedingt zusammen in den Urlaub fahren. Damals konnte ich mir nichts Erwachseneres vorstellen, als mit meinem Geliebten eine Reise ins Ausland zu unternehmen. Dabei war es mir egal, dass dieser Geliebte ein zwanzigjähriger Junge war, der immer noch Mummys Kreditkarte benutzte und einmal ernsthaft wütend wurde, weil ich vergessen hatte, ihn in einem Insta-Post zu markieren.

Nach zehn Monaten stürmischer Liebe war es endlich so weit. Wir wollten zwei Wochen gemeinsam Urlaub in der Türkei machen, dann würde Jake wieder nach Hause fahren und meine Familie für eine weitere Woche nachkommen. Drei ganze Wochen im Ausland! Ich war äußerst zufrieden mit mir selbst und konnte es kaum erwarten, bis Jake einen Tag vor der Abfahrt plötzlich völlig zusammenhangslos behauptete: »Mädchen kacken nicht.«

Ich weiß, das klingt jetzt bescheuert, aber ich wollte diesen Typen unbedingt beeindrucken. Er hatte nie eine Gelegenheit ausgelassen, um mich daran zu erinnern, dass er in einer ganz anderen Liga spielte als ich. Er sagte Sachen, wie »Du kannst dich echt glücklich schätzen« oder »Es gibt viele Mädchen, die gerne deinen Platz einnehmen würden«. Also nickte ich nur stumm, um ihn ja nicht zu verschrecken.

Ich würde ihm bestimmt nicht eröffnen, dass Frauen auch einen Darm haben – und zwar nicht nur zur Deko. Ich wollte, dass er in mir eine wunderschöne, unwiderstehliche Frau sah, keine wandelnde, schwafelnde Kackmaschine. Es reichte, dass meine Familie die Wahrheit wusste. Keine Frau will auf ihren Hinterausgang reduziert werden. Lieber ernten sie bewundernde Blicke für ihren Vorbau.

> HIRN: Manchmal denke ich, dass nicht
> der Sexismus zuerst da war, sondern du.

Aber ihr wart doch schon zehn Monate zusammen, denkst du jetzt bestimmt. Das stimmt, und diese ganzen zehn Monate lang habe ich mich auf den Kopf gestellt, um meinen Terminka(ck)lender so zu organisieren, dass ich meinen Darm niemals in Jakes Gegenwart entleerte. Bislang war ich damit durchgekommen. Ich rühme mich damit, eine schnelle Kackerin zu sein, also habe ich nie Verdacht erweckt. Im Grunde habe ich mir diesen Schlamassel selbst eingebrockt.

Jedenfalls bereitete mir der bevorstehende Urlaub Bauchschmerzen. Ich stellte mir vor, wie Jake meinen bikiniten Hintern betrachten und nicht einfach nur denken würde »Wie zur Hölle habe ich mir ein Mädchen mit noch weniger Arsch als Titten angelacht«, sondern auch noch »O Gott, da kommt also ihre Scheiße raus«.

Nein, so weit durfte es nicht kommen.

> HIRN: Keine Panik, ich kümmere mich darum.
> So wie ich mich auch um alles andere kümmere.

Nach zehn Tagen Urlaub habe ich noch kein einziges Mal gekackt. Und zwar nicht mit Absicht. An Gelegenheiten fehlt es mir nicht, ich hätte oft genug woanders auf die Toilette gehen und den Schein trotzdem wahren können, aber aus irgendeinem Grund spielen meine Gedärme nicht mit. Mittlerweile ist mein Bauch steinhart und tut weh. Und dass, obwohl man normalerweise die Uhr nach meiner Darmentleerung stellen kann – zweimal täglich. Jeden Morgen gehen wir als Erstes zum Pool, und weil mein Bauch von innen verräterisch gegen meinen Badeanzug drückt, halte ich mir das Handtuch wie ein Baby vor den Bauch. Dass ich so früh schon Mutter (von einem kleinen Handtuch) und außerdem erneut schwanger sein würde (mit der reizenden Kacka), hätte ich nie gedacht.

Am Morgen von Tag zehn rufe ich vom Hotelflur aus meinen Dad an und klage ihm flüsternd mein Leid. Er rät mir, einen Teelöffel Olivenöl in alles zu mixen, was ich trinke, um die Dinge ins Rutschen zu bringen. Falls Jake sich über meine sechs öligen Kaffee zum Frühstück gewundert hat, so hat er sie jedenfalls unkommentiert gelassen. Wahrscheinlich denkt er, dass sei, im Gegenteil zum Kacken, ein »Mädchen-Ding«.

An Tag elf erzähle ich Jake, dass ich Sonnencreme kaufen gehe, obwohl wir bereits einen Riesenvorrat haben. Im Laden fülle ich meinen Korb mit Pflaumen, Aprikosen und einer Artischocke, die ich zwar nicht kochen kann, aber ich habe gehört, dass sie bei Verstopfung Wunder wirken soll, also werde ich einfach versuchen, sie roh zu essen. Ich schmuggle meine Beute zurück aufs Hotelzimmer und stopfe mich mit fibrösen Trockenfrüchten voll, als Jake in der Dusche ist. Wenn das keinen Schwung in den Laden bringt, dann weiß ich auch nicht. Während Jake fröhlich sein Abendessen verspeist, verschwinde ich auf die Restauranttoilette, in der Hoffnung, dass sich in meinem Bauch etwas – irgendetwas – tut. Fehlanzeige.

Allerdings kommen mir auf der Toilette Erinnerungen daran, dass ich als Kind nur in ein Badezimmergeschäft gehen brauchte, und schon fing mein Darm an zu arbeiten. Meine armen Eltern mussten sich jedes Mal in Windeseile für neue Badarmaturen entscheiden, bevor ich fragte, ob ich auf einer der Ausstellungstoiletten kacken könne. Irgendwann haben sie angefangen, sich abzuwechseln. Dad wartete mit mir ihm Auto, während Mum hineinging und eine Karte mit den Toiletten, Waschbecken und Fliesen zeichnete, die ihr gefielen. Dann ging Dad hinein und suchte mithilfe der Karte nach Mums Favoriten. So ging das eine Weile hin und her, bis sie sich schließlich entschieden hatten. Nur auf diese Weise konnten sie neues Badezimmerzubehör kaufen, ohne dass ich sie blamierte. Ich google nach Badezimmergeschäften in der Nähe, aber in der touristischen Gegend um Bodrum scheint es keine zu geben.

An Tag zwölf bekomme ich Panik. Ich kann kaum noch etwas essen. Unter dem Vorwand, dass ich unbedingt noch mehr Sonnencreme brauche, gehe ich in die Apotheke und kaufe Abführmittel. Jedenfalls glaube ich, dass es Abführmittel ist. Ich habe versucht, pantomimisch darzustellen, dass ich auf die Toilette gehen muss, dazu habe ich ein paar Squats gemacht und mir mit schmerzverzerrtem Gesicht über den Bauch gerieben, also ist es entweder Abführmittel, die Pille oder ein Beruhigungsmittel. Ich nehme es und warte. Nichts passiert. Wahrscheinlich, weil es Beruhigungsmittel ist.

Tag 13: Mittlerweile bin ich mehr Scheiße als Frau. Ich gebe »Kacke operativ entfernen lassen« bei Google ein. Wahrscheinlich wäre es günstiger, es hier in der Türkei machen zu lassen und nicht abzuwarten, bis ich wieder zu Hause bin. Ob wohl schon mal jemand an Nicht-kacken-Können gestorben ist?

HIRN: Was für eine Art, von dieser Welt zu gehen.
Das würde dir ähnlichsehen.

Die Hitze tut mir gar nicht gut, mir ist furchtbar schwindelig. Beim Abendessen wirft der Kellner mir einen vielsagenden Blick zu, während er mir den zuckersüßen Cocktail reicht. Sicher denkt er, dass ich schwanger bin und Zwillinge bekomme. Jake fährt am nächsten Morgen ab, also sollte dieser Abend eigentlich etwas Besonderes sein, aber ich kann mich kaum konzentrieren. Nachdem ich eine Stunde lang in meinem Kindermenü herumgestochert habe (nicht mal das bekomme ich herunter), fragt Jake mich, warum ich meine Dino-Nuggets nicht esse. Ich knicke ein. »Ich habe seit zwei Wochen nicht gekackt, weil du gesagt hast, dass Mädchen das nicht tun. Jetzt glaubt mein Körper, dass das stimmt, und ich sehe aus, als sei ich im neunten Monat schwanger.«

Jake starrt mich geschockt an. Dann lacht er hysterisch. Jedenfalls glaube ich, dass er lacht, sicher bin ich mir nicht, weil ich nichts höre, meine Ohren sind mit Kacke verstopft. Während ich dasitze und mich frage, wie oft er in diesem Urlaub wohl schon ganz ungeniert gekackt hat, schlägt meine Liebe in Hass um.

Am nächsten Tag verabschieden wir uns voneinander, und ich mache mich auf den Weg zum Hotel meiner Eltern. In dem Moment, in dem ich über ihre Türschwelle trete, kann ich praktisch hören, wie meine Eingeweide zu arbeiten beginnen. Ich weiche ihren Umarmungen aus und renne ins Bad.

HIRN: Achtung, aus dem Weg, gleich explodiert
hier was.

Die meisten Leute würden sich niemals trauen, in ihrem Buch über den schönsten Scheißmoment ihres Lebens zu schreiben. Aber ich bin nicht wie die meisten Leute. An diesen Schiss werde ich noch bis an mein Lebensende denken. Zwei Wochen Stuhlgang flossen aus mir hinaus wie aus einem menschlichen Abwasserrohr, und ich habe jede einzelne Sekunde genossen. 45 Minuten später erhob ich mich von meinem Keramikthron wie eine Königin. Ich fühlte mich wie neugeboren. Ich war federleicht. Und glücklicher als je zuvor. Nachdem die Fessel von 13 Kilogramm Kot von mir abgefallen war, schien mir die Zukunft rosiger denn je. Ich schwebte aus dem Badezimmer und entschuldigte mich bei meinen Eltern. Aber es war ihnen egal. Sie konnten sehen, dass ich glücklich war, und das war alles, was sie sich je für ihre Tochter wünschten.

Sobald das Flugzeug in Großbritannien landete, rief ich Jake an und machte Schluss. Es gibt viel, dass ich mir für mein Leben wünsche – Liebe, Erfolg, einen süßen, kleinen Adoptivhund –, aber vor allen Dingen, will ich in Ruhe kacken können.

Wie du mit einer
Trennung fertig wirst

Trennungen sind furchtbar. In der einen Minute lümmelst du noch gemütlich sonntagmorgens mit Schatz im Bett, und ihr tüftelt gemeinsam an euren Wordles. In der nächsten sitzt du plötzlich mit einem großen Glas Wein vor deinem Handy und stalkst auf Instagram deine:n Nachfolger:in. Was, wenn deine Freund:innen dich weniger hübsch finden? Du nimmst die Fotos auf Instagram auseinander und vergleichst jedes Attribut mit dir selbst, während du überlegst, ob du dich jetzt überhaupt noch Feministin nennen darfst.

Es gibt viele gute Ratschläge da draußen, wie du über eine Trennung hinwegkommst, ganz egal, ob du nun gegangen bist oder gegangen wurdest. Aber hier kommt mein persönlicher Geheimtipp.

1.
Durch Schein zum Sein

»Trennung? Ich war doch die ganze Zeit Single«, behauptest du fröhlich. Jetzt ist es an der Zeit, jede unerwünschte Erinnerung an deine Beziehung aus deinem Gedächtnis zu löschen, genau wie bei *Vergiss mein nicht!* Leugnen, leugnen, leugnen lautet die Devise. Wann immer jemand deine:n ehemalige:n Partner:in erwähnt, fragst du einfach ganz unschuldig: »Wer?« Manche Leute sprechen auch von der Verleugnungsphase des Trauerprozesses, aber ich? Wieso Trauer? Es ist doch gar nichts passiert.

2.
Schwarzsehen

Wenn du unbedingt an deine:n Ex denken musst, dann denk an die schlechten Seiten eurer Beziehung. Und wenn es keine gab – tja, dann musst du eben welche erfinden. Du kannst dir zum Beispiel einreden, dass dein:e Ex dir eine Macke ins Auto gefahren, dir eine Bindehautentzündung beschert, dein Geld gestohlen oder deinem Körper eingeredet hat, dass er keine Eingeweide hätte. Arschloch!

3.
Alte Nachrichten lesen

Ich weiß, dass viele Leute einem davon abraten, aber das Entscheidende dabei ist, die Nachrichten mit der richtigen Einstellung zu lesen. Du musst in jedem Moment bereit sein, angewidert das Gesicht zu verziehen. Das war nicht romantisch, das war einfach nur peinlich. So etwas hast du ernsthaft gesagt? Zu einer fremden Person? O Gott! Lösche die Nachrichten und wiederhole Schritt 1.

4.
Eine neue Frisur

Nichts verfängt sich so leicht in Haarknoten wie eine verflossene Liebe. Ich weiß nicht, ob das stimmt, aber es klingt wie aus einem Märchen, das eigens für unglückliche Frauen erfunden wurde. Haare verheddern sich, und manchmal verheddert man sich auch in Beziehungen, also ist das Haare-

schneiden ein symbolischer Akt dafür, sich von etwas los-
zusagen, was man nicht mehr braucht. Aber denk dran: Du
willst bewundernde Blicke auf dich ziehen, keine mitleidigen.
Zu kurz, und es wirkt wie ein Hilfeschrei.

5.
Bring dein Insta auf Hochglanz

Bei Trennungen gibt es immer eine:n Verlierer:in und eine:n
Gewinner:in. Und wenn ihr keinen Kontakt mehr habt, ist
Instagram nun mal der einzige Einblick in das neue Leben
der anderen Person. Also stell dich selbst als dein:e neue
Social-Media-Manager:in an und lass deinen Feed glühen.
Jeder Post muss schreien: »Ich bin über dich hinweg, es ging
mir noch nie besser.« Jedes Mal, wenn du auch nur in der
Nähe eines menschlichen Wesens stehst, mach ein Selfie,
damit es so aussieht, als würdest du eifrig daten und dein:e
Ex eifersüchtig werden. Riskante Sache? Sicher. Erfolgsaus-
sichten: unsicher.

Und jetzt noch das Kleingedruckte:

Bitte hör nicht auf mich, ich bin eine Niete im Schlussmachen und habe
keine Ahnung, wovon ich rede.

Hirn vs. Uterus

Ich verbringe viel Zeit damit, darüber nachzudenken, was wohl passieren würde, wenn ich auf einmal schwanger wäre. Ich habe genug MTV-Shows aus den Nullerjahren gesehen, um zu wissen, dass eine Teenagerschwangerschaft eigentlich immer damit endet, dass das Mädchen das Baby allein großzieht und furchtbar gestresst versucht, die verschiedenen Bereiche ihres Lebens miteinander in Einklang zu bringen. Meinen Eltern würde wahrscheinlich nichts anderes übrig bleiben, als das Kind zu adoptieren, sodass ich mich die nächsten achtzehn Jahre mit meinem Geschwisterchen/Kind darüber streiten müsste, wer im Hochbett oben liegen darf (Kind) oder wer auf den Teppich gekackt hat (ich). Am 18. Geburtstag meines Kindes würde ich – die tragisch junge und wunderschöne Mutter – ihm eröffnen, wer ich wirklich bin. Natürlich würde mein Kind es verstehen, aber mich trotzdem dafür hassen. Dank dieser schwierigen Kindheit würde es zum größten Instagram-Star aller Zeiten werden und viel mehr Follower:innen haben als ich. Was für ein schrecklicher Gedanke.

Habe ich schon gesagt, dass ich 29 bin?

Manche Leute (mein Freundeskreis, meine Eltern und der Großteil der Gesellschaft) sind der Ansicht, dass 29 ein angemessenes Alter ist, um Kinder zu bekommen. Ich bin anderer Meinung.

UTERUS: Wenn überhaupt ist neunundzwanzig zu spät. Wir sollten jetzt sofort anfangen.

Ein Kind zur Welt zu bringen ist eine der glücklichsten und aufregendsten Erfahrungen im Leben.

HIRN: Weißt du noch der Film *Alien*, bei dem das Alien aus Sigourney Weavers Brust platzt? Genauso ist es bei der Geburt auch, nur dass ein Kind aus deiner Vagina kommt.

UTERUS: Hey! Eine Geburt ist etwas Wunderschönes.

Diese Fehde führen Hirn, Uterus und ich schon ewig. Uterus möchte ein Kind. Es ist ihr größter Traum, dafür ist sie geschaffen, und ich möchte ihr diesen Wunsch auch erfüllen, aber eben erst, wenn der richtige Augenblick gekommen ist. Und Hirn hat immer irgendwelche Argumente, warum es nicht der richtige Augenblick ist.

16 JAHRE: Geht noch zur Schule
17 JAHRE: Probleme beim Autofahren
18 JAHRE: Kann ganz legal Lambrini kaufen
19 JAHRE: Spart für Sommerurlaub
              in Kavos
20 JAHRE: Will Liebesleben genießen
21 JAHRE: Kann sich theoretisch in allen
              50 amerikanischen Staaten
              betrinken
22 JAHRE: Komisches Jahr
23 JAHRE: Tolles Jahr
24 JAHRE: Finanziell instabil
25 JAHRE: Große Geburtstagsparty
26 JAHRE: Zu egoistisch

27 JAHRE:	Mental instabil
28 JAHRE:	Brautjungfer bei der Hochzeit einer Freundin (ist man mit 28 eine Kindsbraut?)
29 JAHRE:	Hat zu viele »unkaputtbare« Pflanzen getötet
30 JAHRE:	Dreißig, sexy und erfolgreich
30+:	Angeblich die besten Jahre meines Lebens (warum sollte ich die mit zu viel Verantwortung ruinieren?)

Es ist ein stinknormaler Sonntagmorgen – na ja, -nachmittag –, und ich bin mit Kopfschmerzen aufgewacht. Unerklärlicherweise verspüre ich ein großes Verlangen nach Thunfisch aus der Dose, obwohl ich normalerweise keinen Fisch esse und seit sieben Jahren keinen Thunfisch mehr hatte. Plötzlich muss ich mich übergeben. Ich öffne meine Flo-App und sehe, dass meine Regel seit sechs Tagen überfällig ist. Sechs Tage!? Ich weiß, dass die Perioden anderer Leute so überraschend kommen wie die Nachbar:innen in Sitcoms, aber meine nicht. Ich will nicht angeben, aber ich blute wie ein Schweizer Uhrwerk.

HIRN: Du bist schwanger.

Nein. Das ist unmöglich. Oder?

UTERUS: O mein Gott! Kann das sein? Stimmen die Gerüchte?

Vielleicht? Keine Ahnung. Wann hatte ich zum letzten Mal Sex? Ich kann mich nicht erinnern.

UTERUS: Was für tolle Neuigkeiten! Gratuliere, Mum! Ich plane schon mal die Babyparty.

He, nicht so schnell. Ich kann nicht schwanger sein. Ich benutze doch immer Kondome.

HIRN: Kondome sind aber nur zu 98 Prozent sicher. Was, wenn es abgelaufen war? Können Kondome ablaufen? Vielleicht ist es gerissen? Oder du hast aus Versehen erst sein Sperma und dann deine Vagina angefasst und dich sozusagen selbst befruchtet.

Das stimmt. Sperma kann so gut wie überall eindringen. Ich frage mich immer noch, wie viele Sofababys es wohl gibt.

Angsterfüllt und adrenalingeladen stolpere ich aus dem Bett und direkt ins Badezimmer, um einen der Schwangerschaftstests zu machen, die ich immer griffbereit habe. Mein Badezimmerschrank ist besser ausgestattet als eine Apotheke. Es ist echt peinlich, wie viele Schwangerschaftstests ich in meinem Leben schon gemacht habe, obwohl ich gar nicht so oft Sex hatte. Bei der Menge an Plastik, auf die ich bereits gepisst habe, sollte ich mir weniger Gedanken um Plastiktüten im Supermarkt machen und mehr Zeit darauf verwenden, eine nachhaltige Bambus-Alternative zu Schwangerschaftstests zu finden. Wenn ich so weitermache, vernichte ich mit meiner Angst davor, schwanger zu sein, noch die gesamte wild lebende Schildkrötenpopulation im Alleingang.

Blöderweise habe ich meinen ganzen Vorrat an Tests weggepisst. Letzten Monat war ich dauernd müde und überzeugt davon, dass die ganze Energie in das winzige Lebewesen in meiner Gebärmutter ging. Und den Monat davor hatte ich

Bauchschmerzen und schon die erste Geburtstagsparty meines Babys geplant, bevor mir wieder eingefallen ist, dass ich kurz vorher ein ganzes Glas Spekulatiuscreme gelöffelt hatte.

> **UTERUS:** Aber das hier fühlt sich anders an. Dieses Mal bin ich mir sicher, dass wir schwanger sind.

> **HIRN:** Du weißt ja, was man sagt: Wenn du schwanger bist, dann weißt du es.

Ich übergebe mich in die Kloschüssel. Uterus hat recht. Es ist an der Zeit, in den *Superdrug* zu gehen.

Als ich den Laden betrete, verbrennt mir das grelle Deckenlicht beinahe die Netzhaut. Automatisch gehe ich in die Ecke mit den Schwangerschaftstests. Mein Körper kennt den Weg.

> **HIRN:** Alle starren uns an. Sie wissen, dass wir Sex hatten.

Die Situation ist genauso komisch, wie wenn ein Paar der Familie erzählt, dass sie versuchen, ein Baby zu bekommen, und alle ihnen gratulieren, obwohl sie den armen Großeltern im Grunde gerade erzählt haben, dass sie sich mit schöner Regelmäßigkeit gegenseitig durchficken.

Ich stöbere durch die Regale voller Kondome, Gleitgel und Schwangerschaftstests und wähle fünf verschiedene Tests aus, die in der Preisklasse von »U-Bahn-Fahrkarte Zonen 1-6 außerhalb der Hauptverkehrszeiten« bis »Zwei Wochen *Disney World*« variieren. Warum müssen Schwangerschaftstests so teuer sein? Vermutlich sollen sie dich auf die Ausgaben vorbereiten, die auf dich zukommen, wenn du tatsächlich ein Baby bekommst.

> **UTERUS:** Wenn wir schon dabei sind, so viel Geld auszugeben, warum nehmen wir dann nicht gleich auch eine Flasche Champagner mit, um anzustoßen?

Für ein Organ, das unbedingt ein Kind will, triffst du aber komische Entscheidungen.

Obwohl ich eine erfahrene Schwangerschaftstestkäuferin bin, ist es mir heute so peinlich, dass ich auch noch Pflaster, Nagellack und eine Flasche Wasser kaufe, nur um den Inhalt meines Korbes ein bisschen zu verdünnen. Ich bete, dass der Kassierer mir wohlgesinnt ist und meine Tausend Tests hinter den anderen nutzlosen Gegenständen versteckt, aber stattdessen lässt er sie ganz vorne auf dem Verkaufstisch stehen, wo alle sie sehen können. Ich bin mir ziemlich sicher, dass die ältere Dame hinter mir eine nicht gerade feministische Bemerkung macht, als ich den Laden verlasse. Weil ich nicht noch mehr Plastik konsumieren will, habe ich keine Tüte genommen und laufe jetzt mit den Tests in meinen Ärmeln zurück nach Hause. Mir ist schlechter als je zuvor.

> **HIRN:** Stell dich schon mal darauf ein, dass dein Leben vorbei ist.

> **UTERUS:** Quatsch, jetzt geht dein Leben erst so richtig los. Mit Baby wirst du so viel zu tun haben, dass du sowieso alles andere vergisst.

HIRN: Ganz genau. Deine Träume eingeschlossen. Auch der Traum von Freiheit ohne Verantwortung.

UTERUS: Dafür bekommst du neue Träume! Voller winziger, schreiender Babys. Du wirst endlich glücklich sein!

HIRN: Wie willst du dich überhaupt um ein Kind kümmern? Du kannst dich noch nicht mal richtig um dich selbst kümmern.

Bis ich es zurück ins Badezimmer schaffe, hat Hirn meine Gedanken fest im Griff. Auf den Plastikstab zu pissen fühlt sich genauso an, wie nach einer durchzechten Nacht drei Wochenenden nach Zahltag die Banking-App zu öffnen. Mir ist schwindelig, schlecht, und vor Angst vor dem Schicksal, das mich erwartet, fühle ich mich wie versteinert. Unter Aufgebot all meiner Kräfte reiße ich die Folie auf und setze mich auf die Toilette.

Die Bedienungsanleitung brauche ich als erfahrener Profi nicht zu lesen. Ich mache fast wöchentlich einen Test.

Natürlich geht es trotzdem schief. Mein Pipi macht einen auf Springbrunnen und kommt in drei verschiedenen Strahlen, von denen keiner den Teststab trifft. Ich finde, man müsste in der Schule beigebracht bekommen, so präzise zu pissen, wie es für einen Schwangerschaftstest erwartet wird. Ich wette, dass ein Mann diese Tests entworfen hat. Als ich fertig bin, ist überall Pipi: auf der Klobrille, auf dem Boden und (gerade genug) auf dem Test. Genauso wird es mit einem Baby sein, denke ich missmutig.

Ich atme tief ein, lege den Test neben das Waschbecken und warte. Es sind die längsten dreißig Sekunden meines

Lebens. Ich versuche, mich selbst abzulenken, indem ich die Ziegel auf dem gegenüberliegenden Dach zähle. Aber Hirn hat andere Ideen.

> **HIRN:** Das ist er. Der Moment der Wahrheit. Du wirst eine Teenie-Mum von einem weltberühmten Instagram-Star, der dich abgrundtief hasst.

Verschwitzt und mit staubtrockenem Mund laufe ich auf und ab. Mein Kopf dreht sich, meine Stirn ist klamm. Mir ist heiß, als ob die Angst versucht, aus allen Poren zu flüchten. Es fühlt sich beinahe an wie ein Kater, nur dass … Moment mal. Es IST ein Kater. O mein Gott, ich habe einfach nur einen Kater.

Ich gucke auf den Test. Er ist negativ. Natürlich ist er negativ, ich habe gestern einen Tequila-Shot nach dem anderen versenkt, als ob sie die Titanic wären. Völlig unmöglich, diesen Schiffbruch zu überstehen, ohne seekrank zu werden.

> **HIRN:** Schade eigentlich. Ich bin mir sicher, dass du eine tolle Mum wärst.

> **UTERUS:** Na ja, dann bis nächsten Monat. Ich drück die Daumen.

Ich gehe zurück ins Schlafzimmer, ich fühle mich herrlich leicht ohne Kind in meinem Bauch. Vor mir liegt der ganze Nachmittag, ich kann tun, was auch immer kinderlose Leute eben tun. Vielleicht kaufe ich doch eine Flasche Champagner. Ich checke meinen Kontostand. Besser Lambrini.

Herz vs. Vagina vs. Uterus

Heute Morgen bin ich in einer trockenen Pfütze Speichel aufgewacht, während der Regen gegen mein Fenster prasselte. Ich liebe diese faulen Sonntagmorgen! Hinter mir die unangenehme, aber undeutliche Erinnerung an letzte Nacht und vor mir nichts als ... na ja, nichts eben. Keine Pläne. Ich werde den ganzen Tag lang Trash-TV gucken, Tee trinken und ...

> **HERZ:** (Seufzt) Wäre es nicht schön, wenn wir jetzt jemanden zum Kuscheln hätten?

In letzter Zeit macht Herz sich einen Spaß daraus, mir Momente wie diesen zu versauen. Wenn ich zum Beispiel im Bett liege, erinnert Herz mich daran, dass ich ein Kissen zu viel habe. Wenn ich einen Film anmache, erinnert Herz mich daran, dass ich das Popcorn mit niemandem teilen kann. Wenn ich ein Buch öffne, weist Herz mich darauf hin, dass ich ganz allein lese. Ich sage Herz, dass man ein Buch eigentlich immer allein liest, aber dann fühle ich mich trotzdem einsam.

> **HERZ:** (Seufzt) Kannst du nicht einen großen, starken Mann für uns finden, der uns in den Arm nimmt und uns den Rücken krault?

Ich seufze zurück, weil Herz mir auf die Nerven geht mit ihrem Geschmachte nach »großen, starken Männern«. Aber vielleicht hat sie recht, und ich sollte mal wieder ein bisschen flirten … Ich nehme mein Handy zur Hand und scrolle durch die Kontakte, auf der Suche nach jemandem, den ich anschreiben könnte. Der Gedanke dahinter ist, dass ich die doppelte Belohnung für die Hälfte der Arbeit bekomme, wenn ich da weitermache, wo ich aufgehört habe.

Leider finde ich niemanden. Alle Kerle, die ich mal gedatet habe, sind entweder nicht mehr single oder nicht mein Typ. In meiner ganzen Dating-Geschichte gibt es niemanden, der mir durch die Lappen gegangen ist, nur eine lange Liste von Typen, denen ich (absichtlich) durch die Lappen gegangen bin.

> **HERZ:** (Seufzt) Was ist mit den Apps?
> Die sind doch voll von einsamen Jungs.

Eigentlich habe ich Dating-Apps für immer abgeschworen. Wenn mir fremde Männer auf der Straße Anmachsprüche hinterherrufen und dann gleich vorschlagen würden, mir ihren Penis zu zeigen, würde ich ja auch so schnell wie möglich abhauen.

> **HERZ:** (Seufzt) Aber wenn du nicht hinausgehst,
> wie willst du dann je deine große Liebe treffen?

Ach ja, fast vergessen. Diesen Einwand bringt Herz jedes Mal. Sie stellt sich das Liebesleben vor wie ein Märchen, aber ich weiß, woher sie das hat: von meinen Eltern. Meine Eltern sind das glücklichste Paar, das ich kenne. Sie sind seit 39 Jahren zusammen und immer noch unerträglich verliebt. Der Nachteil daran ist, dass ich jede Beziehung an ihrer messe. Ich habe viel zu hohe Erwartungen, weil ich genau das Gleiche für mich will. Meine Eltern bringen sich immer noch gegenseitig zum Lachen, sie schreiben sich kleine Nachrichten, kochen füreinander und halten Händchen, wenn sie spazieren gehen.

Bis jetzt konnte kein Mann meinen Ansprüchen gerecht werden, dabei ist meine Liste überraschend kurz:

Meine Wunschliste
für den Traummann

- *Nett*
- *Mittelklug*
- *Witzig*

Klar und eindeutig. Aber leider treffe ich die Entscheidungen nicht allein. Es ist eine kollaborative Arbeit, und bei der Wahl eines Partners muss ich mich nicht nur gegen Herz, sondern auch gegen Uterus und Vagina behaupten.

Herz lebt in einer Fantasiewelt. Herz will eine echte Romanze. Herz stellt sich mich und meinen neuen Partner am liebsten in 60 Jahren vor, wie wir Händchen halten und uns gegenseitig vorlesen.

Herz' Wunschliste
für den Traummann

- *Muss uns, eine Woche nachdem wir uns kennengelernt haben, einen Heiratsantrag machen*
- *Muss uns mit Liebe überhäufen*
- *Muss liebenswürdig sein*
- *Muss jeden einzelnen Tag mit uns verbringen wollen*

- *Muss uns zehn Mal am Tag anrufen*
- *Muss uns Blumen schenken*
- *Muss uns dauernd sagen, dass er uns liebt*
- *Muss stolz auf uns sein und mindestens vier Mosaik-Bilder mit uns auf Instagram posten*
- *Muss für uns schwärmen*
- *Muss uns heiraten wollen und mit uns glücklich bis ans Ende unserer Tage leben*

Dann kommt Uterus. Uterus interessiert sich nur für eine einzige Sache: Babys. Alberne Liebesbekundungen sind Uterus egal. Jetzt gerade ist Uterus im Labor und testet die Gene von einem Mann, den wir vor 15 Sekunden zum ersten Mal gesehen haben. Vielleicht hat sie gerade ihren Eisprung, das würde eine Menge erklären.

Uterus' Wunschliste für den Traummann

- *Muss gute Gene haben*
- *Muss Kinder wollen*

Und schließlich hat Vagina auch noch ein Wörtchen mitzureden. Ich sage es nicht gern, aber Vagina ist das eigentliche Problem bei der ganzen Sache. Egal wie sehr Herz sich nach Romantik sehnt, egal wie viele Pheromone Uterus ausgewertet hat, Vagina hat Bock und kann an nichts anderes denken.

Vaginas Wunschliste
für den Traummann

- *Lebendig*

HERZ: (Seufzt) Wir könnten es doch mal mit Hinge probieren. Vielleicht hat unser Traumprinz just in diesem Augenblick auch einen Kater und fühlt sich einsam. Was wenn er die App installiert und wir nicht? Dann verpassen wir unsere Chance und bleiben für immer einsam und allein und unglücklich und ...

Schon gut, ich hab's verstanden.

Hinge soll angeblich ganz gut sein. Jedenfalls unter den Dating-Apps, was genauso viel bedeutet, wie wenn Arsen unter den Giften gut abschneidet. Aber mein Kater gewinnt die Überhand, und ich kann Herz' Betteln nicht ewig ignorieren. Ich klicke auf »Laden«. Warum auch nicht? Als Erstes soll ich mein Profil erstellen. Leider muss ich auch das im Komitee machen.

HERZ: (Seufzt) Sag, dass wir nach Liebe suchen.

UTERUS: Nein! Sag, dass wir Kinder wollen.

VAGINA: Nee, cool bleiben. Sag, dass wir ficken wollen.

Alle drei Vorschläge sind furchtbar, der eine ist viel zu romantisch, der nächste zu ernsthaft und der letzte einfach nur notgeil. Ich will mir gar nicht vorstellen, was für komische Kerle ich damit anlocken würde, und die ganzen Dickpics, die ich bekommen würde, wenn ich auf Vagina höre. Ich beantworte die drei Standardfragen so geistreich wie möglich und lade vier Bilder von mir hoch, die ich mehr schlecht als recht aus Gruppenfotos ausgeschnitten habe, um mit einem Sozialleben anzugeben, das ich gar nicht habe.

Die nächsten paar Stunden scrolle ich mich durch die Profile, auf der Suche nach jemandem, der aus der Masse heraussticht, lustig ist und jedes einzelne unserer Kriterien erfüllt. Ich beginne mit einer engen Alters- und Größenspanne, aber je länger ich scrolle, desto großzügiger werde ich. Mittlerweile akzeptiere ich alle zwischen zwanzig und neunzig Jahren und ein bis drei Metern.

Ich habe alle Profile gelikt, die ansatzweise infrage kommen (ein deprimierender Gedanke), also schließe ich die App und warte. Ob ich heute wohl wenigstens ein Match kriege?

VAGINA: Ich habe dir ja gesagt, wir hätten alle liken sollen.

Bis 14 Uhr habe ich ganze vier Matches.
Ben, 29, 1,83 m, selbstständig.

HERZ: Oh, wow, wie beeindruckend.

Michael, 31, 1,80 m, Gebietsleiter

VAGINA: Er kann gerne mein Gebiet leiten.

Ähm, nein.
Thomas, 31, 1,90 m, Dachdecker

UTERUS: Groß. Stark. Das ist der Richtige. Denk nur an den Genpool.

Jacob, 32, 1,80 m, Immobilienmakler

VAGINA: Er kann mal bei uns zu Hause
vorbeischauen und ...

Bitte. Jetzt reiß dich mal zusammen.

Das sind sie. Vier Jungs voller Potenzial liegen mir zu Fingern. Sie haben alle Vor- und Nachteile, aber es kann nur einen Gewinner geben.

Plötzlich sitze ich mitten auf dem Podium von ITVs neuer Dating-Show: *Wer darf Hayley den Rücken kraulen?*

Zu meiner Rechten sitzen die drei Moderatorinnen: Vagina, Uterus und Herz. Zu meiner Linken: eine glitzernde, lilafarbene Wand mit Glühbirnen an den Rändern. Auf der anderen Seite der Wand sitzen Ben, Michael, Thomas und Jacob. Ich bombardiere einen nach dem anderen mit Fragen und ziehe die Schlinge langsam enger.

Nach drei Fragen habe ich herausgefunden, dass Michael auf seinem *Hinge*-Profil gelogen hat. Er ist 1,79 m, nicht 1,80 m, also quasi ein Zwerg.

Jetzt sind nur noch Ben, Thomas und Jacob im Rennen. Vagina wäre mit allen drei einverstanden, sie ist nicht wählerisch.

VAGINA: Atmen tun sie alle – ich sage,
wir probieren sie der Reihe nach aus.

Uterus sortiert Ben aus, der zwar Kinder will, aber frühestens in fünf Jahren, was für Uterus anscheinend viel zu lang ist. Bleiben noch Thomas und Jacob. Herz ist schon längst in beide verliebt. Zwischen den Antworten googelt sie Hochzeitskleider und Locations für nächstes Frühjahr. Die Spannung steigt, der große Moment rückt näher.

HERZ: Ich bitte euch, Thomas ist Dachdecker. Wenn das nicht männlich ist …

VAGINA: Stellt euch vor, was er mit seinen großen, starken Händen machen kann. Los, schick ihm den Auberginen-Emoji.

Um Himmels willen, tu wenigstens ein bisschen prüde!

UTERUS: Ein Dachdecker? Nein. Auf keinen Fall. Schon möglich, dass er gute Gene hat, aber wisst ihr, wie gefährlich ein Dachdecker lebt? Wollt ihr am Ende etwa doch wieder allein dastehen?

Ich schätze, die Entscheidung ist gefallen. Jacob ist der glückliche Gewinner. Wir schreiben stundenlang hin und her, und ich muss bei seinen Nachrichten tatsächlich grinsen. Und dann, kurz bevor ich ins Bett gehen will, kommt die Nachricht, auf die wir alle gewartet haben: *Würde mich gerne mit dir auf einen Drink treffen. Wie wär's am Mittwoch im The Bishop?* x

Ich versuche, meine Emotionen im Zaum zu halten, während ich antworte: Klingt gut x

VAGINA: Holla, jetzt geht's los. Am besten bringst du mich schon mal auf Vordermann. Ab in den Salon.

Ich komme genau zehn Minuten zu spät zum Date. Zehn Minuten sind ein guter Kompromiss – weder überpünktlich noch unhöflich.

Ganz allein ins *The Bishop* zu spazieren, um jemanden zu treffen, den ich überhaupt nicht kenne, ist schrecklich peinlich. Ich fühle mich nackt und habe das Gefühl, dass mich alle anstarren. Nachdem ich den Kopf um jede Ecke gesteckt habe wie ein aufgeregtes Erdmännchen, entdecke ich Jacob schließlich und winke ihm unbeholfen zu.

Schon unter den besten Umständen finde ich es anstrengend, neue Leute kennenzulernen, aber wenn diese Person auch noch der Eine sein könnte, ist es noch tausendmal schlimmer. Während ich ihm die Hand entgegenstrecke, beugt er sich vor, um mich zu umarmen. Dann versuchen wir beide gleichzeitig, uns auf die Wange zu küssen, sodass ich seinen Schritt streife und er an meinem Ohr leckt. Ein:e Anthropolog:in wäre begeistert über dieses skurrile Paarungsritual.

> **HERZ:** In echt ist er ja noch viel attraktiver. Na los, du musst rot werden. Im Ernst jetzt, schalt die Ampel auf Rot, wie soll er sonst wissen, dass wir in ihn verliebt sind?

> **VAGINA:** Sag ihm, er soll seinen Mantel holen, er ist fällig.

Nach ein paar Drinks läuft es eigentlich ganz gut. Er ist tatsächlich attraktiv, witzig, hat hübsche Augen und ein nettes Lächeln.

> **HERZ:** Er ist der Eine. Sag »Ja, ich will«.

> **VAGINA:** Entführ ihn. Heute Nacht wird geschlemmt.

Wir sprechen hauptsächlich über Belangloses, sagen uns aber auch offen und ehrlich, was wir wollen. Ich sage, dass ich mich irgendwann niederlassen und Kinder haben will ...

UTERUS: Zehn Kinder!

… und er sagt, dass er sich auch ein Haus und eine Familie wünscht.

UTERUS: Er ist perfekt. Schmeißt die Kondome weg und macht euch an die Arbeit.

Uterus, Vagina, Herz und ich treffen uns zum Krisengespräch auf der Toilette. Wir sind uns einig: Das ist der Richtige.

Nach der dritten Runde Drinks beschließen wir, es für heute gut sein zu lassen. Er muss den Bus nehmen, und ich laufe zurück. Zum Abschied umarmen wir uns, und er gibt mir einen Kuss auf die Wange. Ich kann gar nicht glauben, dass es so schnell ging und so einfach war. Er ist der Eine. Wir haben ihn gefunden. Das Rückenkraulen kann beginnen.

Ich sehe dabei zu, wie mein zukünftiger Ehemann davongeht. Ein paar Meter vor ihm hält der Bus an der Station, und Jacob rennt los. Als er gerade an der Tür angekommen ist, fährt der Bus ab und lässt ihn allein auf dem Bürgersteig zurück. O mein Gott, er ist einem Bus hinterhergerannt und hat ihn verpasst. Wie abtörnend.

HIRN: Oha. Auf gar keinen Fall. Wie peinlich. Lösch sofort seine Nummer.

Na ja, vielleicht ist ja der Nächste der Richtige.

Wie man einen Raum betritt und dabei wie eine normale Person aussieht

Wenn ich mich in einem Café, Restaurant, Pub oder sonst einem geschlossenen Raum verabrede, dann treffe ich mich idealerweise vor der Tür mit der anderen Person, damit sie beim Hineingehen meine Hand hält. Sehr unangenehm, wenn es sich um ein geschäftliches Meeting handelt, aber was soll man machen?

Natürlich verkompliziere ich den Akt des Eintretens nicht absichtlich, aber aus irgendeinem Grund ist es einfach jedes Mal eine unfassbar peinliche Situation. Wenn ich allein einen Raum betrete, fangen meine Wangen an zu glühen, und es kommt mir vor, als würden alle mich anstarren. Während ich mich nach meiner Verabredung und/oder meinen Kolleg:innen umsehe, habe ich das Gefühl, ein ganzes Heer aus verurteilenden Blicken beobachtet mich, wie hundert hungrige Habichte. Alle lachen über mich, garantiert denken sie, dass mich jemand versetzt hat. »Guck dir diese traurige kleine Loserin an«, tuscheln sie miteinander, während sie weiterhin so tun, als würden sie sich einfach ganz normal unterhalten.

Ich sollte vielleicht dazu sagen, dass ich noch kein einziges Mal versetzt wurde. Ich habe keine Ahnung, woher diese Angst kommt, aber wenn ich jetzt anfange, all meine irrationalen Sorgen auszupacken, dann dauert das, und du willst bestimmt nicht *alle* meine Probleme hören.

Mittlerweile habe ich jahrelange Erfahrung darin, verschiedene Räume zu betreten, und ein paar praktische Anleitungen zusammengestellt, damit auch du in Zukunft wie ein Profi den Treffpunkt deiner Wahl erreichst. Vorbei die Zeiten der Panik, nie wieder wirst du dich allein und verängstigt fühlen. Gestatte mir, deine Hand zu halten (metaphorisch), während du selbstbewusst durch die Tür und in jedwede verstörende Situation schreitest. Gern geschehen!

Einen Pub betreten, um ein Date zu treffen

Ob erstes oder letztes Date, für diesen speziellen Eintritt gibt es eine einfache Faustregel: drei Shots Tequila, bevor du auch nur das Haus verlässt, damit du schon bezwitschert eintriffst. Wenn du dein Date von der Tür aus nicht sofort entdeckst – weil dein Date noch nicht da ist, zu viel Gedränge herrscht oder du selbst ein Federgewicht bist, das nichts verträgt, und deine Sicht deshalb jetzt schon etwas vernebelt ist –, geh einfach direkt an die Bar. Die Bar ist das Herz des Pubs, dein Safe Space! An der Bar bist du immer irgendwie beschäftigt oder kannst zumindest so tun, als ob. Sieh dich noch einmal unauffällig um, schick vielleicht eine kurze Nachricht – »schon da?« – und bestell dir dann einen weiteren Drink. Möglichst kompliziert, einfach um mehr Zeit totzuschlagen – einen doppelten Long Island Ice Tea, ohne Tequila, extra Wodka, und bitte gerührt, nicht geschüttelt! Das Personal wird dich hassen und du deinen Drink, aber dieses Opfer musst du jetzt einfach bringen.

Wenn dein Getränk vor deinem Date kommt, dann stürz deinen Drink schnell runter und bestell Nachschub. Mittlerweile solltest du dich sehr selbstbewusst und betrunken fühlen, zwei Empfindungen, die für diese Situation unerlässlich sind. Ja, du bist allein hierhergekommen, aber das heißt ja nicht, dass du auch allein nach Hause gehen musst!

Ein Café betreten, um sich mit Freund:innen zu treffen

Auch hier gilt: *safety first* – ein Café zu betreten ist ein erstaunlich abenteuerlicher Vorgang. In den wenigsten Cafés kann man Alkohol bestellen, also darfst du dich nicht darauf verlassen, dass die anderen Gäste schon derart betrunken sind, dass sie deinen demütigenden Eintritt nicht bemerken. Ich empfehle eine Sonnenbrille – wen interessiert's, dass es draußen in Strömen regnet, du bist ein aufsteigender Stern. Und natürlich Kopfhörer. Aber ohne Musik, versteht sich, damit du weiterhin im Vollbesitz deiner akustischen Wahrnehmung bist. Drinnen beugst du dich sofort über dein Handy, damit es so aussieht, als würdest du aufmerksam eine Nachricht lesen, doch statt auf den Bildschirm zu gucken, lässt du unauffällig den Blick durch den Raum schweifen.

Wenn deine Verabredung noch nicht da ist, geh auf direktem Weg zur Toilette und versteck dich dort mindestens zehn Minuten. Die Leute werden denken, dass du dir den Magen verdorben hast, aber na und? Wenigstens lachen sie dich nicht aus, weil du voll der:die Loser:in bist.

Eine Bar betreten, um sich mit Kolleg:innen zu treffen

Bevor man irgendeine Veranstaltung im Kolleg:innenkreis besucht, sollte man eine:n Lieblingsmitarbeiter:in auserkoren haben – dein Safety-Pal für die Dauer des Abends. Außerdem musst du dich gebührend vorbereiten. Mach dich im Vorfeld mit dem Lokal vertraut. Präge dir die Abmessungen des Raumes ein. Gibt es irgendwelche dunklen Ecken? Gibt es mehr als eine Etage? Diese Eckdaten musst du zwingend vor dem großen Tag in Erfahrung bringen. Bevor du dich dann auf den Weg machst, musst du außerdem herausfinden, ob dein Safety-Pal bereits da ist.

Schreib eine Nachricht und frag nach Details: Was trägt dein Safety-Pal, wo genau sitzt die Gruppe, und wer ist sonst noch da? Erkläre – nur für den Fall der Fälle –, dass du vergessen hast, deine Kontaktlinsen einzusetzen, oder dass du mit dem Kopf voran in einen Brennnesselbusch gefallen bist. Das ist eine super Ausrede, falls du die anderen nicht sofort entdeckst, auch wenn du dann eventuell den ganzen Abend blinzeln musst (das Risiko ist es aber wert).

Ehe du über die Schwelle trittst, murmele dreimal: »Ich bin eine verdammte Business-Bitch«. Im besten Fall bemerkt dein Boss deinen kraftstrotzenden, selbstsicheren Eintritt, und du wirst vom Fleck weg zum CEO der Firma befördert.

Ein Restaurant betreten, um die Familie von Partner:in kennenzulernen

Du kennst die Familie noch gar nicht, und dein:e Partner:in bietet nicht an, dass ihr gemeinsam zum Restaurant fahrt oder euch vor der Tür trefft? Sofort Schluss machen. Er:sie hätte dich niemals allein kommen lassen dürfen.

Alle anderen sind viel zu sehr mit sich selbst beschäftigt, um dich zu bemerken. Alles okay.

Sexstellungen für Dauerbesorgte

Sex im Fernsehen oder in Filmen wirkt immer so ... wild. Zwei Menschen, die sich rhythmisch umeinander winden und dabei unfassbar verschwitzt und sportlich aussehen. So sieht es bei mir nie aus. Ich habe einmal Sex in der Dusche ausprobiert. Die meiste Zeit habe ich dabei frierend abseits des warmen Wasserstrahls verbracht, wobei ich mir vorkam wie eine begossene Ratte. Zum guten Schluss habe ich mir fast den Kopf an der Armatur aufgeschlagen. Sollte ich das jemals wiederholen wollen, brauche ich auf jeden Fall eine rutschfestere Duschmatte.

Früher habe ich mir immer gerne die Sexstellungen in der *Cosmopolitan* angesehen. Du weißt schon – die Variationen der ewig gleichen vier Stellungen: du oben, Partner:in oben, stehend und dann etwas, das ich »die Brezel« nenne und was bestimmt nur ein richtiger Schlangenmensch hinkriegt.

Als geständige Dauerbesorgte habe ich nie den Mut aufgebracht, einem potenziellen Sexpartner vorzuschlagen, mal eine dieser bekloppten Übungen auszuprobieren. Bis ich mir ein paar ausgedacht habe, die für mich tatsächlich das Richtige sein könnten.

Dunkle Bedrohung

Einige Leute finden es langweilig, beim Sex das Licht auszumachen, aber ich persönlich finde Sex im Dunkeln deutlich entspannter. Du musst dir keine Gedanken darüber machen, ob dein:e Partner:in dich womöglich aus einem unvorteilhaften Winkel sieht (doppeltes Doppelkinn, vielleicht?), und sämtliche ungewöhnlichen Körpergeräusche können ganz einfach mit einem verängstigten »Was war das?« getarnt werden. Vor diesem Akt erkläre ich all meinen Sexpartnern, dass mein Zimmer von einem muschifurzenden Poltergeist heimgesucht wird. Nach einem donnernden Scheidenpups verstecken wir uns also beide angsterfüllt unter der Bettdecke.

Tief und fest

Der unheimlich erfolgreiche Musiker Sting machte in den Neunzigern von sich reden, weil er der ganzen Welt verkündet hatte, auf Tantrasex zu stehen, sprich seiner sehr heißen Frau in die Augen zu starren und dabei tief ein- und auszuatmen, was dann (angeblich) zu den unglaublichsten Orgasmen seines Lebens führte. Ich stehe nicht so sehr auf zu viel Blickkontakt (Furcht einflößend, unangenehm und viel zu intim für meinen Geschmack), deshalb zielt meine Variante darauf ab, lediglich eine leichte Panikattacke auszulösen (das ist ganz leicht, ich persönlich denke einfach an dieses komische Stechen, das ich manchmal in der Brust kriege, überzeuge mich selbst davon, dass es ein Herzinfarkt ist, et voilà), woraufhin dein:e Partner:in dazu gezwungen ist, »langsam und tief« mit dir zu atmen. Das ist eine unschlagbare Beruhigungsmethode, darum werdet ihr beide in null Komma nix eingeschlafen sein; und ich denke, wir sind uns alle einig, eine ordentliche Mütze voll Schlaf ist doch oft viel besser als Sex.

Urwaldschrei

Einige Menschen machen beim Sex eine Menge Krach – frag mal meine Mitbewohner:innen an der Uni. Ich kam mir vor wie in einem Konzert – manchmal klang es wie ein richtiger Chor. Bei unseren Nachbar:innen waren wir bestimmt sehr beliebt. Für die hier beschriebene Sexpraktik ist Sex nur die Ausrede für eine richtig schöne Schreisession. Im Ernst, schrei einfach drauflos. Du wirst dich gleich viel besser fühlen. Partner:in und Sex sind dabei vollkommen optional.

Dirty Talk

Hierbei beschreibst du alles in deiner Wohnung, das endlich mal wieder gründlich gereinigt werden sollte, und dein:e Partner:in kümmert sich dann gemeinsam mit dir darum. Zwei Hände schaffen schließlich mehr als eine (mit Staubsauger und Wischmopp).

Die Brezel

Probier's aus, wenn du dich traust. Es ist so kompliziert, du wirst keine mentalen Kapazitäten mehr für irgendetwas anderes haben. Erwähn unbedingt wieder den muschifurzenden Poltergeist, denn sei versichert, diese Stellung wird die Queefs heraufbeschwören.

Ideen für Babynamen aus meiner Grundschulzeit

Mit 29 bin ich eine der letzten in meinem Freundeskreis ohne Kinder. Ja, Teenie-Schwangerschaften sind echt auf dem Vormarsch (sie sind alle 26+). Natürlich freue ich mich für sie, und ich verbringe gerne Zeit mit diesen niedlichen Minimenschen, ganz ohne die Verantwortung, die sie mit sich bringen. Selbstverständlich denke ich manchmal darüber nach, selbst eins zu bekommen, und natürlich will Uterus mich ständig dazu bringen, sie wirklich mal zu benutzen. Doch im Moment verspüre ich noch keinerlei Drang nach dieser Art von Verantwortung in meinem Leben. Wenn ich jemanden brauche, der unaufhörlich heult und sich gelegentlich einscheißt, dann mache ich es einfach selbst – das kriege ich bestimmt gut hin.

Allerdings liebe ich es, mit werdenden Eltern über Babynamen zu sprechen. Am liebsten werfe ich etwas vollkommen Bescheuertes in den Ring, ungefähr so: »Wie findet ihr ›Pflanze‹ für ein Mädchen oder ›Massive Attack‹ für einen Jungen?« Und dann beobachte ich, wie meine Freund:innen versuchen, höflich darauf zu antworten, während sie mir innerlich schon den Tanten-Status entziehen. Ich weiß ja – einen Namen für ein Kind auszusuchen ist eine große Entscheidung. Schließlich ist es eine Entscheidung fürs Leben, außerdem muss man den Namen selbstbewusst schreien können, wenn man in der Öffentlichkeit unterwegs ist.

Ein einziges Wort auszuwählen, das alles beinhalten soll, was eine Person ist oder einmal sein könnte, ist wirklich schwer. Mithilfe eines Babynamen-Buchs kann man sich schon mal eine erste Vorstellung davon machen, was ein bestimmter Name über das Temperament und Verhalten des zukünftigen Kindes aussagt, aber ich dachte mir, ich gehe noch einen Schritt weiter und analysiere diese Namen ganz praktisch. Meine Damen und Herren, ich präsentiere hier eine Liste mit Babynamen, basierend auf den Persönlichkeiten meiner Mitschüler:innen aus der Grundschulzeit:

LUKE: Kann nicht gut schwimmen, dafür aber sehr gut Krankheiten vortäuschen. Kann auf Befehl aus der Nase bluten. Muss immer die Sportklamotten aus der Fundkiste anziehen, von allen Kindern geliebt.

KIMBERLEY: Twirlt. Wunderschöne Haare. Liebt Great Yarmouth. Alle Jungs stehen auf sie.

CHARITY: Lässt niemanden ihre Stifte benutzen, fragt aber ständig, ob sie deine haben kann, und gibt sie dann nicht zurück. Macht ihrem Namen absolut keine Ehre.

REBECCA: Kann sehr gut Wachsmalstifte in kleine Löcher stopfen – Ohren, Nase … und so weiter.

EWAN: Gut in Kunst, findet das aber uncool und konzentriert sich deshalb darauf, durchschnittlich gut *Tag Rugby* zu spielen. Spuckt viel und macht Ärger, um andere Jungs zu beeindrucken.

EMMA: Baut ihre gesamte Persönlichkeit darauf auf, »eine große Schwester« zu haben. Wird mit 15 schwanger (nennt ihr Baby Pflanze), zieht mit 20 in ein heißes Land und lebt mit Pflanze in der Natur, umgeben von Pflanzen.

POLLY: Schiebt sich ein kleines Spielzeug ins Nasenloch, lässt es entfernen – und schiebt es gleich wieder rein.

JAKE: Nudist. Holt während der Stillarbeit immer den Schniedel raus.

LEE: Hat immer leckere Snacks in der Brotdose, beteiligt sich aber nie am Snacktausch.

MASSIVE ATTACK: Das coolste Kind an der ganzen Schule. Absolute Legende, mit allen befreundet, mit niemandem verfeindet. Klare Namensempfehlung.

Hirn vs. Fliegen

Ah, Urlaub ... Gibt es etwas Besseres, als sich eine Weile aus dem echten Leben auszuklinken, sich auf eine Liege zu fläzen, die (perfekt rasierten) Zehen in die Sonne zu halten und einfach mal an nichts zu denken? Um mal wieder richtig Kraft zu schöpfen, gibt es doch nichts Schöneres, als ein bis zwei Wochen in einem anderen Land zu verbringen; Sonne tanken, Cocktail in der Hand, keinerlei Verpflichtungen, das eigene Bett zu machen. Himmlisch. Das einzige Problem daran: Egal, welche Tricks ich mir einfallen lasse, damit mein irrationales, überaktives Hirn zu Hause bleibt, ich schaffe es einfach nicht, weshalb mein Urlaub nie so entspannend ist, wie ich gerne hätte.

> **HIRN:** Eigentlich ist Urlaub sowieso die beste Zeit, um sich endlich mal so richtig schön den Kopf zu zerbrechen. Zum Beispiel darüber, wem wohl schon alles die ganzen Rasierpickel und eingewachsenen Haare in deiner Bikinilinie aufgefallen sind.

Eigentlich will ich vor allem mal Ferien von Hirn machen. Es muss kein Luxusabenteuer sein, ein kleiner Ausflug die Straße hinunter würde mir schon reichen, ohne dass sie mir irgendwelche Warnungen eintrichtert, dass mir gleich ein Vogel auf den Kopf scheißt oder dass alle meine Mitmenschen kritisch mein Outfit beäugen. Doch sie ist überall und immer dabei und erschwert mir selbst die banalsten Aufgaben.

> **HIRN:** Ey! Ich will doch nur helfen! Aber im Ernst,
> dieses Outfit geht gar nicht, die Schuhe mit
> der Jeans ... Du machst dich total zum Affen,
> und alle lachen über dich.

Im Urlaub versuche ich also, ihr zu entkommen. Zum Beispiel mit Lesen, aber sobald ich das Buch aufschlage, benimmt sie sich wie eine aufdringliche Person im Bus, die dich pausenlos zulabert, egal, wie höflich du sie ignorierst. Ich muss jeden Absatz zweimal lesen, und dann werde ich paranoid und stelle mir vor, dass alle mich beobachten und denken: »Meine Güte, die liest aber langsam.« Was auch stimmt, aber das muss ja trotzdem nicht jeder wissen.

Ich habe es auch mit Alkohol versucht, aber im betrunkenen Zustand verleitet Hirn mich zu allen möglichen demütigenden Entscheidungen und verbringt den nächsten Tag damit, mich für jede einzelne davon zu verurteilen, nachdem ich wahlweise dies getan und jenes nicht getan habe. Meditieren ist genauso schlimm wie lesen, und dann fehlt auch noch der Spaß beim Bechern. Das Einzige, was wirklich mal einigermaßen gewirkt hat, war Tauchen. Mit Neoprenanzug und Taucherbrille in einem eiskalten Wassertank versenkt, wo ich mich auf nichts als den eigenen Atem und das Wasser um mich herum konzentrieren konnte, erstarrte Hirn zumindest zeitweise in Stillschweigen. Leider glaube ich nicht, dass ich mich auf lange Sicht zur professionellen Tiefseetaucherin eigne.

> **HIRN:** Dann müssten wir uns ja jeden Tag die
> Haare waschen, was wird denn aus unserer
> Haarwaschroutine? Außerdem müssten wir alle

Klamotten aussortieren, um im Schrank Platz für die ganzen Neoprenanzüge zu machen.

Wenn ich Urlaub machen will, muss Hirn eben mitkommen, auch wenn sie eine ganz fürchterliche Reisebegleitung ist. Ihre ganzen Macken nerven schon, bevor wir auch nur die Reise gebucht haben.

HIRN: Hallo und willkommen bei Hayleys Escapes, einer unglaublich unverlässlichen Reiseagentur, geführt von mir, Hirn.

Okay, also, ich würde gerne Urlaub machen. Ein Ticket nach Chill Town, bitte!

HIRN: Tolle Idee, lass uns morgen danach suchen. Heute hab ich keinen Bock.

Nein, wir machen das jetzt. Komm schon, das macht doch Spaß! Wir fahren in den Urlaub!

HIRN: Na schön. Wonach suchen wir denn?

Nichts Ausgefallenes, nicht zu teuer, wir brauchen nur ein bisschen Sonne.

HIRN: Wie wär's denn mal mit Flitterwochen auf den Malediven? Kostet nur 31 000 Pfund.

Flitterwochen? Hä? Ich bin doch Single. Und 31 000 Pfund – Verkaufen wir erst noch eine Niere, um in den Urlaub zu fahren?! Ich sagte, nicht zu teuer. Vielleicht sollte ich noch »realistisch« hinzufügen.

HIRN: Alles klar. Wie wär's mit einem Billighotel, zehn Tage Isle of Wight?

Isle of Wight? Also … da, wo meine Eltern wohnen? Warum soll ich mir da ein Hotel buchen, ich habe doch ein eigenes Zimmer in ihrem Haus?

HIRN: Okay, dann eben etwas weiter weg. Vielleicht Neuseeland?

Okay. Wie lange?

HIRN: Ähm, drei Tage.

Aber allein der Flug dahin dauert schon 24 Stunden!

HIRN: Ach, soll ich jetzt etwa auch die Reise dorthin planen? Ich hab eine Idee: Lass uns mit dem Fahrrad fahren.

Ich feuere meine Reiseagentin Hirn und buche eine Reise mit ein paar Freundinnen, zehn Tage in Mexiko. Hirn scheint damit zufrieden. Mexiko soll wunderschön sein, außerdem ist die Aussicht auf Urlaub mit meinen besten Freundinnen viel besser als nur mit Hirn. Ich entspanne mich ein wenig.

Jedenfalls bis eine Woche vor Abflug, als Hirn plötzlich anfängt, Überstunden als meine persönliche Assistentin zu schieben.

HIRN: Warum hast du noch nicht gepackt? Der Flug geht in 7 Tagen, 4 Stunden und 32 Minuten!

Ach, komm schon, das ist doch noch Ewigkeiten hin. Wenn wir jetzt schon packen, müssen wir die nächste Woche schon aus dem Koffer leben, sonst haben wir gar nichts mehr zum Anziehen.

HIRN: Aber wenn du nicht jetzt sofort anfängst, vergisst du vielleicht etwas. Wir brauchen einen Plan.

Okay. Ich hole meinen Koffer und stelle mich vor meinen Schrank. In Mexiko herrschen 30 Grad, ich werde also jeden Tag Kleider und kurze Hosen tragen. Ich ziehe sieben Kleider aus dem Schrank, fünf Tops, vier Paar kurze Hosen und zwei Röcke.

HIRN: Dein Ernst? Das reicht doch niemals.

Ich überprüfe, ob das Airbnb eine Waschmaschine hat. Hat es.

HIRN: Mach jetzt keinen Scheiß! Wenn wir zehn Tage weg sind, brauchst du zwanzig Outfits, eins für jeden Tag und eins für jeden Abend, außerdem noch je ein Outfit für den Hin- und den Rückweg.

Ich besitze keine zwanzig Outfits.

HIRN: Was ist mit Unterhosen?

Richtig, Unterhosen! Zehn Stück.

HIRN: Zehn?!

Eine pro Tag, und dann kann ich sie entweder waschen oder den Rest der Zeit Bikinihöschen tragen.

> **HIRN:** O mein Gott, so kann ich nicht arbeiten. Du meinst also wirklich, zehn Unterhosen reichen?

Ja, eigentlich schon … Nicht?

> **HIRN:** Wir brauchen mindestens 30. Was wenn wir uns zweimal am Tag einscheißen?

Warum sollte ich mich einscheißen, und dann gleich zweimal am Tag? Und selbst wenn, es gibt eine Waschmaschine. Aber jetzt, wo du es sagst … Ich stopfe sämtliche Unterhosen in den Koffer und ziehe den Reißverschluss zu. Es sind vielleicht nicht die 30 Paar, die Hirn verlangt hat (wer besitzt bitte so viele Schlüpper?), aber sollte ich mich doch einscheißen, bin ich zumindest vorbereitet.

Am Abend vor dem Flug muss ich endgültig einsehen, was für eine unfähige Reiseleitung Hirn tatsächlich ist. Es ist 23 Uhr, und ich liege gemütlich im Bett. Mein Flug geht um 11 Uhr morgens, wenn ich also um 6 Uhr aufstehe und mich um 7 auf den Weg zum Flughafen mache, wird alles gut gehen. Gerade, als ich langsam eindöse und von Sonnenliegen und Zehen im Sand träumen will, da höre ich …

> **HIRN:** Haben wir genug Unterhosen eingepackt?

Ja, wir haben genug Unterhosen eingepackt. Wir haben sogar genug Unterhosen für alle anderen eingepackt, plus Notfallschlüpfer.

Ich schließe die Augen, entschlossen, mir sieben wundervolle Stunden Erholung vor dem Flug zu gönnen.

HIRN: Haben wir uns einen Wecker gestellt?

Natürlich haben wir uns einen Wecker gestellt, wir stellen uns immer einen Wecker.

HIRN: Einer reicht nicht! Was, wenn wir ihn nicht hören und einfach weiterschlafen?

Ich habe in meinem ganzen Leben noch kein einziges Mal einen Wecker verschlafen, aber um Hirn zu besänftigen, stelle ich also noch weitere Wecker auf 06:02, 06:04, 06:06, 06:15, 06:20 und 06:45. Wenn ich davon nicht aufwache, muss ich tot sein.

HIRN: Ach, machen wir uns jetzt Gedanken über den Tod? Apropos, unser Herz fühlt sich etwas komisch an, oder?

Nein, unser Herz ist vollkommen in Ordnung, und wir machen uns jetzt keine Gedanken über den Tod. Wir müssen jetzt schlafen, damit wir morgen ausgeruht sind. Gute Nacht.

Ich lege meinen Kopf auf das Kissen und schlafe endlich ein. Plötzlich schrecke ich hoch.

HIRN: Wach auf! Wir haben unseren Flug verpasst! Katastrophe!

O nein! Wie konnte das passieren? Was ist denn mit meinen ganzen Weckern? Meine Hand tastet in der Dunkelheit nach meinem Handy. Ich tippe auf den Bildschirm: Es ist 02:15 Uhr. Ich habe noch nicht einmal drei Stunden geschlafen und muss erst in vier Stunden aufstehen. Wir haben weder unseren Flug noch unseren Wecker verpasst. Ich lege mich hin und schlafe wieder ein.

HIRN: Wach auf! Wach sofort auf!

Wieder schrecke ich hoch. Sehe auf mein Handy. Es ist 03:30 Uhr.

HIRN: Wie viele Ladekabel haben wir eingepackt?

Und so geht es weiter, Stunde um Stunde, bis es hell wird. Hirn reißt mich aus dem Schlaf und überlegt, ob es in dem Apartment wohl einen Wasserkocher gibt, ob das Flugzeug sehr voll sein wird oder ob ich genug Tampons eingepackt habe, obwohl ich gerade erst meine Periode hatte, sie also ganz sicher nicht kommen wird, bis wir wieder zu Hause sind. Dann schaltet sich auch noch meine Blase ein, also taumele ich mit geschlossenen Augen ins Bad, weil ich unbedingt müde genug bleiben will, um gleich wieder einschlafen zu können.

Um 6 Uhr plärrt mein Wecker los. Nachdem Hirn mich die ganze Nacht wach gehalten hat, ist sie jetzt völlig erschöpft.

HIRN: Neeeeeiiinnnnn, nur noch zehn Minuten!

Es fühlt sich an, als hingen Gewichte an meinen Lidern, die sie bis zu meinem Kinn hinunterziehen. Das Licht brennt Löcher in meine Netzhaut. Ich dusche, esse eine Banane, packe die letzten Sachen ein, die mir mitten in der Nacht noch eingefallen sind, und verlasse meine Wohnung. Ganz nach Hayley-Manier habe ich meine Reisezeit um 30 Minuten überschätzt – ich hätte also eine halbe Stunde länger schlafen können –, und so erreiche ich den Flughafen Heathrow, noch bevor die Gepäckaufgabe überhaupt geöffnet hat und natürlich auch lange vor meinen Freundinnen.

Flughäfen machen Hirn nervös. Sie wird unruhig und fängt an, sich über Winzigkeiten den Kopf zu zerbrechen.

> HIRN: Ob unser Koffer wohl auffällig genug ist?
> Was, wenn wir ihn nachher nicht wieder-
> erkennen? Meinst du, alle haben den gleichen
> Koffer wie wir?

Na ja, er ist grellrosa, und darauf klebt ein großes Schild, auf dem mein Name und meine Adresse steht.

> HIRN: Aber was, wenn du vergisst, was
> Farben sind? Außerdem kann man den Namen
> gar nicht sehen. Er ist hinter einer Lasche
> versteckt. Wir hätten unseren Koffer mit bunten
> Stickern bekleben sollen, damit wir ihn auf
> jeden Fall gleich wiedererkennen. Wir müssen
> sofort Sticker besorgen.

Meine Freundinnen kommen an, und wir gehen zur Gepäckaufgabe. Ich checke mich selbst ein und hieve meinen Koffer auf das Laufband. Ehrlich gesagt würde ich mein Gepäck lieber nicht selbst aufgeben. Ich verstehe auch gar nicht, warum der Flughafen das überhaupt anbietet – welcher Fluggast ist schon qualifiziert, unbeaufsichtigt die Gepäckaufgabe zu erledigen? Ich finde wirklich, das hätte eine Fachkraft übernehmen sollen, ich kann das unmöglich richtig gemacht haben. Ich winke meinem Koffer hinterher und werde dabei das Gefühl nicht los, dass all meine Unterhosen sich schon bald auf den Weg nach Südafrika machen werden, während ich völlig hosenlos nach Mexiko fliege.

> HIRN: Du hättest eine Unterhose ins Handgepäck packen sollen.

Verdammt, Hirn hat recht, aber hätte sie das nicht etwas früher sagen können? Na ja, zumindest kann man Unterhosen überall auf der Welt kaufen.

In der Schlange vor der Sicherheitskontrolle ist Hirn auf einmal nicht mehr dieselbe. So nervig sie auch ist, für gewöhnlich ist sie ziemlich gesprächig, aber hier bekommt sie plötzlich Bammel. Während wir uns langsam den Metalldetektoren nähern, meldet sie sich endlich …

> HIRN: Du hast ein Kilo Kokain im Arsch.

Bitte, was?

> HIRN: Geht das vielleicht noch auffälliger?! Entspann mal deine Arschbacken, sonst gehen die da gleich auf Höhlenforschung, und du wirst festgenommen.

Ich habe ganz sicher kein Kilo Kokain im Arsch.

> HIRN: Doch, hast du, und außerdem eine Pistole in der Tasche.

Eine Pistole? Ich habe noch nie eine echte Waffe angefasst. Ich habe keine Pistole dabei.

HIRN: Du hast heute Morgen aus Versehen eine eingepackt. Wir werden alle festgenommen, deine Freundinnen auch, und sie werden uns niemals vergeben.

Hör schon auf mit dem Quatsch, das ist doch bescheuert. Alles ist in Ordnung. Wir haben nichts zu verbergen.

HIRN: Na, dann mach dich mal bereit für den Finger im Po.

Ich will morgens um 08:30 Uhr keinen Finger im Po. Auch sonst will ich keinen Finger im Po, aber erst recht keinen fremden, kalten, gleitgelbeschmierten, behandschuhten Finger mitten im Flughafen. So kann man doch keinen Urlaub beginnen. Ich trete an das Laufband, lege mein Handgepäck in die Plastikschale, bin sehr zufrieden mit mir, weil ich alle Sachen so praktisch eingepackt habe und schnell herausnehmen kann, und sehe zu, wie die Schale auf den Scanner zufährt.

HIRN: Das war's. Ich hoffe, du isst gerne Gefängnisfraß.

Irgendwie schaffe ich es durch die Sicherheitsschleuse, ohne von irgendjemandem bemerkt zu werden.

HIRN: Hey, du bist echt gut im Drogenschmuggeln.

ARSCH: Ne, Kumpel, hier hinten ist nichts.

Puh. Da habe ich mich wohl ein bisschen mitreißen lassen. Ich bin doch gar keine Drogenbaronin. Ich ziehe meine Kapuze vom Kopf, um weniger zwielichtig auszusehen, schwatze mit meinen Freundinnen und entspanne mich ein wenig. Wir streifen durch Läden, die wir sonst niemals betreten würden, dann kaufe ich mir eine gigantische Flasche Wasser, die ich wahrscheinlich innerhalb von fünf Minuten austrinken werde. Und dann muss ich den gesamten Flug über den Gang rauf- und runterrennen, wobei ich mir natürlich schamerfüllt ausmale, wie alle anderen Fluggäste überlegen, ob ich wohl jemanden suche, der mit mir dem Mile High Club beitritt, und wie traurig es ist, dass ich offenbar niemanden finde.

Während des Flugs reiht Hirn natürlich eine Todesbotschaft an die nächste. Das kenne ich schon. Turbulenzen? Wir werden sterben. Unsere Landung verzögert sich? Das ist das Ende. Der Tomatensaft schmeckt merkwürdig? Sprich dein letztes Gebet, es ist Zeit abzutreten. Die Zähne über dem Flugzeugwaschbecken putzen? Wir holen uns auf jeden Fall eine E.-Coli-Infektion. Es gelingt mir, sie auszublenden, während meine Freundinnen und ich Miniflaschen Prosecco leeren und unseren ersten Abend in Mexiko planen.

Als wir in Mexiko ankommen, ist es schon spät, Hirn ist völlig ausgelaugt und richtig angepisst. Im Airbnb angekommen, wollen wir alle einfach nur ins Bett. Sie kocht vor Wut. So habe ich sie noch nie erlebt.

HIRN: Sieh dich nur um, das ist eine Katastrophe.

O nein, ich glaube, ich habe einen schrecklichen Fehler gemacht. Ich hätte mit dem Fahrrad nach Neuseeland fahren sollen, wie Hirn vorgeschlagen hat. Jedes Mal, wenn ich etwas Schönes machen will, verkacke ich es total. Jetzt liegen zehn Tage Stress vor mir, weil Hirn alles doof findet. Allerdings weiß ich gar nicht, warum – es ist richtig schön hier. Mein Blick fällt auf den Wasserkocher. Immerhin gibt es einen Wasserkocher, obwohl Hirn bestimmt nichts Heißes trinken will, solange wir in einem heißen Land sind. Wir teilen die Betten zu, und ich lege mich in meines …

HIRN: Das ist zu hart!

… schalte das Licht aus …

HIRN: Das Licht ist zu hell! Und jetzt ist es zu dunkel!

… und versuche einzuschlafen.

Am nächsten Morgen, als es langsam hell wird, erwache ich in meinen himmlisch weichen Kissen. Es duftet nach Urlaub. Ich bin völlig ausgeruht, und die anderen Mädels wachen auch gerade auf. Ein Streifen Sonnenlicht fällt auf den gefliesten Boden. Ich steige aus dem Bett und gehe hinaus auf den Balkon, bereit für die Hitze des Tages. Wir sitzen alle zusammen und reden darüber, wie viel Spaß wir haben werden.

HIRN: Wow, ist das toll hier, und das Airbnb ist zum Sterben schön! So etwas sollten wir viel öfter machen. Wie wär's: Wir kündigen unseren Job und reisen um die Welt – wer braucht schon Geld? Wir leben einfach von dem, was Mutter Natur uns gibt, baden im Meer und singen für Geld. Okay, du könntest nicht mal singen, wenn es um dein Leben ginge, aber vielleicht hat ja jemand Mitleid mit uns?

Einen Kaffee kaufen

Ich liebe es, mir in einem kleinen süßen Café ein Heißgetränk zu holen. Da komme ich mir immer so erwachsen vor, wie wenn ich meine Steuern mache – oder vergesse, meine Steuern zu machen.

Das einzige Problem daran ist nur, wie so viele »supercoole Mädels« vertrage ich überhaupt keine Milch. Eigentlich sollte das kein Problem sein, denn wir leben in der – wie viele es nennen – Nussmilch-Renaissance, doch aus irgendeinem Grund gestaltet es sich immer wieder schwierig. Wenn ich in einem Café, das stolz verkündet, auch Nicht-Kuhmilch anzubieten, nach Nicht-Kuhmilch frage, scheint sich das Personal daran regelmäßig die Zähne auszubeißen, als versuchten sie, den Enigma-Code zu knacken – sie wollen wirklich, unbedingt den Zweiten Weltkrieg beenden / dir einen Latte machen, aber sie wissen leider überhaupt nicht wie. Die Hölle auf Erden.

So läuft das jedes Mal ab:

ICH: »Hallo. Ich hätte gerne einen Chai Latte mit Hafermilch.«

BARISTA: »Alles klar, ein Chai Latte, für hier oder zum Mitnehmen?«

ICH: »Zum Mitnehmen und mit Hafermilch, bitte.«

So weit, so gut. Der Barista verlangt 50 Pfund, oder was ein Kaffee in London heutzutage halt so kostet. Ich halte mein Handy vor das kleine weiße Scan-Ding und trete zum Warten beiseite. Mit einem Auge beobachte ich scharf den Barista, der gerade nach der Kuhmilch greift. Ich lehne mich vor.

ICH: »Hi! Sorry, aber ich hatte mit Hafermilch bestellt.«

Er funkelt mich an. Blickt hinunter auf die Quittung, die er gerade ausgedruckt hat.

BARISTA: »Der ist nicht für Sie.«

Ich sehe mich um. Bis auf mich ist der Laden leer. Vielleicht macht er sich nur selbst schnell einen Kaffee, damit er genug Energie hat, um meinen Chai Latte zu machen. Klar – wahrscheinlich muss er den Hafer noch eigenhändig melken. Ich beobachte, wie er Chai-Pulver in einen Becher löffelt, die Milch in einem Metallkännchen aufschäumt und sie dann erst von der einen, dann von der anderen Seite in den Becher gießt. Schließlich streut er noch etwas Zimt darüber. Dann hält er mir den Becher hin.
Ich starre auf das Getränk.

ICH: »Tut mir furchtbar leid, aber ich glaube, ich hatte meinen mit Hafermilch bestellt?«

Abscheu zeichnet sich auf seinem Gesicht ab. Was habe ich falsch gemacht? Was habe ich ihm getan? Vielleicht wird er als Geisel gehalten und hat gerade versucht, mir eine geheime Nachricht zu übermitteln. Shit, habe ich ihm das Leben ruiniert?

BARISTA: »Chai Latte, richtig?«

Er ist sich so sicher, dass er einen Deckel auf den Becher drückt und ihn mir abermals hinhält. Schon rumort mein Magen. Ich weiß nicht, was ich tun soll. Ich strecke die Hand aus und nehme das Milchgetränk an.

ICH: »Vielen Dank.«

Ich verlasse das Café und werfe den Becher in den nächsten Mülleimer. Zum Glück gibt es mittlerweile Cafés an jeder Ecke. Also noch mal. Ich nehme meine Karte aus der Tasche, betrete den nächsten Laden und bestelle.

ICH: »Hallo, ich hätte gerne einen Chai Latte mit Hafermilch.«

BARISTA: »Gerne, einen Chai Latte. Für hier oder zum Mitnehmen?«

Wie man mit dem Hochstapler-Syndrom fertig wird

Ich habe diese eine supernervige Freundin, die darauf besteht, mich überallhin zu begleiten. Ihr Name ist Hochstapler-Syndrom, und sie ist eine echte Landplage. Ein Arschloch, wie es im Buche steht, und sie hält mich für die totale Versagerin. Sie selbst ist (selbstredend) hochbegabt – sie ist eine absolute Alleskönnerin und Überfliegerin. Sie hat perfekte Haare, die auch ungekämmt immer toll aussehen (klar), stolziert völlig stolperfrei auf himmelhohen High Heels durch die Welt und trägt knallroten Lippenstift, der in meinem Gesicht aussehen würde, als hätte ich ein Reh gerissen. Sie ist alles, was ich nicht bin, und ihr liebster Zeitvertreib ist es, mir das unter die Nase zu reiben.

Kürzlich habe ich den Entschluss gefasst, mich nicht länger allein mit Hochstapler-Syndrom herumzuschlagen, also habe ich mir etwas Unterstützung gesucht. Er ist ein heterosexueller *weißer* Mann, und obwohl er sich weigert, mir seine Qualifikationen zu zeigen, ist er dennoch überzeugt davon, mir dabei helfen zu können, sie in den Griff zu kriegen. Er heißt der Guru. Seine Honorarvorstellungen sind astronomisch (angeblich spiegeln sie seinen Wert wider), also habe ich ihn erst einmal zu einem Probetag eingeladen.

Im Café

Halb neun Uhr morgens, und ich hole mir vor der Arbeit noch schnell einen Chai Latte mit Hafermilch (hoffentlich), als Hochstapler-Syndrom sich zu mir nach vorne drängelt. Sie stellt sich nie zum Warten an; offenbar verdient sie es, immer und überall ganz vorne zu stehen. Sie beäugt meinen Becher auf dem Tresen.

> **HOCHSTAPLER-SYNDROM:** Nur coole Mädels trinken Chai Latte, wen willst du hier verarschen?

Ehe ich etwas entgegnen kann, erscheint Guru, um mir einen Rat zu erteilen.

> **GURU:** Hör nicht auf sie. Bleib standhaft. Als könnte die beurteilen, ob du cool bist oder nicht. Und wer sagt überhaupt, dass du mit der Wahl deiner Heißgetränke cool sein willst? Außerdem hast du gerade einen weiteren Stempel auf deiner Treuekarte gesammelt, also wird das Universum dich schon bald mit einem Gratis-Chai-Latte belohnen.

Guru hat recht. Ich nehme meinen Chai Latte – den ich bestellt habe, weil er köstlich ist und ich keinen Kaffee trinke –, trete hinaus auf die Straße und lasse Hochstapler-Syndrom hinter mir herrennen. Tja, hättest du heute mal deine High Heels zu Hause gelassen, Bitch.

Im Büro

Ich habe es zur Arbeit geschafft. Es ist Anfang der Woche, und als Social-Media-Managerin muss ich Aufgaben an mein Team delegieren. Plötzlich sitzt Hochstapler-Syndrom neben mir am Schreibtisch.

> **HOCHSTAPLER-SYNDROM:** Du? Delegierst Aufgaben an ein Team? Ich lach mich tot! Du kannst nicht mal die Spülmaschine richtig einräumen. Niemand wird dir zuhören.

Auf meiner anderen Seite erscheint Guru.

> **GURU:** Beachte sie gar nicht. Bleib bei der Sache, sprich mit Überzeugung, mach vielleicht ein paar Witze, damit alle wissen, dass du nett bist, und dann tippeti-tippeti-tippst du einfach den ganzen Tag auf deinem lustigen kleinen Computer da herum, und niemand wird deine Autorität infrage stellen.

Ich bin ganz Gurus Meinung, also folge ich seinem Rat. Ich habe einen tollen Arbeitstag, erledige alle meine Aufgaben und denke nicht einmal darüber nach, dass ich noch immer keinen blassen Schimmer habe, wie man Excel bedient.

Bei einem heißen Date

Nach der Arbeit habe ich ein Date mit Tom, einem Typen, mit dem ich schon eine Zeit lang schreibe. Er sieht gut aus, also so richtig gut, vielleicht sogar *zu* gut – wo sind seine Fehler? Als ich den Pub erreiche und ihn, an der Bar lehnend, entdecke, beugt sich Hochstapler-Syndrom zu mir rüber.

> **HOCHSTAPLER-SYNDROM:** Alter, der spielt ja wohl so was von nicht in deiner Liga. Wer weiß, vielleicht hat er eine Wette verloren? Hier drinnen denken bestimmt alle, dass er dein Bruder ist – entweder das, oder er geht nur aus Mitleid mit dir aus.

Ich will mich schon umdrehen und wieder gehen, da stellt sich mir Guru in den Weg.

> **GURU:** Er hat Fotos von dir gesehen, also muss er dich zumindest ansatzweise attraktiv finden. Vielleicht ist er aber auch einfach gar nicht so oberflächlich. Er könnte doch auf der Suche nach einer ehrlichen, menschlichen Verbindung sein, oder auch nur nach ein wenig Spaß. Los jetzt, lernt euch kennen. Und wenn er nicht der Eine ist, dann vielleicht ein neuer Kumpel.

Er gibt mir einen Schubs, und ich gehe selbstbewusst auf die Bar zu. Tom blickt zu mir auf und lächelt, also lächle ich zurück. Er fragt mich, was ich trinken will, und ich erwidere, dass ich gerne einen Gin Tonic hätte. Ich rechne damit, dass Hochstapler-Syndrom jetzt wieder einwirft, dass das ein

Drink für coole Mädels und ich ja schließlich nur ein kleines Würmchen sei, aber sie taucht nicht auf.

Ich lasse den Blick durch den Raum schweifen, und da: Ganz hinten in einer Ecke knutschen Hochstapler-Syndrom und Guru herum. Na ja, so kann man sie natürlich auch ablenken.

Unverfängliche
Gesprächsaufhänger

Ich bin nicht gut darin, neue Leute kennenzulernen. Hirn hämmert mir unaufhörlich Selbstzweifel ein, sodass ich in Gegenwart von mir unbekannten Menschen oft zu einem überforderten, unbeholfenen Häuflein Elend zusammenschrumpfe. Sobald ich einen Raum voller fremder Personen betrete, schwingt sich Hirn mit ihrem nervösen Gezwitscher zu neuen Höhen auf. Oft behauptet sie, ich hätte einfach nichts Interessantes zu sagen, und prompt mache ich mir Gedanken darüber, was die anderen wohl von mir halten, und lasse mich derart von Hirns besorgtem Geschnatter einwickeln, dass mir nicht einmal mehr einfällt, wie ich eine Unterhaltung in Gang bringen könnte.

Natürlich geht es vor allem um Small Talk. Könnte die Menschheit nur eine Sache aus der Welt schaffen – ich denke, wir wären uns alle einig, dass Small Talk als Erstes weichen müsste. Ja, ich weiß, was du jetzt denkst – was ist mit all den schrecklichen Dingen auf dieser Welt, mit all dem Hunger? Stimmt natürlich, aber peinlicher Small Talk kommt gleich danach.

Neben der Notwendigkeit, Milchprodukten aus dem Weg zu gehen, und den ständigen Sorgen, schwanger zu sein, gehört die Angst vor gezwungenem Small Talk zu Hirns größten Bedenken. Deshalb habe ich drei hilfreiche Gesprächsaufhänger zusammengestellt, die der unangenehmen Situation, sich mit einer fremden Person unterhalten zu müssen, wenigstens ein klein wenig Stress nimmt.

1.
Sich mit einer völlig fremden Person unterhalten

Solltest du aus irgendeinem abwegigen Grund ein Gespräch mit einer vollkommen fremden Person anfangen wollen — zum Beispiel, weil ihr bei einer Teambuildingmaßnahme zusammenarbeiten müsst oder gemeinsam in einer verschütteten Mine eingeschlossen seid –, dann fang immer mit einem Kompliment an. Es sollte nicht zu intim sein, wie: »Du hast wunderschöne Augen«, es sei denn, du versuchst wirklich bei deinem Gegenüber zu landen. Ich starte ein solches Gespräch gerne mit einem ganz neutralen »Das ist ja eine Jacke!«. Wenn die andere Person gar keine Jacke trägt, wird sie glauben, dass du unter Wahnvorstellungen leidest, und vielleicht sogar weggehen (Bonus). Wenn es die Jacke tatsächlich gibt, dann ist es zwar nicht wirklich ein Kompliment, aber halt auch nicht kein Kompliment. Dann kannst du dich vorstellen und sehen, wie es weitergeht.

2.
Sich zu einer Gruppe stellen

Du bist auf einer Party, auf der du niemanden kennst, also lässt dein:e Gastgeber:in dich nach der Begrüßung in einer Gruppe stehen, die sich gerade irgendeine Anekdote erzählt. Das kann unfassbar peinlich werden, schließlich kommst du als Außenseiter:in dazu. Ich empfehle, auf eine kleine Pause in der Geschichte zu warten, idealerweise nach einem großen Lacher (in den du auf jeden Fall einstimmen musst) oder nach einem lauten Seufzer, und dann sagst du Folgendes: »Ihr kennt euch also schon eine Weile?« Entweder ja, dann werden sie dir davon erzählen, oder nein, dann werden alle denken, dass du einen unglaublich lustigen Meta-Witz über das Wesen von Partys gemacht hast, und in lautes Gelächter ausbrechen. Und dann gehst du als beste:r Partygänger:in aller Zeiten in die Annalen der Geschichte ein.

3.
Beim Friseur

Nirgendwo fühlt Small Talk sich so wohl wie im Friseursalon. Absolute Gefahrenzone. Du kannst nicht entkommen, und dein:e Friseur:in hantiert neben deinen Ohren buchstäblich mit rasiermesserscharfen Klingen. Damit ist das Risiko, deine:n Gesprächsparter:in abzulenken, viel zu groß, aber andererseits kannst du auch nicht schweigend dasitzen wie ein:e Serienkiller:in, als würdest du gerade deinen nächsten Mord planen. Ich frage gerne: »Was ist die größte Haarkatastrophe, die du in letzter Zeit gesehen hast?«, und hoffe einfach, dass die Antwort nicht »Du« lautet.

Hirn vs. Körper

Spiegel habe ich nie besonders gemocht – die scheinen immer zu lügen. In einigen sehe ich klein aus, in anderen groß, und in wieder anderen scheinen meine Augen aus meinem lächerlich kleinen Stecknadelkopf zu quellen, der an meinen lang gezogenen Gliedmaßen hängt. Letzteres passiert vor allem, wenn ich mich auf irgendeinem drittklassigen Jahrmarkt in einem Spiegelkabinett verirrt habe.

Meine Beziehung zu meinem Körper hat sich über die Jahre stark gewandelt, eine Sache ist dabei aber leider immer gleich geblieben: Irgendetwas findet Hirn an meinem Körper immer zu meckern. Was sie mir nicht schon alles erzählt hat: Meine Arme sind zu dick, meine Beine haben zu viel Zellulite (so ungefähr das Normalste auf der Welt), mein Bauch steht vor, mein Hüftspeck hängt über meinen Hosenbund, meine Brüste sind zu klein, und meine Schultern sehen komisch aus … Und so geht es immer weiter.

Es hat nie Spaß gemacht, mein Spiegelbild zu betrachten, denn jedes Mal, wenn ich in einen Spiegel sehe, raunt Hirn mir zu, dass sie meinen Körper hasst. Also trage ich Oberteile mit langen Ärmeln, damit man meine Arme nicht sieht, weit geschnittene T-Shirts, damit mein Körper sich darunter nicht abzeichnet, und locker fallende Jeans, um meine Beine nicht zu betonen. Vielleicht sehe ich deshalb oft aus wie Rumpelstilzchen.

Im Laufe der Zeit haben sich viele Fotos von mir angesammelt, in den unterschiedlichsten Outfits: mal im Bikini oder sogar nur in Unterwäsche (uuuh), in meinen ganz normalen Alltagsklamotten, hier und da auch mal in schicken, engen Kleidern oder im Festtagsaufzug. Und bei jedem Bild erinnere ich mich an den Ekel, den ich zur Zeit der Aufnahme für meinen Körper empfunden habe. Daran, wie Hirn mich gequält hat, mir eingeflüstert hat, wie hässlich ich sei und dass ich alles an mir verbessern müsse. Wenn ich mir diese Bilder heute ansehe, frage ich mich allerdings, wie ich dieses Mädchen derart hassen konnte. Ich sehe ein fröhliches Lächeln, eine Person, die aussieht wie ich, nur dass sie ein besseres Gesicht und einen besseren Körper hat als die Version von mir, die ich heute kenne.

Ich öffne meine Kamera-App, werfe mich vor dem Spiegel in Pose und knipse ein Foto von mir in voller Größe. Und schon kommt der ganze Hass zurück, Hirn wirft einen Blick auf das Bild und fängt an zu kritteln.

> **HIRN:** Du siehst scheußlich aus, wann bist du so alt und hässlich geworden? Lösch das sofort, du Troll.

Doch ich behalte das Bild, denn ich weiß, auf dieses Gesicht, auf diesen Körper, auf diese Person wird mein zukünftiges Ich in einem Jahr zurückschauen, um sich an ihr zu messen. Dabei ist sie heute dieselbe Frau wie in einem Jahr, warum also kann ich sie jetzt nicht lieben?

Es ist nicht leicht, sich in den eigenen Körper zu verlieben. Ich glaube, gerade Frauen fällt das schwer, nachdem sie in einer Medienwelt aufgewachsen sind, die sie mit Bildern und Meinungen bombardiert hat, wie ein Körper aussehen sollte und was »unattraktiv« ist. Genau wie Mode unterliegen Körper gewissen Trends, was ich einfach nur barbarisch finde. Wir müssen in unseren Körpern wohnen, und nur durch sie können wir das Leben erleben. Sie sind keine Modeaccessoires, und deshalb sollten wir sie auch nicht so behandeln.

Vollkommen zufrieden sind wir doch alle nicht mit unseren Körpern. Ganz egal, wie du aussiehst, wie groß oder klein du bist, Hirn wird immer, *immer* einen Makel finden. Vielleicht sollten wir also nicht ganz so viel auf ihre Meinung geben.

Hirn vs. Vorträge

Ich war nie gut darin, vor anderen Personen zu sprechen. Als ich noch ein Kind war, fiel meinen Eltern irgendwann meine Schüchternheit auf. Mein Dad tat also das Offensichtliche und stellte meinen Bruder und mich auf die Bühne. Diese Methode hatte er von seinen eigenen Eltern gelernt: Wirf sie ins kalte Wasser, und sie werden sich auf ihre inneren Dämonen stürzen. Ich bin nur froh, dass ich ihm nie erzählt habe, wie viel Angst ich vor Haien habe.

Bei meinem Dad hatte diese Methode funktioniert, und er erzählte die Geschichte immer gerne. Als er sechs Jahre alt war, begegnete er einem fürchterlich laut bellenden Hund. Zu Tode geängstigt, rannte er schreiend nach Hause. Am nächsten Tag brachten seine Eltern zwei große Deutsche Doggen mit nach Hause, und mein Dad freundete sich ziemlich schnell mit ihnen an. Sein Glück, denn meine Großeltern wurden im Laufe der Zeit stolze Besitzer:innen von dreizehn gigantischen Hunden. Ich verstehe immer noch nicht, wie so viele Riesenhunde in eine Doppelhaushälfte mit nur drei Schlafzimmern passten, aber gut.

Mein Dad konnte nicht ahnen, dass sich meine irrationale Angst, vor einer Gruppe zu sprechen, nicht ganz so leicht ausmerzen lassen würde, denn er hatte seine Rechnung ohne Hirn gemacht. Ich weiß nicht, ob du schon mal versucht hast, einen Vortrag zu halten, während dein übereifriges Hirn im Hintergrund alles kommentiert. Bei mir fühlt sich das in etwa so an wie eine Challenge bei *Ich bin ein*

Star – holt mich hier raus! Will heißen, ich würde lieber Kängurueier essen.

Mein Dad wollte das Problem lösen, indem er meinen Bruder und mich in einer Theaterschule namens Stagecoach anmeldete. Wenn du in den Neunzigern Kind warst, dann hast du so etwas vielleicht auch mal gemacht. Wir trafen uns jeden Sonntag in einem alten Theater, wo es ganz sicher spukte, und lernten Tänze, Lieder und »Schauspiel«. Ziel war, uns alle in kleine tanzende, singende, schauspielende Talente zu verwandeln. Alle sechs Wochen führten wir eine bunt zusammengewürfelte Show auf, bei der wir Ausschnitte von beliebten West-End-Musicals zum Besten gaben beziehungsweise zum Schlechten. Manchmal kamen über 500 Zuschauer (wahrscheinlich wurde die gesamte Bevölkerung der *Isle of Wight* dazu gezwungen, den Saal zu füllen). Ehrlich gesagt, hätte ich es lieber mit 500 Höllenhunden aufgenommen.

Obwohl ich diesen Schauspielunterricht jahrelang besuchte, habe ich meine Angst davor, eine Bühne zu betreten, nie überwunden. Eigentlich habe ich dadurch sogar noch neue Ängste hinzugewonnen, zum Beispiel vor den Musicalfilmen *Oliver* und *Annie*. Als Erwachsene ist meine Angst, vor anderen Menschen zu sprechen, größer denn je. Ich hasse es so sehr, dass mir beinahe schlecht wurde, als ich in der ersten Reihe bei einer Comedyshow etwas sagen sollte – und ich bin Comedian. Ich wasche meine schmutzige Wäsche lieber im Internet, da fühle ich mich sicher. In persona kann man andere nicht blocken. Glaubt mir, ich habe es schon oft versucht.

Heute jedoch muss ich einen Vortrag halten. Mein Studium liegt noch nicht lange zurück, und ich habe gerade einen neuen Job in einer richtig »coolen« Agentur gelandet. Da wimmelt es von Männern, die über die Witze anderer Männer lachen, und von Frauen, die viel, viel klüger sind als ich, aber ich bin eine von elf Neuen und somit wenigstens nicht die Einzige, die mit einem Ausdruck ständiger Verwirrung durch die Gegend läuft. An unserem ersten Tag in der vergangenen Woche wurde uns verkündet, wir alle müssten einen kleinen Vortrag vorbereiten und irgendetwas Interessantes über uns selbst erzählen. Keine Ahnung, warum wir nicht einfach gleich diese abscheuliche Vorstellungsrunde gemacht haben, bei der alle sich im Kreis aufstellen und dann nacheinander etwas Interessantes über sich erzählen müssen. Ich sage dann immer, dass eins von Elton Johns Gemälden in meiner Küche hängt. Ist natürlich Quatsch, aber interessant ist es auf jeden Fall. Außerdem denken jetzt alle, die das hören, dass Elton John auch malt – Gratis-PR, gern geschehen, Elt-Jo.

Folgendes solltest du noch über mich wissen: Ich nehme andere Leute beim Wort. Schon früher in der Schule, wenn meine Freundinnen sagten, sie hätten kaum für eine Klausur gelernt, am Ende aber doch auf wundersame Weise immer eine Eins schrieben, glaubte ich, es handle sich um göttliche Fügung. Hier eine kurze Liste von an mich gerichtete Absichtserklärungen vs. was tatsächlich geschah:

»Wir feiern ganz klein, nur mit ein paar Freund:innen und der Familie, ganz ungezwungen.« Es war die größte, verdammte Hochzeit, auf der ich jemals war. Alle Gäste waren aufgedonnert wie Filmstars. Ich hingegen sah aus, als käme ich gerade von einem traurigen Sommerfest – und ich hatte vergessen, meinem Freund Bescheid zu sagen, und musste deshalb allein gehen.

»Ich glaube, ich ziehe irgendwas Altes an, was ich im Schrank hängen habe.« Nur um sich dann von einem ausgewachsenen Glam-Squad aufhübschen zu lassen – Stylistin, Haare, Make-up. Ich trug schwarze Jeans und ein schwarzes Top und musste mich für alle Fotos ganz nach hinten stellen, als sei ich die Assistentin.

»Ich besorge Tiffany zum Geburtstag einfach einen iTunes-Gutschein.« Tiffany bekam eine vergoldete Kette mit den Initialen ihrer Kinder darauf, dazu einen Blumenstrauß und personalisiertes Geschenkpapier. Ich hatte ihr eine billige Flasche Wein gekauft, eine Schokoladenorange von *Terry's* und eine Karte aus dem Supermarkt.

Nach mehreren dieser Erfahrungen hätte ich es eigentlich besser wissen müssen. So oft bin ich schon ins Messer gelaufen, aber meine Superkraft ist offenbar, dass ich einfach nicht aus meinen Fehlern lerne. Dieses Mal hatte ich mit allen anderen über ihre Präsentationen gesprochen, und alle hatten gesagt, sie würden nur schnell irgendetwas zusammenwürfeln. Null Aufwand, ganz entspannt, alles gut. Also alle gleich schlecht vorbereitet, genau mein Ding.

Der Tag ist da. Wir versammeln uns im Konferenzraum, und ich stelle fest, dass mein Name ganz unten auf der Liste steht. Puh. Bis dahin werden alle müde und erschöpft sein, sodass wir meine vorbereiteten zehn Minuten wahrscheinlich in fünf durchhauen können. Mit Schmetterlingen im Bauch setze ich mich und mache mich darauf gefasst, meinen brandneuen Kolleg:innen dabei zuzusehen, wie sie absolut nicht höher springen als unbedingt nötig, wie versprochen.

Alexa ist die Erste. Sie zeigt einen Animationsfilm, den sie mal an der Uni gemacht hat. Unglaublich. Wie ein kleiner Pixar-Film. Am Ende klatschen alle begeistert.

HIRN: Egal, den hat sie schon vor Ewigkeiten gemacht. Das war jetzt keine Arbeit.

Als Nächstes ist Jesse an der Reihe. Er scheint sehr nervös zu sein, was mich noch nervöser macht. Fünf Minuten lang erzählt er den üblichen, langweiligen Kram: wo er herkommt, was er studiert hat, wie er in diesem Job gelandet ist. Ganz normaler, typischer »Büroklatsch«. Sehr schön, Jesse. So gefällt mir das. Plötzlich wird das Licht gedimmt, und Jesse gibt Billy aus der Buchhaltung ein Zeichen, der hinter einem Mischpult steht.

HIRN: Oh shit. Das sieht vorbereitet aus.

Instrumentalmusik dröhnt los, ein Beat setzt ein. Er rappt! Heilige Scheiße, er rappt! Er hat einen ganzen Rap über sein Leben geschrieben. Makellos und witzig. Alle nicken im Takt, grinsen, lachen oder klatschen. Sein Auftritt erobert alle im Sturm. Es wird geflüstert, dass er den Track auf Spotify veröffentlichen sollte.

HIRN: Okay, wir sollten uns krankmelden
und einfach gehen. Das hier kann kein gutes
Ende nehmen.

Ich schiele hinüber zur Tür, doch da stehen viel zu viele Leute im Weg. Mehr und mehr Schmetterlinge flattern in meinem Bauch umher, mir wird schwindelig. Wenn ich mich krank stellen will, dann müsste das jetzt schon die Performance meines Lebens werden, und ich bin mir nicht sicher, ob mein WeltklasseStagecoach-Training mich darauf vorbereitet hat. Als Jesse seinen Rap beendet, gibt es eine Standing Ovation. Alle Zuschauer:innen rasten völlig aus, er verbeugt sich wohlverdient und kehrt dann auf seinen Platz neben mir zurück. Er knufft mich in die Seite und sagt, wie viel Spaß das gemacht hat. Angeblich müsse ich mir »keine Sorgen machen«.

HIRN: Hast du 'ne Ahnung!

Der CEO ist noch ganz getragen von Jesses Auftritt, als er Saeed ankündigt. Saeed nickt ebenfalls zu der Person am Lichtschalter hinüber, Dunkelheit senkt sich über den Raum, und dann erklärt er uns, er wolle uns jetzt einen Dokumentationsfilm zeigen, den er – wait for it – diese Woche erstellt hat.

HIRN: Hayley, das ist jetzt wirklich mein voller Ernst, Alarmstufe Rot. Du musst dich sofort tot stellen.

Die Doku ist unglaublich. Emotional, lustig, fesselnd. Als sie zu Ende ist, dankt Saeed allen, und das Publikum bricht abermals in Applaus aus. Der CEO verkündet, wie stolz er sei, derart talentierte neue Mitarbeiter:innen in seinem Team begrüßen zu dürfen. Hinter der Glaswand haben sich mittlerweile Grüppchen aus den anderen Büros versammelt, um zuzuschauen. Die Nachricht hat sich im gesamten Gebäude verbreitet.

HIRN: Fuck. Du kannst da jetzt unmöglich nach vorne gehen.

Nach und nach gehen meine Mitrekrutierten nach vorn und präsentieren gemeinsam eine – meiner Meinung nach – nobelpreisverdächtige Talentshow. Sie haben wissenschaftliche Erkenntnisse errungen, Tanzperformances choreografiert, Meisterwerke gemalt, neue Technologien erfunden. Das Publikum lacht, weint und verteilt High Fives. Jeder einzelne dieser Blödärsche hat sich besagten Blödarsch aufgerissen. Sie haben mich alle angelogen.

Schließlich steht der CEO wieder auf und sagt: »Tja, nach dem, was wir bisher gesehen haben, dürfen wir uns wohl auf einen unglaublichen, letzten Vortrag freuen! Bitte heißt unsere letzte Rednerin des Tages willkommen ... Hayley Morris!«

HIRN: Das ist beruflicher Selbstmord.
Du kannst da jetzt nicht nach vorne gehen.
Spring aus dem Fenster.

Mit wackligen Beinen gehe ich nach vorne, von Applaus begleitet, doch ich höre nichts als das Klopfen meines Herzens, das in meinen Ohren dröhnt. Alles spielt sich in Zeitlupe ab. Mir ist schlecht, so unfassbar schlecht. Ich bin mir nicht mal sicher, ob ich das Mikrofon überhaupt erreichen werde.

HIRN: Rückzug! Mission sofort abbrechen!
Du musst dich wieder hinsetzen.

Nach einer Ewigkeit greife ich nach dem Mikrofon und stelle mich vor, obwohl mein Name gerade allen verkündet wurde. Meine Stimme zittert mit meinen Händen um die Wette, und alle Augen starren mich an. Meine eigenen scheinen sich nur noch mit Mühe scharf stellen zu lassen. Ich muss lediglich die nächsten fünf Minuten überleben. Nur fünf Minuten, dann kann ich mich wieder hinsetzen. Was macht es schon, dass mein Vortrag nicht so lang und weltbewegend ist wie der von allen anderen? Das heißt doch nur, dass wir früher in die Mittagspause gehen können. Und das finden doch schließlich alle gut.

Ich nicke der Person am Computer zu, und meine PowerPoint-Präsentation wird hinter mir an die Wand geworfen. Das Publikum weitet gespannt die Augen. Welche Wunder werde ich ihnen wohl enthüllen? Es ist eine beschissene Diashow, die mich an unterschiedlichen Orten im Vereinigten Königreich zeigt. Ein Bild nach dem anderen – ich an Stränden auf der Isle of Wight, ich auf Straßen in Schottland, ich vor Bäckereien in Portsmouth, ich vor alten Autos in Brighton. Ich kann nicht einmal interessante Anekdoten dazu erzählen. Bei manchen Bildern weiß ich überhaupt nicht mehr, warum ich sie überhaupt gemacht habe. Wieso dachte ich noch mal, das sei eine gute Idee? Ich habe mich soeben zum talentlosen Volltrottel gekrönt, der schon mal ein paar Städte im Vereinigten Königreich besucht hat.

Ich stottere mich durch meine peinliche Präsentation, während sich nach und nach alle Augenpaare hinunter auf einen Handybildschirm senken. Ich habe mein Publikum verloren. Nicht einmal die Aufmerksamkeit von Simon aus Human Resources kann ich halten, und der ist so ungefähr der höflichste Mensch auf Erden. Zum Ende meiner Präsentation verkünde ich, dass ich gerne Comedian werden will, und dann werde ich praktisch von der Bühne gelacht.

Kurz darauf kündige ich meinen Job. Hauptsächlich aus Scham, aber auch, weil ein weiterer Vortrag bevorstand und ich einfach nicht den Mumm hatte, mich noch einmal da vorne hinzustellen. Wahrscheinlich hätte man mich eh von der Bühne geschleift, ehe ich auch nur nach dem Mikrofon gegriffen hätte. Wenn ich dir nach diesem Erlebnis einen Ratschlag geben darf, dann wohl diesen: Glaube niemandem. Oh, und am besten bereitet man immer einen Rap vor, den man bei Bedarf aus dem Ärmel schütteln kann.

… Und wenn du doch einmal einen Vortrag oder eine Rede halten musst oder irgendetwas vor einem Raum voller fremder Personen erzählen sollst, dann stell sie dir um Himmels willen nicht nackt vor, das ist absolut befremdlich, und die Gefahr ist einfach zu groß, dass man da vielleicht doch etwas zu Heißes sieht. Stell dir stattdessen lieber vor, dort würden alle deine besten Freund:innen sitzen. Dann kannst du es getrost verkacken und dich tausendmal verhaspeln, alles kein Problem, schließlich bist du ja in guten, vollkommen urteilsfreien Händen. Es sei denn, du hast Freund:innen wie ich, dann werden sie dir all deine Missgeschicke bis ans Ende deiner Tage unter die Nase reiben.

Hirns Adventskalender

In den letzten Jahren ist mir ein neuer Trend aufgefallen: ausgefallene Adventskalender. Große, extravagant aussehende Schachteln, gefüllt mit Make-up-Pröbchen, kleinen Teepackungen oder, wer es wirklich kurios mag, mit verschiedenen Sorten Schweineschwartenchips – eine sehr ausgesuchte Zielgruppe. Es gibt sogar Adventskalender für Haustiere. Merkwürdigerweise will ich gerade die immer kaufen, obwohl ich gar keine Haustiere habe. Leider sind diese Adventskalender meist auch sehr teuer, und ich bin viel zu geizig, um so viel Geld für verpackte Kleinigkeiten auszugeben. Stattdessen besitze ich einen kostenlosen, einzigartigen und wiederverwendbaren Kalender, den Hirn in der Vorweihnachtszeit extra für mich entwirft, um mir alle möglichen Gedanken entgegenzuschleudern. Und den teile ich jetzt mit euch. Was für ein Fest!

1. DEZEMBER: Es ist Dezember! Meinst du nicht, wir sollten langsam mal mit den Weihnachtseinkäufen anfangen? Nur noch drei Wochen bis zum großen Tag. Was, wenn es ein Erdbeben gibt und du keine Gelegenheit mehr hast einzukaufen? Dann werden alle denken, dass wir sie hassen.

2. DEZEMBER: Warum nicht einfach mal sechs Stunden lang im Internet nach Socken für deinen Bruder suchen? Socken sind das perfekte Weihnachtsgeschenk, wenn du damit ausdrücken willst: »Ich habe keine Ahnung, was Jungs sich zu

Weihnachten wünschen, aber mir ist sehr wichtig, dass deine Füße immer wohltemperiert sind.«

3. DEZEMBER: Du musst Weihnachtskarten verschicken! Mir ist klar, dass du seit den frühen Zweitausendern keinen richtigen Brief mehr geschrieben hast, aber aus irgendeinem Grund ist es halt sehr unhöflich, wenn du dem Boss der Frau deines Cousins zweiten Grades keine Karte schickst.

4. DEZEMBER: Komm, wir kaufen einen gigantischen Baum fürs Wohnzimmer! Dieses Jahr kommt mir kein Plastik ins Haus. So ein echter duftet noch im Januar nach frischen Tannenzweigen.

5. DEZEMBER: O Gott, überall Tannennadeln! Das ist ja, als würde man über Glasscherben laufen. Jedes Mal, wenn wir vorbeigehen, lösen wir einen tödlichen Nadelregen aus. Wo ist der bekackte Staubsauger?

6. DEZEMBER: Schreib Mum, dass du dir einen Besen zu Weihnachten wünschst. Klar ist das ein langweiliges Geschenk, und du wirst dir vorkommen wie eine alte Oma, aber zumindest können wir dann durch das Wohnzimmer gehen, ohne in Tränen auszubrechen.

7. DEZEMBER: Heute ist Weihnachtsfeier im Büro! Schnür dich in ein Glitzerkleid ein und überleg dir schon mal, mit wem wir im Kopierraum rummachen sollen.

8. DEZEMBER: Echt jetzt? Greg? Der aus der Buchhaltung? Du solltest dich was schämen! Ich dachte, dieses Jahr nehmen wir wenigstens mal jemand Interessanten.

9. DEZEMBER: Sorry, aber ich bin immer noch nicht über die Sache mit Greg hinweg. Der ist einfach nicht unser Typ. Kann ich dich für ein paar Flashbacks von dir und Greg beim Knutschen begeistern? Nur so wirst du einsehen, was für ein Riesenfehler das war.

10. DEZEMBER: Was ist eigentlich dein Lieblingsweihnachtssong? Meiner ist »Jingle Bells«. Soll ich dir das mal vorsingen, so den ganzen Tag lang? Vielleicht auch heute Abend, wenn du grade einschläfst? Mach ich gerne.

11. DEZEMBER: Hast du diesen Artikel gelesen, über den Weihnachtsbaum, der in Flammen aufgegangen ist? Die ganze Familie ist bei dem Brand gestorben. Was für eine furchtbare Tragödie!

12. DEZEMBER: Jingle Bells, Jingle Bells, Jingle all the waaaaaaay.

13. DEZEMBER: Heute vorweihnachtliches Saufen mit der Clique! Geschenke waren nicht geplant, oder? Niemand kauft Geschenke für 15 Leute.

14. DEZEMBER: Tja, diese Clique können wir jetzt abschreiben. Ich hoffe, dir gefallen deine wohlüberlegten Geschenke, du freundschaftsbefreiter Vogel. Jetzt bist du für immer die eingebildete Tussi, die niemandem ein Weihnachtsgeschenk besorgt hat.

15. DEZEMBER: Jingle Bells, Jingle Bells, Jingle Bells, Jingle Bells.

16. DEZEMBER: Sprich mir einfach nach – Glühwein um neun Uhr morgens ist völlig okay und überhaupt nicht pro-

blematisch. Oh, eine getrocknete Orangenscheibe am Glas, sieht das nicht chic aus?

17. DEZEMBER: Letzter Arbeitstag! Okay, offiziell noch nicht, aber jetzt bringt es auch nichts mehr, noch irgendetwas Neues anzufangen. Es ist praktisch schon Weihnachten! Im Dezember E-Mails zu schreiben ist total unhöflich!

18. DEZEMBER: Kleine, weihnachtlich geformte Sachen zum Frühstück, Mittag- oder Abendessen zu verspeisen zeugt von guter Lebensführung. Sollte man eigentlich das ganze Jahr über machen! Das Leben ist viel zu kurz, um sich nicht täglich mit tannenbaumförmigen Crumpets vollzustopfen.

19. DEZEMBER: Wie wär's mit einem Weihnachtsfilm? Gibt's da was auf Netflix? Krass, dieses Mädel wusste gar nicht, dass sie eine Weihnachtsprinzessin ist, und das gleich dreizehn Mal! Lass uns alle gucken!

20. DEZEMBER: Hast du genug Geschenke für deine Mum gekauft? Besorg lieber noch ein paar. Schließlich geht es an Weihnachten nicht darum, Zeit mit der Familie und geliebten Menschen zu verbringen, sondern darum, wie viel Geld du für diese Menschen ausgegeben hast. Woher sollen sie denn sonst wissen, dass wir sie lieben? Und wo wir schon dabei sind, sollten wir uns auch selbst mal was richtig Schönes gönnen …

21. DEZEMBER: Okay, dieses neue Outfit steht dir wirklich unheimlich gut. Und ich glaube, du wirst es auch echt viel tragen können. So ein »Hände weg von meinen Weihnachtsplätzchen!«-Pulli macht sich schließlich auch im Juni richtig gut.

22. DEZEMBER: Ab nach Hause! Wie aufregend! Wie wundervoll! Es gibt doch nichts Schöneres, als sechs volle Tage mit den Allertollsten und Besten zu verbringen. Familie bedeutet uns alles!

23. DEZEMBER: Okay, das reicht mir jetzt erst einmal wieder mit der Familie.

24. DEZEMBER: Heiligabend! Also hoch die Tassen. Das ist der Geist der Weihnacht! Verstehst du? Geist, so wie Himbeergeist! Heißer Apfelcider ist absolut köstlich. So süß wie Apfelsaft. Ich finde, das sollten wir den ganzen Abend trinken, warum auch nicht?

25. DEZEMBER: Ach, darum. Fröhliche Weihnachten, wieso sind wir um sechs Uhr morgens wach? Kannst du die gute Laune mal etwas runterdrehen? Ich geh wieder schlafen.

Ein Neuanfang

Ich liebe es, auf YouTube Leuten bei ihren Selfcare-Ritualen zuzusehen. Das ist einfach so befriedigend. Du weißt schon, von welchen Leuten ich spreche – die in makellosen, strahlend weißen Häusern leben, wo jeder Teppich bis zum Erbrechen aufgeflauscht ist, alle Oberflächen derart blank poliert, dass man sich darin spiegelt, und wo zu jeder Tages- und Nachtzeit Hunderte Neom-Duftkerzen brennen. Sie filmen sich dabei, wie sie ihre Kühlschränke und Speisekammern auffüllen, mit sämtlichen Snacks, die das Herz begehrt, und dabei entstehen diese wunderschönen ASMR-Klickgeräusche, jedes Mal, wenn ein Leckerbissen sein neues Zuhause im Regal erreicht. Sonntags weichen sie sich selbst in Bergen aus Blubberblasen ein, tragen eine Gesichtsmaske nach der anderen auf und erstellen wahnsinnig durchdachte To-do-Listen für die kommende Woche. Zu gern würde ich mal einen Tag in einem solchen Zuhause verbringen, eingelullt in den herrlich süßen Luxusduft der teuren Bio-Kerzen. Leider glaube ich nicht, dass mein Leben jemals so warm und gemütlich aussehen wird.

Ein Selfcare-Ritual habe ich allerdings auch. Das gönne ich mir jeden Sonntag. Es heißt »Hayleys Neuanfang« und funktioniert in etwa so:

09:30 UHR: Ich wache auf. Erholung ist das A und O, deshalb schlafe ich gerne lang. Na ja, »lang« ist vielleicht auch nicht ganz richtig. Ich bin erst um halb vier ins Bett gegangen, weshalb ich in Wahrheit nur sechs unruhige, schwitzige Stunden Schlaf bekommen habe. Ich habe einen ziemlichen Kater, und mein Kopf pocht, aber zum Glück habe ich irgendwie noch daran gedacht, mich abzuschminken ... mit meinem Kissenbezug. Ich bleibe noch ein wenig im Bett liegen und spiele vor meinem inneren Auge den vergangenen Abend noch einmal ab (ein Horrorfilm – ich habe auf den Tischen getanzt, eine Gruppe Mädels auf der Toilette mit dem größten Schwachsinn zugelabert, am Esstisch getwerkt wie Tina Belcher und bin in ein Fenster gelaufen).

14 UHR: Ich tanke meinen Körper auf. Lange genug habe ich jetzt in meinem verkaterten Zustand vor mich hin geschmort. Nährstoffe sind wichtig, also bestelle ich mir eine extra große Pizza und drei Flaschen *isotonischen Sportdrink*. Eine Athletin muss schließlich immer auf ihren Flüssigkeitshaushalt achten. Ich bringe meine Muskeln auf Hochtouren, indem ich meinen Körper vom Schlafzimmer ins Wohnzimmer verfrachte, wo ich mich für die nächsten sechs Stunden auf das Sofa lege, den Fernseher anschalte und nebenher durch TikTok scrolle.

20 UHR: Ich habe den ganzen Tag nichts gemacht. Ich bin ziemlich rastlos und fange an, mein Leben gründlich zu durchleuchten. Ich bin echt eklig, oder? So richtig, richtig eklig. Irgendetwas muss sich ändern. So eine Woche kann ich nicht noch mal abziehen. Ich bin doch erwachsen, oder etwa nicht? Warum sitze ich dann den ganzen Tag hier herum und sieche vor mich hin wie ein wildes Tier?

20:05 UHR: Ich stehe auf und fange an, alles »Ungesunde« auszusortieren. Also wirklich alles. Ich räume sämtliche Regale aus. Die Kekse landen direkt im Müll – einen gönne ich mir aber noch, zum Abschied –, genau wie der Rest Pizza. Mein Freund (jawohl, Leute, ich habe mir tatsächlich einen Freund angelacht, Simon, und er ist ein richtiger Schatz) steckt den Kopf zur Tür herein und fragt: »Was machst du da?« Ich werfe ihm ein trockenes Stück Pizzarand an den Kopf, und er versteckt sich im Schlafzimmer. Im Gegensatz zu mir ist er wohl noch nicht bereit, sein Leben zu ändern.

20:40 UHR: Ich putze wie eine Dämonin – eine Dämonin, die nichts als einen alten Lappen und einen Bodensatz Bleichmittel besitzt. Warum habe ich eigentlich kein richtiges Putzzeug? Ich habe doch eine ganze Schublade voll Spülmaschinensalz. Ich schrubbe das Spülbecken und sogar zwei ganze Kühlschrankfächer. Ich schreie durch die Wohnung, Simon solle seinen ganzen Scheiß aus dem Wohnzimmer räumen, doch er zieht es vor, sich tot zu stellen, um sich nicht mit mir auseinandersetzen zu müssen. Typisch Simon.

21 UHR: Ich werfe ein paar alte Vitamintabletten ein, die ich in irgendeiner Schublade gefunden habe. Zumindest glaube ich, dass es Vitamintabletten sind. Ab morgen, so habe ich beschlossen, werde ich nur noch Smoothie-Bowls essen, und zwar morgens, mittags und abends, bis ich nur noch 10 Prozent Frau und 90 Prozent Smoothie bin. Und Salat natürlich. Ich werde so viel Salat essen, dass keiner mehr für andere übrig ist. Vielleicht werde ich sogar orange, wie diese Frau in den Nachrichten, die zu viele Karotten gegessen hat, obwohl, ich werde wahrscheinlich eher grün, wegen der ganzen Blätter. Karotten sind eh doof.

21:30 UHR: Bevor ich ins Bett gehe, erstelle ich noch einen Plan für die Woche. Ich werde jeden Tag um fünf Uhr aufstehen, Yoga machen, meditieren und heißes Zitronenwasser trinken. Ja, das schmeckt etwas komisch, aber man weiß ja: Je ekliger es schmeckt, desto gesünder ist es. Danach werde ich bei der Arbeit richtig reinklotzen, und zwar jeden einzelnen Tag. In etwa einem Monat bin ich wahrscheinlich schon Teamleiterin, bei welcher Firma auch immer ich dann arbeite (innerhalb einer Woche wird man mich abwerben).

22 UHR: Ich beginne ein Dankbarkeitstagebuch in einem brandneuen Notizbuch, und es fühlt sich wirklich so an, als würde ich ein neues Kapitel in meinem Leben aufschlagen. Mit großen Augen sehe ich mich im Zimmer um, auf der Suche nach Inspiration. Ich liste ungeordnet alle möglichen Dinge auf, für die ich dankbar bin: Ich bin dankbar für meine Vorhänge! Ich bin dankbar für meinen Mülleimer, für meinen Teppich und sogar für meine leere Obstschale (ich notiere mir, Obst zu kaufen, damit ich besagte Smoothie-Bowls zubereiten kann). Ich lösche alle Apps auf meinem Handy. Kurz erwäge ich, das Teil einfach aus dem Fenster zu werfen, dann schalte ich es jedoch einfach aus und lege es in eine Schublade (mein neues Ich würde niemals ihr Handy zerstören). Na also, ab jetzt führe ich ein technologiefreies Leben, genau wie meine handylosen Vorfahren. Ich fühle mich gut, stark, mutig. Ich kann es gar nicht erwarten, allen von meinem gesunden, neuen Lifestyle zu erzählen. Ich schließe die Augen, bette meinen Kopf auf das Kissen und …

Es ist Montag Morgen, acht Uhr. Ich habe meinen Fünf-Uhr-Wecker verpasst, weil mein Handy ausgeschaltet war. Ach, na ja, dann fange ich eben erst morgen mit Yoga an. Ich stehe auf, gehe in die Küche und will mir heißes Zitronenwasser machen, aber ich habe keine Zitronen, also esse ich ein paar von den Rice-Krispies aus dem Mülleimer. Ich hole mein Handy aus der Schublade, schalte es an und …

öffne TikTok. Mittlerweile ist es neun Uhr, und ich muss zur Arbeit. Die Woche ist quasi gelaufen. Aber man sagt doch auch, man solle besser nicht zu viel auf einmal verändern, oder? Ich hab's – nächsten Sonntag, das wird mein richtiger Neuanfang.

Dinge, über die mein
Hirn beim Sex nachdenkt

Mittlerweile weißt du ja, dass Hirn sehr laut, aufdringlich und nervig ist. Sie quatscht mich pausenlos voll, mit Dingen, über die ich gar nicht nachdenken will, und funkt ständig dazwischen, während ich einfach nur versuche, meinen Alltag zu bewältigen. An manchen Tagen ist sie besonders laut, dann wieder kann ich sie ein wenig besser ausblenden – meistens, wenn ich etwas mache, was mir Spaß macht, zum Beispiel, wenn ich Musik höre oder einen richtig spannenden Film gucke.

Sex? Nein, leider gehört Sex nicht dazu. Eigentlich hätte ich gedacht, Sex wäre der ultimative Stummschalter für Hirn, aber aus irgendeinem Grund wird sie nur immer lauter und lauter, je intimer der Augenblick. Zum Glück hat sie mir Sex damit nicht verleiden können, aber ich muss dabei jedes Mal ihre laute Stimme in meinem Kopf ertragen, was wirklich unheimlich ablenkt, wo doch der Sinn beim Sex darin besteht, ganz und gar präsent zu sein. Damit das Ganze ein Happy End hat, muss man sich schon konzentrieren.

Im Laufe der Zeit bin ich zu dem Schluss gekommen, dass Hirn immer dann richtig aufdreht, wenn sie sich bedroht, überfordert und unsicher fühlt oder weiß, dass jetzt volle Konzentration gefordert ist. Und da Sex bei Hirn all diese Empfindungen auslöst, ist es wohl kaum verwunderlich, dass ihre Monologe dann in etwa so klingen:

HIRN: Sollten wir uns mehr bewegen? Oder weniger?

Rubbelt er da gerade an unserem inneren Oberschenkel herum? Weiß er, dass das unser Oberschenkel ist?

Der hat die Stelle gleich komplett wund gerubbelt, vielleicht sollten wir seine Hand verschieben.

Oh, okay, hast du gerade sein Ohr geküsst? Ist es hygienisch, Ohren zu küssen? Wann er sich wohl das letzte Mal gründlich die Ohren gewaschen hat? Ich wette, niemand wäscht sich hinter den Ohren so gründlich, wie man sollte.

Merk dir bitte, bei der nächsten Dusche unsere Ohren ordentlich zu schrubben. Wir sollten uns auch mal einen neuen Badeschwamm kaufen! Einen blauen vielleicht.

Ich glaube, wir sollten langsam ein paar Geräusche machen. Ist doch etwas gruslig, wenn wir einfach nur daliegen und seinen Hals anatmen. Es ist unangenehm still. Bitte, was? Ich soll ruhig sein? Ich dachte einfach, wenn du schon keine Geräusche nach außen machst, sollte ich zumindest Geräusche nach innen machen.

Okay, ich bin ja schon ruhig.

...

Nicht erschrecken, aber da hinten in der Ecke ist ein riesiges Spinnennetz, und ich kann die Spinne nirgends sehen.

O Gott, meinst du, die Spinne ist hier mit uns im Bett?

Der schwitzt aber wirklich stark, ist das normal,
so viel zu schwitzen?
O mein Gott, stell dir vor, die Spinne klettert
in unsere Muschi rein und legt da ihre Eier ab!
Wären wir dann die Mama, wenn wir die
kleinen Spinnenbabys gebären?
Ich glaube, wir kriegen Pickel von seinem
Schweiß auf unserem Gesicht. Wisch das
lieber weg, wir können echt keine neuen
Pickel gebrauchen, die uns das Wochenende
verderben.
Alter! Immer langsam, werter Herr, ist ihm klar,
dass er da gerade auf unser Poloch zusteuert?
Er hat sich bestimmt nur verirrt, der Arme.
Zwei Löcher. Die haben ja nur eins! Das muss
sehr verwirrend für sie sein.
Er will, dass wir nach oben gehen, oder? Ich
will nicht nach oben. Stöhn lauter! Dann wird
er uns das nicht verderben wollen! Wenn wir
jetzt die Stellung wechseln, dann geraten
wir voll außer Atem, und das ist total peinlich.
Hat er gerade gesagt, wir sollen ihn »Daddy«
nennen? Das gefällt mir nicht. Fühlt sich
nicht richtig an. Wir könnten Dad nie wieder
in die Augen sehen. Benutz einfach seinen
richtigen Namen.
Scheiße, wir haben ja gar nicht die Wäsche
gemacht! Wir brauchen morgen diese
cremefarbene Hose. Aber wenn wir gleich
hiernach die Waschmaschine anstellen,
könnte sie noch rechtzeitig trocken werden.
Hui, das ist neu!
Ich glaube, wir müssen pinkeln.

Und wenn wir die Hose über die Heizung legen?
Also: Sobald wir hier fertig sind, stellen wir die
Waschmaschine an und drehen die Heizung
hoch, dann ist die Hose bis morgen früh trocken.
Ja, wir müssen definitiv pissen!
Moment mal … Was soll das werden? Wenn
er nicht gleich aufhört, hier die Luftpumpe
zu spielen, gibt's hier bald ein Queefkonzert.
Wieso zieht er jetzt raus? Wir sind doch noch
gar nicht fertig.
Wie egoistisch von ihm, so schnell fertig zu
werden! Wir haben uns so viel Mühe gegeben,
haben so schön rumgelegen.
Ups, das war zu schnell! Und da ist sie! Ihre
Majestät, die Queef, Königin der Vagina,
legt ihren großen Abgang hin. Wow, was für
eine Symphonie!
Na ja … Dann schmeißen wir jetzt besser mal
schnell die Hose in die Waschmaschine.

Wie man als Erwachsene:r Spaß am Sex hat

Nichts ist so cool und sexy, wie in der Highschool die Jungfräulichkeit zu verlieren. Schon komisch, wie besessen man davon werden kann, etwas zu verlieren, und aus irgendeinem Grund hat man uns alle glauben gemacht, dass es nichts Wichtigeres auf der Welt für einen Menschen gibt. Wie sollten wir auch erwachsen werden, solange wir noch mit unserem »unberührten Blümchen« durch die Gegend laufen?

Mein erstes Mal hatte ich mit 16, was ich heute absurd finde, denn wenn ich mir Sechzehnjährige so ansehe, dann sind die auf jeden Fall zu jung für so etwas. Es war eine Erfahrung, auf die mich niemand vorbereitet hatte. Ich hatte Vogelgezwitscher und Harfengeklimper erwartet, in meiner Vorstellung lag ich gebettet auf feinen Seidenlaken, voller Euphorie. Tatsächlich war es ziemlich beschissen. Ich war etwas beschwipst von dem Smirnoff Ice, mit dem ich mir Mut angetrunken hatte. Einen festen Freund hatte ich zu der Zeit nicht, aber es war ein guter Freund von mir, und es tat richtig weh. Ich konnte überhaupt nicht begreifen, was daran so besonders sein sollte, warum alle mir immer wieder sagten, dass es das magischste Erlebnis aller Zeiten sei.

Mein magischstes Erlebnis aller Zeiten war *Disney World* gewesen. Einer der Mitarbeiter hatte mich und meine Familie gleich zweimal hintereinander in den *Tower of Terror* gelassen. Aber das hier? Das war eher wie ein wirbelndes Kettenkarussell auf irgendeinem schrottigen Strandjahrmarkt: Eine enttäuschende Erfahrung, und danach war mir schlecht.

Jetzt, als Erwachsene, weiß ich viel besser, wie ich das Beste aus einer sexuellen Erfahrung herausholen kann, was das Ganze nicht nur viel einfacher macht, sondern auch für mehr Spaß sorgt.

Hier sind meine Top-Tipps für guten Sex:

- *Setz dir ein Zeitlimit. Manchmal hat man einfach keine Lust auf »die ganze Nacht«. Bevor ihr also loslegt, einigt euch, wann ihr spätestens aufhört. Das große Backen fängt um acht an? Macht euch um sieben nackig, aber hört nicht auf, über das Moderatorenteam zu sprechen. So beeilt ihr euch beide, und ehe du auch nur »Sind die Muffins fertig?« sagen kannst, seid ihr auch schon durch.*
- *Arbeite zunächst deine To-do-Liste ab. Wenn du es, wie ich, schwierig findest, dich auf Sex zu konzentrieren, während dir tausend andere Dinge im Kopf herumgeistern (du weißt schon, zum Beispiel, ob du diese cremefarbene Hose gewaschen hast), nutz das als Motivation für all deine kleinen Pflichten. Noch besser: Teile diesen Plan mit deiner besseren Hälfte, damit dein:e Partner:in ebenfalls alles erledigen kann, was liegen geblieben ist! Merke: Das Vorspiel fängt bei einer sauberen Küche, frisch gewaschenen cremefarbenen Hosen und geleerten Mülleimern an.*

- *Wähle Begleitmusik mit machbarem Rhythmus aus. Dies ist nicht der geeignete Zeitpunkt für rasante Post-Punk-Rhythmen-Wechsel, und auch nicht, um mal Reddit Guys Playlist auszuprobieren (wer Bescheid weiß, weiß Bescheid, und wer nicht, muss nur kurz bei TikTok danach suchen). Vermeide alles, was dich an deine Familie, Ex-Lover oder an deine Kindheit erinnert. Ich empfehle, mit etwas Langsamem anzufangen und mit einem schnellen Song zu enden, der drei Minuten jedoch nicht überschreiten sollte – niemand hat die Ausdauer für mehr als drei Minuten schnelles Gerammel.*

- *Lerne, Nein zu sagen. Du musst keine oscarwürdige Performance hinlegen, wenn du nicht in Stimmung bist. Verabschiede dich von deinen vorgeschützten Kopf- oder Rückenschmerzen und sag einfach Nein. Der Höflichkeit halber kannst du zu deiner Antwort natürlich ein High Five oder eine kurze Tanzeinlage anbieten.*

Ich vs. Gesicht

Akne ist eins dieser Dinge – wie Kinder oder eine Pilzinfektion –, die man nicht richtig verstehen kann, wenn man sie nicht selbst hatte. Viele meinen ja, Akne seien einfach nur maßlos übertriebene Pickel, aber zwischen 14 und 27 Jahren hat sich meine zystische Akne wie ein sadistischer Feldwebel aufgeführt, der mein ganzes Leben bestimmte und zerstören wollte.

> **AKNE:** So, Kadettin! Aufstehen! In zwei Stunden
> fängt die Schule an, wie sieht der Plan aus?

Sobald ich aufwachte, tastete ich jeden Zentimeter meines Gesichts ab, um zu überprüfen, ob sich über Nacht neue Hubbel gebildet hatten, was – Spoileralarm – jedes Mal der Fall war. Der Blick nach unten enthüllte neue Blutflecken auf meinem Kissen – richtig Dornröschen. Supersexy. Wäre ein Prinz zur Tür hereingekommen, um mich mit einem Kuss aus dem Schlaf zu erwecken, hätte ich »Raus hier! Verpiss dich!!!« schreien müssen, um erst einmal meinen Kissenbezug zu wechseln, was ich mindestens fünfmal die Woche tat.

Als Nächstes schleppte ich mich ins Bad, wo ich mein gesamtes Gesicht einer peniblen Inspektion unterzog. Schon erschütternd, wie schlecht ich in Geografie war, wo ich doch unfehlbar jede noch so kleine, topografische Veränderung auf meiner eigenen Haut bemerkte. Ich prägte mir die Koordinaten jedes Kraters und jeder Erhebung ein. Als würde ich die Mondoberfläche untersuchen; aus einem bestimmten Winkel und unter gewissen Lichtverhältnissen war ich mir sicher, dass da ein Gesicht war.

AKNE: Die Zeit läuft. Ab unter die Dusche, wir wollen heute noch los!

Also stellte ich mich unter die Dusche und seifte mich nacheinander mit ungefähr 15 verschiedenen, »sanften«, »hautfreundlichen« oder »entzündungshemmenden« Gesichtswaschgelen ein. Am »besten« fühlten sich die etwas Kratzigen an. Die ließen mich mit krebsroter und schmerzhaft trockener Haut zurück. In diesem Abschnitt meiner Hautpflegeroutine konnte ich gut erkennen, wie meine Akne gegenwärtig verteilt war: Hatte ich Akne-Koteletten? Oder einen Akne-Bart? Hatte sich vielleicht alles um die Nase geballt? Mit welchen Spielchen man sich halt so beschäftigt, während man Millionen Liter Wasser verschwendet. Es war immer der Bart; ich hätte das eigentlich nie überprüfen müssen.

Vor der Schule oder Arbeit oder ehe ich auch nur den Menschen gegenübertrat, die mich am besten kannten und am meisten liebten, kleisterte ich mich mit so viel Make-up zu, dass ich aussah wie ein Magnum-Eis mit Mandelsplittern. Ich benutzte immer zwei verschiedene Concealer, Foundation und fast eine ganze Dose transparentes Puder. Manchmal überlegte ich, ob es nicht zeitsparender wäre, mir einfach die Haare über das Gesicht zu kämmen, wie das Mädchen aus *Ring*. Ich kam aber zu dem Schluss, dass es schwierig wäre, durch diesen Vorhang zu essen, und ich wollte meine Lage nicht auch noch misslicher machen.

Nachdem mein Make-up fertig war, weinte ich erst einmal eine Runde. Manche Frauen stehen früh auf und machen Yoga, meditieren und trinken grüne Säfte. In meinem Leben hingegen gab es kaum mal einen Tag, an dem ich nach dem Aufstehen etwas anderes gemacht habe, als mein eigenes Spiegelbild anzuheulen. Wäre ich etwas schlauer gewesen, hätte ich das wohl erledigt, bevor ich mein Make-up auftrug, aber Teil der Heul-Experience ist es ja auch, sich selbst dabei zuzusehen, das untröstlich traurige und schöne Gesicht zu betrachten. Also opferte ich stattdessen 20 weitere Minuten, um die entstandenen Streifen in meinem Gesicht mit noch mehr Concealer und Puder zu übertünchen.

Und dann war es endlich Zeit, vor die Tür zu treten …

> **AKNE:** Auf ins Gefecht! Die heutige, streng geheime Mission besteht darin, nach draußen zu gehen und so zu tun, als wäre alles in Ordnung. Also: Selbstbewusstsein an!

Im Laufe des Tages war ich wie besessen davon, mein Gesicht sauber zu halten. In jeder Stunde rannte ich mindestens dreimal aufs Klo, nur um meine Foundation aufzufrischen. Hilfreiche Seelen gaben mir Ratschläge wie: »Trink einfach mehr Wasser, das hilft«, oder: »Du musst dein Gesicht nur richtig waschen.« Das hatte ich natürlich noch gar nicht ausprobiert, schließlich trank ich nur Wein (morgens) und *Monster Energy* (abends), und mein Gesicht wusch ich nur einmal im Jahr, wenn ich den Gestank nicht mehr ertrug.

Noch schlimmer waren die Leute, die mit irgendwelchen abstrusen Tipps aus dem Internet ankamen: »O mein Gott, ich habe diesen Artikel gelesen, da stand, man solle das Gesicht gar nicht waschen, und dann wird es besser« (was dem eigenen, vorherigen Ratschlag vollkommen widersprach), oder: »Ich habe gehört, man soll das Gesicht mit Eigenurin behandeln, das wirkt angeblich Wunder.« Mein Gesicht nicht mehr zu waschen kam überhaupt nicht infrage, erst recht nicht, wenn ich es mit Urin tränken sollte.

AKNE: Okay, Kadettin. Wir schalten mal eine Stufe hoch. Bist du bereit für ein paar Schmerzen?

Das Perfide an Akne: Sie sorgt nicht nur dafür, dass deine Aufmerksamkeit ständig auf dein Gesicht gezogen wird. Es fühlt sich auch so an, als hätte jemand dein Gesicht mit winzig kleinen Kieseln gefüllt, auf denen unaufhörlich herumgedrückt wird, wie auf Knöpfen. Die allermeisten Tage verbrachte ich unter ständigen Schmerzen, konnte an nichts anderes denken. Manchmal taten meine Wangen und die Haut um meinen Kiefer so stark weh, dass ich mein Makeup drei- bis viermal am Tag abwaschen und neu auftragen musste. Und natürlich machte ich selbst alles noch schlimmer, indem ich an allen möglichen Stellen herumkratzte und -drückte und schließlich mit schmerzverzerrtem Gesicht einen dicken Pickel zum Platzen brachte; es sah fast schon komisch aus, wie sein Inhalt auf den Spiegel spritzte. Und mit zusammengebissenen Zähnen musste ich den Tatort dann abermals unter noch mehr Foundation verstecken.

AKNE: Männer, wir sind unter Beschuss. Schwärmt aus! Vermehrt euch! Lasst kein Fleckchen unbedeckt!

Natürlich half überhaupt nichts. Wenn ich ausging, dann immer mit dem bleischweren Gedanken im Hinterkopf, dass meine Akne eine physische Manifestation meiner Unattraktivität war, meiner Unwürdigkeit. Hübsche Mädchen hatten offenbar keine Akne. Als ich noch zur Schule ging, gab es noch keine Bewegung, »echte Haut« zu zeigen. Jeder Quadratzentimeter Haut auf Bildschirmen und in Zeitschriften war vollkommen weichgezeichnet, erst von Make-up, dann von Computern.

Sowieso konnte ich es mir kaum leisten auszugehen, weil ich mein ganzes Geld für »Wunderprodukte« ausgab, die mir erst von Dermatolog:innen empfohlen wurden, später auch von (aknelosen) Freund:innen, von irgendwelchen Blogs und sogar von meiner Großmutter. Wäre das eine Option gewesen, hätte ich auch meine Seele an den Teufel verkauft, aber der war wohl zu sehr damit beschäftigt, den Staatsoberhäuptern unserer Erde schreckliche Persönlichkeiten zu verleihen und eine 17-Jährige mit allen möglichen Ängsten auszustatten, obwohl die einfach nur mal die Nächte durchtanzen wollte, ohne sich wie Quasimodo zu fühlen.

Jeden Abend betupfte ich meine Haut mit Honig, Zahnpasta, Hamameliswasser, Teebaumöl oder Kokosnussöl und wünschte mir, am nächsten Tag endlich mit schöner, reiner Haut aufzuwachen, als braute ich mir eine Tinktur aus einem Hexenhandbuch zusammen. Vielleicht entwickelte ich auch nur zufällig die perfekte Snackrezeptur für Gesundheitsfreaks auf meinem Kinn.

> **AKNE:** Chemische Kampfmittel! Bläht euch
> auf, zieht euch unter die Haut zurück,
> lasst euch nicht ausräuchern! Schüchtert
> den Feind mit purer Größe ein!
> Wir lassen uns nicht kleinkriegen!

Man verschrieb mir die Pille, was ein wenig half, aber die Nebenwirkungen waren schlimm. Am ganzen Körper wuchs mir ein dickes, dichtes Flaumfell, ich bekam riesige Fang-zähne, meine Augen wurden rot, und es dürstete mich nach Blut. Und ich glaube, selbst wenn das wirklich der Fall wäre, würden Männer immer noch sagen: »Na ja, zumindest muss ich kein Kondom tragen, das ist doch einfach nicht das Gleiche.« Tatsächlich sorgte die Pille lediglich dafür, dass mir abends unheimlich schlecht wurde, was – wie mir scheint – ihren eigentlichen Zweck untergräbt. Als ich mit 17 zum ersten Mal bei einem Jungen übernachtete, musste ich mich plötzlich so dringend übergeben, dass ich panisch aus dem Haus rannte und draußen auf die Straße kotzte. Leider kam in genau dem Moment seine Mum nach Hause. Wir waren beide überrascht: sie, weil eine Teenagerin sich vor ihrer Tür übergab statt im sauberen und freien Badezimmer, und ich, weil ich gar nicht glauben konnte, dass es erst acht Uhr war.

Als ich die Pille absetzte, schloss ich Frieden mit der Vorstellung, dass ich einfach für den Rest meines Lebens jeden Tag Make-up auftragen musste, als würde ich bei *Drag Race* starten. Ich durfte also auf gar keinen Fall schwitzen, auch nicht beim Sport. Wenn ich die Nacht bei einem Typen verbrachte, stand ich immer eine Stunde vor ihm auf, wusch mir leise das Gesicht, machte mein Make-up, schlüpfte dann wieder zurück ins Bett und tat so, als wäre ich gerade erst aufgewacht, mit makelloser Mascara und perfekt konturierter Nase.

Ich glaube, ich habe schon erzählt, dass ich in Australien mal auf einer Bananenplantage gearbeitet habe. Die Arbeit war anstrengend und monoton, und das auch noch in einem erschreckend heißen Klima, was Make-up so gut wie unmöglich machte, es sei denn, man störte sich nicht daran, dass es am Ende des Tages über das halbe Gesicht geschmolzen war.

AKNE: Waffen runter. Die Gefahr ist gebannt.
Schrumpft auf mittlere Größe,
aber bleibt in Alarmbereitschaft.

Plötzlich war mir egal, wie meine Haut aussah. Ich fühlte mich super. Richtig stark. Ja, ich hatte noch immer »schlechte Haut«, aber wen interessierte das schon? Mir selbst fiel es jedenfalls viel weniger auf, bis ich eines Tages im Hostel zwei fiese Zicken hörte, die mich als »picklige Kuh« bezeichneten. Und das nur, weil ich an dem Tag einen Traktor hatte fahren dürfen. Auf Bananenplantagen herrschen schwer nachvollziehbare Sozialstrukturen.

All meine Unsicherheiten überfluteten mich erneut, ich rannte auf mein Zimmer und spachtelte mir eine zentimeterdicke Schicht Concealer ins Gesicht. Ein paar Tage später wollte ein anderes Mädchen im Hostel ein Gruppenfotoshooting machen und bat uns alle, ungeschminkt zu erscheinen. Nur zu mir sagte sie: »Kannst du etwas Concealer auftragen, um deine schlechte Haut zu verstecken? Ich möchte ja nicht, dass deine Pickel so herausstechen.«

AKNE: Pizzagesicht! Picklige Kuh!
Mandel-Magnum! Ha! Du bist ein Monster!
Du hast absolut nichts verdient.

Das schrie meine Akne mir den ganzen Tag zu, zermürbte mich, rief mir meine Makel immer wieder in Erinnerung, all meine Schwächen. Ich war geschlagen. Ich hätte am liebsten ein Magnum nach dem anderen in mich hineingeschoben, aber vor allem war ich traurig.

Deine Haut bestimmt nicht deinen Wert. Rückblickend weiß ich, dass niemand Akne als Strafe für irgendetwas bekommt – außer vielleicht, sich jeden Abend Zahnpasta auf die Pickel geschmiert zu haben (bitte nicht nachmachen, es funktioniert nicht, und die Pickel auszutrocknen ist nicht besonders förderlich). Hätte man Pickel auf den Zehen, würde man einfach Socken überziehen und es vergessen. Doch die listige Akne zeigt sich bevorzugt auf dem Gesicht, sodass man ihr viel mehr Bedeutung beimisst, als sie in Wahrheit verdient. Wie eine Maske an Halloween; sie verwandelt uns in etwas, das wir gar nicht sind, aber es ist eine Illusion. Du bist keine Katze. Du bist nicht Mike Myers. Du bist keine Hexe. Und du bist auch nicht deine Akne.

Ich wünschte, ich könnte dir erzählen, ich hätte ein magisches Heilmittel gefunden, nachdem ich so viele Jahre verzweifelt danach gesucht habe. Leider Nein. Akne ist in den allermeisten Fällen hormonell bedingt, viele komplexe Umwelteinflüsse tragen dazu bei, und zwar auch einige, die selbst Ärzt:innen nicht vollständig verstehen. Bei mir sorgten ein paar Veränderungen dafür, dass meine Akne sich ein wenig beruhigte. Ich habe aufgehört, ständig zu weinen, stattdessen konzentrierte ich mich darauf, weniger Stress in mein Leben zu lassen und insgesamt glücklicher zu werden. Ich habe dem Kaffee abgeschworen (der Scheiß hat meinen Cortisolspiegel völlig durcheinandergebracht). Ich genoss meine Zeit auf der Bananenplantage und ignorierte die fiesen Zicken, die ja auch nur ihre eigenen Unsicherheiten mit sich herumtrugen. Sie taten mir auch ein wenig leid, denn Akne kann irgendwann abheilen, aber eine fiese Zicke ist man eben auf ewig (manchmal).

> **AKNE:** Moment mal, sind wir jetzt etwa …
> Pazifisten?

Ich versuchte, meine Akne mit Stolz zu tragen, damit sie nicht mit wütenden Ausbrüchen um meine Aufmerksamkeit kämpfen musste. Zum Geburtstag wünschte ich mir jetzt nicht mehr, meine Akne würde verschwinden, und ich schrieb es auch nicht mehr in mein Manifestationsjournal. Ich setzte mich mit meiner Ernährung auseinander und entwickelte einen auf mich zugeschnittenen Plan, der mir alle nötigen Nährstoffe lieferte, aber auch Magnums mit Mandelsplittern enthielt. Ich würde niemals anderen Leuten sagen, was sie zu essen haben, aber mir half es wirklich, mehr Vollwertkost und weniger Zucker zu mir zu nehmen. Das alles waren kleine Veränderungen, nichts Drastisches. Ich gewöhnte mir eine einfache Hautpflegeroutine für morgens und abends an und experimentierte nicht mehr jeden Monat mit neuen Produkten. Ich informierte mich darüber, was meine Haut wirklich brauchte und mit welchen Produkten man mir nur das Geld aus der Tasche ziehen wollte. Ich wollte meiner Haut ein Gefühl von Sicherheit geben, und damit fühlte auch ich mich viel sicherer.

AKNE: Rückzug!

Außerdem setzte ich Trockenshampoo ab und besorgte mir ein natürliches Deo. Ich weiß nicht, ob das eine besonders wissenschaftliche Vorstellung ist, aber ich hatte das Gefühl, damit die Poren auf meinem Kopf und in den Achseln derart verstopft zu haben, dass alles durch mein Gesicht abfließen musste, wie giftiger Glibber in einem Alien-Film. Jedenfalls scheint es gewirkt zu haben. Natürlich bekomme ich immer noch Pickel, und das meistens auch noch in den unpassendsten Augenblicken.

AKNE: Alle mal herhören! Hayley hat ein Date! Den Typen sollten wir direkt mal auf die Probe stellen ... mit einem ganzen Pickelherd am Kinn.

Aber niemanden interessiert das mehr, auch nicht mich.

STIRN: Hayley, ich will dir ja keine Angst machen,
aber was ist das da?

Seit ich 30 geworden bin, habe ich eine neue Besessenheit:
Fältchen. Meine Stirn ist von feinen Linien überzogen, die
jeden Tag ein wenig tiefer werden. Sie erinnern mich an den
Grand Canyon oder den Marianengraben – du weißt schon,
die tiefsten, dunkelsten Orte auf dieser Welt.

STIRN: Hört hier jemand ein Echo?

*ein knirschendes Geräusch, während die Fältchen sich tie-
fer in mein Gesicht graben* Aber als ich kürzlich diese ab-
grundtiefen Gletscherspalten im Spiegel betrachtete, stellte
ich fest …

HIRN: Was zur Hölle machst du da?
Im Ernst, was wird das hier?

Ich sehe mir all die Fältchen an und denke, dass sie gut so
sind. Na ja, vielleicht nicht wirklich gut, aber du weißt schon,
was ich meine.

HIRN: Hör mal, ich sage jetzt nicht, dass du
gut aussiehst, aber klatsch dir ein bisschen
Feuchtigkeitscreme ins Gesicht und bring
deine Gedanken auf Vordermann, wir müssen
schließlich auch noch über andere Sachen
nachdenken. Zum Beispiel, was für einen
Job wir wollen. Sind wir wegen der globalen
Erwärmung alle dem Untergang geweiht?

Werden wir jemals den Sinn des Lebens
herausfinden? Wischen wir uns den Arsch
komisch ab?

Hirn hat recht. So viele Jahre habe ich mir Sorgen um meine
Akne gemacht, doch wenn ich mich heute dabei erwische,
wie ich in den Spiegel starre und diese alten Gedanken denke,
kann ich meine Aufmerksamkeit auf etwas anderes lenken.
Was sind schon Fältchen? Doch nur ein Zeichen dafür, dass
man älter wird. Ich freue mich darüber, älter zu werden!
Ehrlich gesagt kann ich es kaum abwarten, endlich 90 zu
sein, auf der Veranda zu sitzen, eine Pfeife zu rauchen, mir
über den langen grauen Bart zu streichen und zu denken:
»Ahhh, was würde ich jetzt für ein bisschen Akne geben.«

Ich vs. Hormone

Ich war ziemlich schockiert, als ich schließlich »zur Frau wurde«. Ich war davon ausgegangen, das Leben einer Frau drehe sich nur um High Heels und roten Lippenstift – sorry, ich war ein sehr sexistisches Kind (ich wuchs in den Neunzigern auf) –, doch ich erkannte schnell, dass es vor allem darum geht, irgendwie mit den eigenen, grausam schwankenden Hormonen zu leben – und wie sie schwanken!

In meinen frühen Teenie-Jahren machte ich einige Verwandlungen durch. Zuerst rasierte ich mich zwischen den Augenbrauen, um der gefürchteten Monobraue zu entgehen, dann rasierte ich auch rund um sie herum. Mit 16 standen mir zwei recht aggressiv wirkende Nike-Haken auf der Stirn. »Just Do It« schienen sie mir zuzurufen, was ich darauf bezog, meine Augenbrauen zurückzuzüchten (was mir nie gelang). Neben den Augenbrauen musste ich auch meine Zehen rasieren, mir die Nippelhaare auszupfen und mich mit der Tatsache abfinden, dass mein Poloch fortan eine kleine Perücke trug. Mir war klar, dass ich all das meinen Hormonen zu verdanken hatte, und es störte mich nicht besonders.

Aus der Perspektive der Geschlechtergerechtigkeit betrachtet, ist die Pubertät eigentlich gar nicht so schlimm. Klar, Menschen mit Uterus beschert sie die erste Periode, aber Penisbesitzer kann sie genauso picklig, haarig, ungelenk, stinkig und unsicher werden lassen, und die müssen darüber hinaus auch noch alle fünf Minuten einen unfreiwilligen Ständer kaschieren. Nein, ich möchte eine Beschwerde über das Erwachsenenalter einreichen. Ich dachte immer, die Pubertät würde halt irgendwann vorübergehen und ich mit meinen Hormonen Frieden schließen, und dann wäre mein restliches Dasein eine glückliche, freudige Angelegenheit. Leider ist das überhaupt nicht der Fall.

Das erste Anzeichen, dass meine Hormone und ich in meinem Erwachsenenleben keine Busenfreundinnen werden, war wohl meine zunehmend allergische Reaktion auf »Hast du deine Tage?«. Ich hasse diese Frage. Sie ist nie ernst gemeint, sondern wird immer von leichtem Spott begleitet, als unterstelle man mir, der einzige Grund, weshalb ich grummelig, genervt oder sonst irgendwie mies drauf bin, sei der Tatsache geschuldet, dass ich vollkommen den Funktionen meines Körpers unterliege. Was ja auch stimmt, aber trotzdem, einfach Maul halten. Perioden sind furchtbar. Wie sollte man da nicht sauer werden? Drei bis fünf Tage lang jeden Monat zerpflückt sich die Schleimhaut in deinem Uterus, dein Rücken schmerzt, du findest keine bequeme Position, und du bist vollkommen erschöpft. In einer gerechten Welt würde jeder menstruierende Mensch eine Woche bezahlten Urlaub bekommen, und man würde uns mit schallendem Applaus aus dem Büro verabschieden. Niemand müsste für Periodenprodukte zahlen, und alle anderen würden uns von vorne bis hinten bedienen.

Die eigentliche Periode ist das eine, meiner Meinung nach sind die Begleiterscheinungen aber noch viel schlimmer. Als würde man in einem Horrorfilm leben. Eines beliebigen, sonnigen Tages spaziere ich, nichts Böses ahnend, in die Küche, und dann bemerke ich aus dem Augenwinkel plötzlich eine Dose Kichererbsen, die am vollkommen falschen Fleck steht. Noch nie hat mich etwas derart auf die Palme gebracht. Nur mein Freund kann die Dose da hingestellt haben, und es muss ein geheimes Zeichen dafür sein, dass er mich hasst – wie so ein abstruser Beziehungs-Illuminaten-Scheiß, von dem ich nichts weiß, weil ich nicht auf Reddit bin. Wie gehe ich jetzt mit dieser verheerenden Kichererbsen-Situation um? Bei der Werbung für die Lloyds-Bank breche ich zunächst einmal in markerschütternde Schluchzer aus, während eine Herde schwarzer wilder Pferde durch einen – und ich kann es nicht treffender beschreiben – sehr trostlos aussehenden Park in Wigan galoppiert. Entschuldigung, ist das jetzt etwa eine überzogene Reaktion?

> **HIRN:** Überhaupt nicht! Das ist eine Katastrophe, wir sollten unbedingt ein wenig über die Stränge schlagen.

Und obwohl eine Menge Tränen fließen, ist das ja noch längst nicht alles. Im Laufe der nächsten Woche verzerrt sich mein Spiegelbild dramatisch. Ich verabscheue die Person, die mir da entgegenstarrt, und ich kann mir nur vorstellen, dass auch alle anderen sie hassen. Mein Kleiderschrank wandelt sich zu meinem ärgsten Feind, denn es ist absolut unvorstellbar, dass ich auch nur eines der Kleidungsstücke darin tragen könnte. Meine Jeans passen nicht, meine Pullover kratzen, alle meine Klamotten sind unglaublich unbequem. Ich will nur noch essen, aber wenn ich esse, dann macht mich das wahnsinnig.

> **HIRN:** Du bist so eklig. Hast du etwa immer noch Hunger?!

Ich reiße eine weitere Familienpackung Popcorn auf.

> **HIRN:** Das ist so erbärmlich. Sieh dich nur an. Du isst ja SCHON WIEDER.

Ich breche in sintflutartige Tränen aus. Sie hat ja recht. Ich bin abstoßend, ich hasse mich selbst. Wie kann ich es wagen in diesen Zeiten der Not, irgendeine Art von Nahrung zu genießen?

Doch dann dämmert es mir: Aha! Das muss am Mond liegen. Bestimmt ist bald Vollmond. Das ist die einzig mögliche Erklärung. Ich befrage Google – und ja! Noch 13 Tage bis zum nächsten Neumond, was bedeutet, dass der Mond momentan aussieht wie ein angebissener Jaffa Cake. Außerdem ist Merkur rückläufig, glaube ich. Keinen blassen Schimmer, was das bedeutet, aber auf irgendetwas muss ich es ja schieben, warum also soll nicht das Weltall schuld sein an meiner Misere? Sieht diesen Planeten ähnlich, mir das Leben so schwer zu machen.

Ich lasse mich wieder aufs Sofa sinken und greife nach meinem Handy, will schon Instagram löschen, meinen Freund zum Teufel jagen und »Warum hasst du mich?« an alle meine Freund:innen schreiben, weil der Mond mir das befiehlt. Und da sehe ich es – meine Perioden-Tracking-App. Sie starrt mir unverhohlen ins Gesicht, fast schon zwinkernd. Ich öffne sie und lese die Worte: »Deine nächste Periode beginnt in den nächsten vier Tagen.« Fuck.

Ich wusste so gut wie gar nichts darüber, wie meine Periode funktioniert, bis ich mir selbst Informationen beschafft habe. Offenbar waren meine Hormone schon immer ziemlich aus dem Gleichgewicht. Bis Mitte 20 hatte ich hormonell bedingte Akne, und mit 29 litt ich unter dem schlimmsten PMS, das ich bis dato kannte, doch die eigentlichen Ausmaße begriff ich nicht. Ich hatte es mir immer so vorgestellt: Einmal im Monat klopft Periode an die Tür von Hotel Vagina, bittet um ein Zimmer, führt sich auf wie ein Rockstar aus den Nullern und verduftet fünf Tage später einfach wieder. Mittlerweile weiß ich, dass es eher so abläuft:

Ein bis zwei Wochen vor ihrem Ausflug schickt Periode eine Reihe von Nachrichten an den Körper und weist alle auf ihre bevorstehende Ankunft hin. Das Gegenteil einer Babyparty – statt ein neues Leben auf der Welt willkommen zu heißen, machen sich alle darauf gefasst, den Müll rauszubringen. Eine Nachricht geht an Magen, er solle sich aufblähen, in ein Fass ohne Boden verwandeln und Dinge verlangen, die Frauen in der Schwangerschaft wollen ... Immerhin ist das seine letzte Chance dazu. Eine Nachricht geht an Brüste, die gefälligst anschwellen und empfindlich werden sollen. Und eine Nachricht geht an Gesicht, damit es Pickel an die Oberfläche drückt und die Rotwerte hochschraubt. Die letzte Nachricht geht an Hirn, die eigentlich so weitermachen soll wie bisher, aber das kann sie nicht, weil alles andere vollkommen durchdreht. Sie ist die Managerin, und hier herrscht das reine Chaos.

Überfordert von der Zahl der hereinflatternden Beschwerden, nutzt Hirn die Ausrede, um einfach mal in den Wahnsinnsmodus zu schalten. Sie hat keine Lust, sich wie ein normal funktionierendes Hirn aufzuführen, sie will die Zerstörung. Morgens ein fröhliches Lied auf den Lippen? Hier, wie schmeckt dir dieser Schlag in die Magengrube? Schreibst du da gerade ein niedliches Gedicht? Was für eine Zeitverschwendung, du kleines Stück Scheiße hast doch in deinem ganzen Leben noch keine zwei Worte sinnvoll aneinandergereiht. Ach, und jetzt machst du einfach gar nichts? Das ist ja auch nicht gerade hilfreich, du faule Nuss! Wie kannst du es wagen, dich hinzusetzen und auszuruhen? Schon bald ist Hirn vollkommen ausgelaugt. Sie hat einfach keinen Brennstoff mehr.

HIRN: Wir sollten uns einfach zum Sterben hinlegen.

Ausnahmsweise bin ich ihrer Meinung. Wir sollten einfach sterben.

HIRN: Ganz genau, wir sind wertlos und sinnlos, und alle hassen uns.

Und dann ist es so weit. Um Punkt sieben Uhr morgens reißt mein Körperwecker mich plötzlich aus dem Schlaf, weil sämtliche Darminhalte aus meinem Hintern evakuiert werden müssen, um Platz zu schaffen. Es nimmt und nimmt kein Ende. Eine Biberfamilie klopft an meine Tür; sie haben von dem Damm in meiner Toilette gehört und wollen sofort einziehen. Wie aufs Stichwort trifft auch Periode ein. Natürlich hat sie ihren Koffer mit Rückenschmerzen, Nervenzusammenbrüchen und Krämpfen gepackt und nistet sich für ihren Höllenurlaub ein. Bleibt sie wenigstens auf ihrem Zimmer? Natürlich nicht. Manchmal verschwindet sie einfach einen Tag lang und sagt nicht Bescheid, wo sie hingeht, nur um mitten in der Nacht zurückzukommen und eine meiner besten Unterhosen zu ruinieren.

An Tag fünf reicht es mir. Auch Hirn hat keinen Bock mehr auf den ganzen Scheiß, den Periode abzieht. Ob sie schon abgereist ist oder nicht, ich weigere mich, irgendein Periodenprodukt zu benutzen. Sie muss einfach einsehen, dass sie unsere Gastfreundschaft überstrapaziert hat. Ich werde mich nicht länger all ihren Launen unterwerfen.

Endlich verschwindet sie, und wir alle atmen erleichtert auf. Alles ist gut. Nein, nicht nur gut, großartig. Ich bin gar nicht eklig! Ich bin keine schlechte Freundin! Meine Klamotten sind völlig in Ordnung, und meine Persönlichkeit ist … auch in Ordnung!

HIRN: Okay, bleib mal aufm Teppich.

Die nächsten drei Wochen verstreichen, und ich fühle mich ganz normal. Ich genieße meine extrovertierte Woche, in der ich gerne rausgehe und mich unter andere Menschen mische und in der die Welt ein glücklicher Ort ist. Langsam vergesse ich den Aufenthalt von Periode und das ganze Chaos, das sie angerichtet hat. Ich bringe alles wieder auf Vordermann. Vielleicht wird es nächstes Mal anders. Ich sehe aus dem Fenster in das helle, warme Sonnenlicht und denke mir …

HIRN: Moment mal, was machen die Kichererbsen denn da?

Hirn vs. Raketen

Morgen habe ich Geburtstag, und ich muss mich immer noch kneifen, weil ich nicht glauben kann, dass ich ihn auf Hawaii verbringen werde. Gefeiert habe ich meine Geburtstage nie besonders gerne, aber immerhin gestatten sie es mir einmal im Jahr, mich völlig schamlos aus allem rauszuziehen, und zwar einen ganzen Monat lang. Keine Lust auf ein Arbeitsevent? Sorry, ich kann nicht, ich habe Geburtstag. Uneinig, wer heute Abend kochen muss? Ich ganz sicher nicht, ich habe diesen Monat Geburtstag. Funktioniert immer.

Vom 1. Januar bis zum 1. Februar (mein Geburtstag zieht sich über den gesamten Monat) gönne ich mir immer wieder Kleinigkeiten. Ein neues Top? Warum nicht! Markenmayonnaise statt der Eigenmarke des Supermarkts? O ja, bitte! Eine Ausrede, falls ich auf irgendetwas keinen Bock habe? Ich nehme gleich zehn! Aber nach Hawaii reisen? Das ist wirklich ein wahr gewordener Traum. Dafür habe ich all mein Erspartes auf den Kopf gehauen und sechs Tage die Woche zwei Jobs gearbeitet. Das ist es mir wert, obwohl ich jetzt wahrscheinlich den Rest meines Lebens von Instantnudeln leben muss. Normalerweise muss ich an meinem Wintergeburtstag frieren, aber dieses Jahr werde ich ihn am Strand verbringen.

Mein Freund Simon und ich sind gestern spätabends angekommen, deshalb hatte ich noch keine Gelegenheit, mich umzusehen. Bisher kenne ich also nur unser Hotelzimmer, aber allein das haut mich schon um. Das Bett ist gigantisch, und im Badezimmer duftet es nach Piña Colada. Jetlag sei Dank bin ich seit vier Uhr morgens wach und sehe durch das riesige Fenster zu, wie die Sonne über der hawaiianischen Küste aufgeht. Wunderschön. Tiefenentspannung spült über mich hinweg, als sei der Rest der Welt einfach weggeschmolzen. Ich überlege sogar, mein Handy auszuschalten.

HIRN: Immer langsam, ja?
Du musst schließlich Bilder machen.

Hirn hat recht; über Fotos wird nicht diskutiert. Vermutlich werde ich nie wieder hierherkommen. Ich gähne herzhaft, wie eine Frau in einer Bettenwerbung, und gehe ins Bad, wo ich mein Handy auf dem Waschbeckenrand ablege. Gleich ist Zeit fürs Frühstück, und ich bin schon am Verhungern, aber Simon führt auf dem Balkon noch einen Videocall mit seiner Familie. Sobald er auflegt, will ich runter zum Frühstücksbüfett, um mich für einen langen, luxuriösen Tag des Nichtstuns vollzuschlagen. Ich hocke mich auf die Toilette.

Plötzlich scheppert eine Sirene aus meinem Handy. Und zwar laut. So richtig laut. Ich frage mich, warum ich einen Wecker auf 08:07 Uhr gestellt und einen so nervtötenden Ton ausgesucht habe statt mein übliches, vollkommen wirkungsloses Glockengeklimper. Was bin ich doch für ein Holzköpfchen, denke ich kichernd, und greife nach meinem Handy. Auf dem Bildschirm steht: RAKETE IM ANFLUG AUF HAWAII. SOFORT SCHUTZ SUCHEN, DIES IST KEINE ÜBUNG.

Hast du dich schon mal gefragt, wo du wohl gerade bist, wenn du herausfindest, wie du sterben wirst? Vielleicht auf einem sinkenden Kreuzfahrtschiff, in einem Flugzeug, das auf die Erde zurast, oder zwischen den Kiefern eines gigantischen, zum Leben erweckten Dinosauriers? Und ich? War gerade beim Kacken.

HIRN: Ja, Scheiße. Na ja, immerhin passt es.

Mein erster Gedanke ist, dass ich dieses Hotelzimmer heute wohl nicht mehr verlassen werde.

HIRN: Ja, und weißt du, was noch beschissener ist? In ein paar Minuten sind wir tot.

Hm … Sind es denn noch ein paar Minuten? Zur Salzsäule erstarrt, stehe ich da, die Hose um die Fußgelenke, und habe keine Ahnung, wie viel Zeit bereits vergangen ist. Wie, wenn im Büro der Feueralarm losgeht und man nicht so recht weiß, wie viel Panik angebracht ist. Aufspringen und schreiend aus dem Gebäude rennen, und nachher ist es nur eine Übung? Was für eine Blamage, am besten direkt die Kündigung einreichen. Sitzen bleiben, die Tabelle fertigstellen, und dann war der Alarm doch echt? Leider in den Flammen umgekommen, auch eine ziemliche Demütigung. Was werden die Leute auf der Beerdigung sagen? »Wenigstens hat sie in ihren letzten Minuten etwas gemacht, was ihr immer Freude bereitet hat: Tabellen fertiggestellt.« Und währenddessen schwören sich alle im Geheimen, niemals ein solcher Loser zu sein.

Simon kommt ins Bad geschlendert. Er hat den Alarm ebenfalls gehört und die Nachricht gelesen, aber wir tun beide so, als wäre es überhaupt keine große Sache, herauszufinden, dass man gleich sterben wird. Er hat wohl beschlossen, in Anbetracht der neuesten Entwicklungen müsse er sich dringend die Zähne putzen. Wenn er schon in die Luft gejagt wird, dann zumindest mit minzig frischem Atem. Ich stehe da und starre ihn schweigend an, während er mit Zahnbürste und Zahnseide hantiert und schließlich mit Mundwasser umspült. Wirklich beeindruckende Zahnhygiene.

HIRN: Das ist jetzt wirklich nicht der richtige Zeitpunkt. Stand da nicht, man solle sofort Schutz suchen?

Richtig! Ich sehe mich im Zimmer um und wäge unsere Optionen ab. Da steht ein Tisch, aber der sieht nicht besonders stabil aus. Wir könnten uns zu zweit in den Kleiderschrank quetschen, aber die Türen schließen nicht richtig, also würde das wohl auch nicht viel helfen. Wie lautet denn das Protokoll, wenn man einen Raketenangriff überleben will? Wir könnten uns auf das Bett legen, wie das alte Paar in *Titanic*, aber *so* lange sind wir jetzt auch noch nicht zusammen. Fühlt sich etwas zu intim an. Wer mich wohl spielen wird, in dem Film über die Rakete? Vielleicht Margot Robbie. Oh, oder Anya Taylor-Joy …

HIRN: Hayley, bitte, Konzentration.

Ach ja, Schutz suchen. Simon und ich ziehen unsere Flip-Flops an und verlassen das Zimmer, flipfloppen den Korridor entlang auf den Fahrstuhl zu. Aus einem der Fenster im Flur kann man den Pool sehen. Irgendwie unheimlich, wie in einem Endzeitfilm. Gummiboote dümpeln verlassen im Wasser, Handtücher, Flip-Flops und Sonnenbrillen liegen verlassen da, nachdem alle aufgesprungen und weggerannt sind.

Als wir den Fahrstuhl erreichen, stoßen wir auf eine Familie, bestehend aus einem Ex-Militär-Dad, einer unheimlich stark aussehenden Frau, wohl die Mum, und vier Kindern. Er bellt ihnen Befehle zu, und instinktiv gehorchen wir. Er sieht aus, als wüsste er, was er tut, und da wir überhaupt keine Ahnung haben, folgen wir ihm einfach. »Das ist keine Übung«, ruft er.

Dass es eine Übung sein könnte, ist mir noch gar nicht in den Sinn gekommen. Die Fahrstuhltür gleitet auf, aber darin stehen bereits jede Menge Leute. Jede Menge aufgelöste, weinende Leute. Army-Dad scheucht uns auf die Treppe zu. Das Treppenhaus ist überflutet von schreienden Kindern und noch lauter schreienden Eltern, die alle verzweifelt rauswollen.

> HIRN: Stell dir vor, du fällst jetzt die Treppe
> runter, wie peinlich wäre das, bitte?

Zum ersten Mal in meinem Leben – im Angesicht meines bevorstehenden Todes – lasse ich mich von Hirns Vorstellung einer unbedeutenden Peinlichkeit nicht von meiner Mission abbringen, die darin besteht … ähm, ehrlich gesagt habe ich keine Ahnung, was ich hier mache. Ich renne einfach immer weiter. Wir müssen ganze zehn Stockwerke hinunter, und ich bin völlig außer Atem, als Simon und ich endlich durch die Tür nach draußen platzen. Wir lassen uns einfach von der Menge mittragen, in Richtung der Straße, die vom Hotel fortführt. Ich ziehe mein Handy aus der Tasche und rufe meine Mutter an. Es klingelt sechsmal, bis sie endlich abhebt und sagt: »Mein Zumba-Kurs geht gleich los, können wir später telefonieren?«

Ich weiß nicht, ob du schon mal schuld daran warst, dass deine Mum zu spät zum Zumba kam, weil du ihr die Nachricht übermitteln musstest, dass du gleich von einer Rakete in tausend winzige Stückchen gerissen wirst? Ich muss ihr zugutehalten, dass sie sehr ruhig blieb. Natürlich war sie mehr als verwirrt, und ich weiß nicht, ob sie mir in den ersten Sekunden überhaupt glaubte, aber sie ließ mich versprechen, sie auf dem Laufenden zu halten, ehe sie – das werde ich niemals bestätigen können, aber da bin ich mir zu 90 Prozent sicher – trotzdem zum Zumba ging.

Mittlerweile hatten uns andere Leute auf der Straße gesagt, wir sollten wieder umdrehen und zurück zum Hotel gehen. Simon fand im Internet einen Artikel mit dem Titel »Wie man eine Nuklearexplosion überlebt«, und wir kamen zu dem Schluss, dass das ungefähr dasselbe sein musste wie ein Raketenangriff. Dort wurde vor allem empfohlen, einen Keller aufzusuchen oder sich in die Mitte eines Gebäudes zu begeben und auf gar keinen Fall nach draußen zu gehen.

> **HIRN:** Also doch der Kleiderschrank,
> wusste ich's doch.

Nie und nimmer steige ich jetzt die Treppe wieder hoch in den zehnten Stock. Dann sterbe ich lieber.

Zurück im Hotel, wird leider nur allzu deutlich, dass dieses Gebäude nicht entworfen wurde, um Menschen vor der Außenwelt zu schützen. Eher im Gegenteil: Es gibt sich große Mühe, zwischen außen und innen nicht allzu sehr zu unterscheiden. Tolles Licht, denke ich, während ich mich in der Lobby auf den Boden sinken lasse und mich gegen den Rücken eines Sessels lehne. Zusammen mit zahllosen anderen Hotelgästen sitzen wir auf dem Boden und warten auf das Ende.

Man würde wohl annehmen und hoffen, dass man die letzten Augenblicke vor dem Tod nutzt, um über das erfüllte und überaus faszinierende Leben nachzusinnen, das man gelebt hat, doch in meinem Geist herrscht nur Leere. In der Lobby ist es merkwürdig still, kein Mensch sieht dem anderen wirklich ins Gesicht. Ich überlege, ob ich etwas sagen soll, aber kein Small Talk der Welt vermag die Erkenntnis zu durchschneiden, dass du gleich aufhörst zu existieren.

HIRN: Muss das so unangenehm still sein?

Ein komischer Gedanke mitten in der bedeutungsschwangeren Stille des Todes, aber auch sonst kann ich nicht gut mit Stille umgehen. Wenn ich mich auf einer Party mit jemandem unterhalte und mein Gegenüber holt nur mal kurz Luft, dann muss ich sofort irgendetwas sagen. Egal wie zusammenhanglos, zum Beispiel: »Wow, diese Vorhänge sind aber dick« oder »Bekommt eigentlich außer mir noch jemand Bauchschmerzen von Brot?«. Mit lauter fremden Menschen in einer Lobby zu sitzen und darauf zu warten, dass wir ins Nichts verdampfen? Das ist meine persönliche Hölle, und zwar nicht aus dem offensichtlichen Grund.

HIRN: Im Ernst, das ist die reine Folter.
Es fühlt sich so an, als würde die Zeit langsamer ablaufen. Wie lange sitzen wir hier schon?

Ja, wie lange sitzen wir hier eigentlich schon? Ich sehe hinunter auf mein Handy. Seit dem Alarm ist über eine halbe Stunde vergangen. Wie schnell sind Raketen? Ich überlege, ob ich Simon bitten soll, noch mal in diesem Artikel nachzulesen, doch dann sehe ich, dass er ein Spiel auf seinem Handy spielt, und entscheide, seinen Frieden nicht zu stören. Ich schließe die Augen, lehne mich wieder zurück und warte auf den Tod.

Plötzlich fangen alle Handys im Raum gleichzeitig an zu piepen. Eine neue Nachricht. Alle zucken leicht zusammen, machen sich auf eine weitere Schreckensbotschaft gefasst:

KEIN RAKETENALARM, ES BESTEHT KEINE BEDRO-
HUNG FÜR DEN STAAT HAWAII. WIEDERHOLE. FAL-
SCHER ALARM.

Die Regierung behauptet später, es sei ein Versehen gewesen. Ich weiß ja nicht, ob man wirklich so einfach in einen
Hochsicherheitsraum schlüpfen, sich vor das Bedienungs-
pult setzen und ganz aus Versehen eine Furcht einflößende
und lebensbedrohliche Nachricht schreiben kann, aber hey!
Zumindest bin ich nicht tot.

Ich schreibe meiner Mum, und 15 Minuten später ruft sie
mich zurück, verdächtig außer Atem. Ich sage ihr, dass ich
nicht sterben werde. Dass es ein Versehen war. Sie freut sich.
»Gott sei Dank! Das ist eine sehr gute Nachricht, jetzt mach,
dass du rauskommst, und hab einen wundervollen Tag!«

Ja, das ist wirklich eine gute Nachricht. Simon und ich stehen auf und gehen zum Frühstücksbüffet.

Hirn vs. Bauch

Ich bin mit einem Knoten im Bauch aufgewacht, der sich nicht lösen will. Ein unbehagliches Gefühl, nicht so richtig körperlich, aber auch nicht richtig psychisch. Mein Magen rumort, meine Knie fühlen sich wacklig an, und meine Gedärme gurgeln vor sich hin, als wollten sie alle mir eine Nachricht übermitteln. Bauch hat schon immer ein bisschen auf Hellseherin gemacht, also horche ich in mich hinein, obwohl sie nur in 98 Prozent der Fälle richtigliegt. Ein bisschen wie dieses Spiel, zwei Wahrheiten und eine Lüge. Meistens weckt sie mich auf und sagt etwas wie:

> BAUCH: Ich sehe Regen, einen Antrag von einem geliebten Menschen, und ich glaube, ein Hund wird dein Bein rammeln.

Da fällt es mir meistens sehr leicht, die Lüge auszusieben. Es ist Hochsommer, wir stecken mitten in einer Dürreperiode, also wird mein Bein gerammelt. Wahrscheinlich wird mich jemand ins Kino einladen – das ist zwar nicht so richtig ein Antrag, aber Bauch spricht gerne in Rätseln.

An diesem Morgen erscheint sie mir sehr selbstbewusst. Vielleicht ein wenig zu selbstbewusst.

> BAUCH: Ahhhh, mein Kind, ich sehe Unsicherheit in deiner Zukunft. Und Frühstück.

Ich esse ein Stück Toast, aber das Gefühl geht nicht weg.

BAUCH: Ach, und dein Freund betrügt dich.

Bitte, was? Heute wohl nicht das übliche Spiel, stattdessen direkt in die Offensive. So merkwürdig es auch ist, dass Bauch mir diese Nachricht scheinbar aus dem Nichts zuflüstert, irgendetwas daran fühlt sich sofort wahr an. Simon und ich führen momentan eine Fernbeziehung. Wir haben unsere ganze Beziehung über zusammengewohnt, aber wegen der Arbeit lebt er momentan in Oxford, während ich gerade erst einen neuen Job in Brighton angefangen habe. Damit trennt uns zwar nur eine zweistündige Fahrt, aber es kommt mir trotzdem vor wie eine andere Welt. Ich hatte mich so daran gewöhnt, mit ihm zusammenzuwohnen. Es ist hart. Ich fühle mich einsam.

Meistens schreiben wir uns über den Facebook-Messenger. Keine Ahnung, warum wir uns ausgerechnet diese Plattform ausgesucht haben. Am Anfang einer Beziehung schleifen sich leicht Gewohnheiten ein: Manche Paare sprechen mit Babystimmen, andere ziehen mit gemeinsamen Freund:innen übereinander her. Simon und ich unterhalten uns auf der Plattform, auf der sonst nur noch verrückte Tanten und Incel unterwegs sind. Im Messenger kann ich nicht nur sehen, ob er meine letzte Nachricht gelesen hat, sondern auch, ob er online ist oder in letzter Zeit war. Eigentlich sollte mich das beruhigen, doch stattdessen macht es mich wahnsinnig.

Heute kann ich sehen, dass er online war, aber aus irgendeinem Grund hat er meine Nachricht nicht gelesen. Ich beobachte, wie er online kommt und dann wieder geht. Meine Nachricht bleibt ungeöffnet. Was zur Hölle?

BAUCH: Er ignoriert dich.

Schon immer verfolgt mich die Angst, ich könnte mich in eine »Psycho-Freundin« verwandeln. Laut Popkultur die schlimmste Art von Frau überhaupt – aufdringlich, kontrollsüchtig, manipulativ –, und solcherlei Anschuldigungen will ich mir nicht zulasten legen lassen. Also tue ich Bauchs Worte ab. Simon ignoriert mich nicht. Er ist mein Freund, und er liebt mich. Er ist einfach sehr beschäftigt, wahrscheinlich war er nur kurz online, um seiner Mum oder Oma zu schreiben. Sonst benutzt schließlich niemand mehr Facebook. Andererseits habe auch ich gerade diesen neuen Job angefangen, kann mich aber überhaupt nicht auf die Arbeit konzentrieren, weil ich mir so viele Sorgen mache. Und selbst, wenn er mich nicht betrügt, dieses Gefühl kann ja nicht gut sein … oder?

> HIRN: Liebe ist Schmerz. Wenn du dir keine Sorgen machst, ist es keine echte Liebe, das weiß doch jeder.

Eine Woche vergeht, und ich scheine durchzudrehen. Der Stress, mich vor Simon normal und unbeschwert zu geben, während ich gleichzeitig nach Hinweisen darauf suche, dass er mich – im besten Fall – nicht mehr liebt oder – im schlimmsten Fall – betrügt, droht mich zu überwältigen. Ich esse nicht mehr, ich schlafe nicht mehr, und auf der Arbeit bin ich wahnsinnig unproduktiv. Das ist zwar im Büro mein Normalzustand, aber mittlerweile tue ich nicht einmal mehr so, als ob. Den ganzen Tag starre ich nur noch auf mein Handy. Simon antwortet mir nicht richtig auf meine Nachrichten, und wenn wir telefonieren, dann kommt er mir distanziert vor, als hätte er kein großes Interesse an mir. Die Leute im Büro haben schon bemerkt, wie wenig ich arbeite, aber das ist mir egal. Ich mache mir viel zu viele Gedanken um Simon.

HIRN: Vielleicht solltest du einfach mal etwas Interessanteres sagen. Ooooh, ich hab's! Erzähl ihm, du hättest eine Leiche im Material-schrank gefunden!

Passen würde das, denn ich habe mich quasi in eine profes-sionelle Agatha-Christie-Darstellerin verwandelt, die Simon mehr Aufmerksamkeit schenkt als je zuvor. Wenn ich nicht gerade überprüfe, ob er im Facebook-Messenger online ist, dann inspiziere ich obsessiv sein Instagram-Profil. Bauch be-obachtet mich beim Scrollen:

BAUCH: Ich sehe ... ein berühmtes Model.

Ja, aber da mache ich mir keine Sorgen. Seien wir ehrlich, die spielt doch nun wirklich nicht in der Liga der Normal-sterblichen, und ihr Nachrichteneingang quillt bestimmt über. Simons Nachricht würde da einfach untergehen.

BAUCH: Ich sehe ... eine Freundin von ihm aus der Uni.

Die Freundin kenne ich und ich bin mir ziemlich sicher, dass zwischen den beiden nichts läuft. Außerdem hat sie einen sehr durchtrainierten Freund und erschien mir immer sehr ehrlich.

BAUCH: Ich sehe ... seine Kollegin.

O ja. Bei der habe ich ein komisches Gefühl. In seinem Feed sehe ich, dass sie regelmäßig gegenseitig ihre Fotos liken, manchmal kommentieren sie die Bilder sogar mit niedlichen Nachrichten, und das ist nur das, was ich sehen kann. Wer weiß, was sie im Privaten zueinander sagen? O Gott, mein Magen fängt wieder an zu rumoren.

BAUCH: Finde es doch heraus.

Soll ich etwa sein Passwort erraten? Nein, das kann ich doch nicht machen.

HIRN: Mach schon.

Okay, dann steht es wohl zwei gegen einen. Ich melde mich bei Instagram ab und öffne die Startseite im Inkognito-Modus. Mein Herz pocht laut in meiner Brust. Ist eh egal, denke ich, denn ich werde sein Passwort niemals erraten.

HIRN: Probier's mal mit dem Namen seines Katers.

BAUCH: Gute Idee. Er sieht aus wie einer, der so ein richtig offensichtliches Passwort benutzt. Es ist bestimmt sein Kater.

So ein Blödsinn. Ich tippe den Namen ein und ... *Bingo*. Danke, Ralph. Braves Katerchen.

Meine Hände zittern, Adrenalin jagt durch meine Adern. Ich hätte nicht gedacht, dass ich sein Passwort so leicht knacke. Ich öffne seine Direktnachrichten, scrolle hindurch, suche nach irgendwelchen bekannten Namen, aber da ist nichts. Keine Nachrichten von irgendwelchen Frauen. Nicht einmal von Freundinnen. Das ist tatsächlich ein bisschen merkwürdig. Warum hat er keine Freundinnen?

Was rede ich denn da? Das ist doch gut. Ich sollte Freudensprünge machen.

BAUCH: Ich weiß nicht, irgendetwas fühlt sich immer noch komisch an.

Ach, komm schon! Wir haben doch nachgesehen! Ich schreibe ihm, dass ich ihn liebe. Vier Stunden später schickt er ein einzelnes »X« zurück. Okay, das ist merkwürdig. Was ist denn mit den langen Liebesnachrichten passiert, die er mir früher immer geschickt hat?

Zwei weitere Wochen vergehen, während derer ich dem Drang widerstehe, einen erneuten Blick in seine Nachrichten zu werfen. Eines Freitagabends bin ich allein zu Hause. Ich hatte Simon vorgeschlagen, dass wir uns treffen, aber er sagte, dass er lange arbeitet und sich dann mit den Jungs vom Rugby trifft, um das Ende der Woche zu feiern. Am Anfang, als wir gerade aus der gemeinsamen Wohnung ausgezogen waren, haben wir uns den ganzen Tag über bis zum Schlafengehen geschrieben, aber mittlerweile höre ich nach Mittag kaum noch was von ihm. Beim Telefonieren habe ich das schon ein paarmal angesprochen, aber er hat es jedes Mal abgetan, als würde ich zu viel klammern.

HIRN: Du bist ja auch ein ziemlicher Klammeraffe. Weißt du noch, wie du immer von deinen Eltern verlangt hast, dass sie dir den Arsch abwischen?

Da war ich noch ein Baby! Ich konnte mir noch nicht selbst den Arsch abwischen. Aber jetzt bin ich kein Baby mehr. Ich bin erwachsen und habe einen Freund, der mir nur noch ganz selten schreibt, und ich finde, ich verdiene mehr Aufmerksamkeit.

HIRN: Schreib ihm doch einfach mal, frag, wie sein Abend so läuft.

Ich schicke ihm ein unverfängliches »Wie läuft's?«, das – wieder einmal – ungelesen bleibt. Ich beobachte, wie er online kommt und wieder geht, ohne mir zu antworten. Der vertraute Knoten ist wieder da. Ich versuche, mich zum Ausgehen fertig zu machen, aber ich kann an nichts anderes denken. Das hier ruiniert mir den Abend. Ich wollte eigentlich mit meinen Freundinnen feiern gehen, aber ich bin schon so spät dran, da kann ich auch gleich zu Hause bleiben.

> **HIRN:** Logg dich in seinen
> Facebook-Messenger ein.

Nein, ich kann doch nicht noch einmal so in seine Privatsphäre eindringen.

> **BAUCH:** Willst du die Wahrheit erfahren,
> musst du tief hineinsehen.

… in mich selbst?

> **BAUCH:** Ne, sorry. In seine Nachrichten.
> Im Ernst, Hirn hat recht, mach's einfach, dann
> weißt du endlich, was er verbirgt.

Na schön. Ich habe es ja schon mal gemacht, einmal mehr tut wohl auch nicht weh. Ich schnappe mir meinen Laptop und öffne einen Tab im Inkognito-Modus.

> **HIRN:** *Dum, dum, dumdum, dum, dum,
> dumdum*

Was willst du mir damit sagen? Dass ich dumm bin?

HIRN: Im Gegenteil! Das war die Musik von Mission Impossible. Ich finde, das ist eine großartige Entscheidung. Ich kann es gar nicht abwarten, dich irgendwann daran zu erinnern, wenn du gerade einschlafen willst. Wird dich richtig schön wach halten, wie du damals in die Privatsphäre deines geliebten Freundes eingedrungen bist und das Band des Vertrauens gebrochen hast.

Ein Band des Vertrauens breche ich auf jeden Fall, aber jetzt gibt es kein Zurück mehr. Zögerlich tippe ich seine E-Mail-Adresse und das Passwort ein, und schon bin ich drin. Dieses Mal bin ich noch nervöser. Ich gehe im Zimmer auf und ab, ringe mit mir selbst. Soll ich es wirklich tun? Nie und nimmer betrügt er mich. Er ist einfach schwer beschäftigt und heute Abend mit ein paar Kollegen unterwegs, während ich zu einer kleinen Hackerratte mutiert bin. Ich bin der Bösewicht. Und wir haben gemeinsam schon so viel Schönes erlebt. Eigentlich läuft alles super, denke ich.

HIRN: Super? Er redet doch nicht mal mehr mit uns. Im Prinzip bist du Single.

Das stimmt nicht, wir sind einfach auch zufrieden, wenn wir mal nicht die ganze Zeit miteinander reden. Das ist eben wahre Liebe.

BAUCH: Vergiss deine Vergangenheit, stell dich deiner Zukunft.

Ich sehe hinunter auf den Bildschirm.

Es ist schlimm. Bauch hatte recht. Er trifft sich mit diesem Mädel von der Arbeit.

Ich lese mir alles durch. Sie schreiben sich ununterbrochen – Tag und Nacht, von morgens bis abends. Sie treffen
sich regelmäßig außerhalb der Arbeit. Sie haben darüber
gesprochen, es vor mir geheim zu halten. Mein Herz fühlt
sich an, als würde es mir gleich aus dem Arsch fallen. Ich
renne aufs Klo, offensichtlich stößt mein Körper ihn gerade
ab; anders kann ich mir diese übergründliche Darmräumung
nicht erklären.

Ich schreibe Simon und beende die Beziehung. Er antwortet prompt.

Ich nicht. Ich lösche und blocke ihn auf allen Social-Me-
dia-Plattformen.

Sofort fühlt Bauch sich besser. Natürlich bin ich traurig,
aber nach all dieser Anspannung ist die Wahrheit eine un-
glaubliche Erleichterung.

Bei Liebesfragen scheint Bauch immer den richtigen Rie-
cher zu haben. Ich werde wohl nie verstehen, wie sie dieses
eine, ganz bestimmte Gefühl aus der Luft greifen konnte,
obwohl es noch überhaupt keinen Verdachtsgrund gab, ehe
ich mit meinen Nachforschungen begann. Ich wollte unbedingt falschliegen. Ich wollte hören: »Ha! Reingelegt! Er betrügt dich doch nicht, aber dein Hamster … Der wird in
sieben Tagen sterben.« Stattdessen fühle ich mich jetzt einfach nur furchtbar gedemütigt. Ich frage mich, wer wohl alles
davon gewusst hat und warum er es vorzog, in einer Beziehung zu bleiben, die ihn nicht glücklich machte, statt sich
einfach von mir zu trennen.

Betrogen zu werden ist auf vielerlei Art beschissen, aber
vor allem wollte ich ergründen, was an mir denn nicht gut
genug war. Habe ich zu viel übers Kacken geredet? Habe
ich zu sehr geklammert? Oder zu wenig? Lag es daran,
dass ich keinen Analsex wollte oder im Schlaf unkontrolliert
furze?

HIRN: Wahrscheinlich eine Kombination von allem.

Nein, ich glaube, es hat gar nichts mit mir als Person zu tun, auch nicht damit, dass ich keinen Analsex will. Der Grund liegt meist bei der anderen Person und in ihren Wünschen und Vorstellungen für ihr Leben. Sehr wahrscheinlich wollte sie damit auch niemandem absichtlich wehtun. Ich bin einfach dankbar, dass Bauch mir möglichst frühzeitig die Augen geöffnet hat.

Genau aus diesem Grund fühlen Frauen sich wahrscheinlich oft zu Spiritualität hingezogen, zum Beispiel zu Astrologie. Die Wahrheit kann so relativ sein, so flüchtig, so schwer zu fassen, und wenn sie außerhalb unserer Reichweite zu liegen scheint, suchen wir uns eben einen anderen Weg, um uns die Welt zu erklären. Ich war nie besonders mystisch angehaucht, doch seit dem Hacker-Debakel gebe ich mir Mühe, mehr auf Bauch zu hören.

Das einzige Mal, dass Mystik mich wirklich von den Füßen gerissen hat, war in Australien, als ich auf der Bananenplantage gearbeitet habe. Wie du dir wohl vorstellen kannst, war meine Plantagen-Ära nicht unbedingt von gut durchdachten Entscheidungen geprägt, und obwohl ich eine Menge Spaß hatte, war ich auch ziemlich verloren. Eines Abends wollten ein paar der anderen Mädels nach Mission Beach fahren und aus Spaß zu einer Wahrsagerin gehen. Ich fuhr mit, weil es auch ein günstiger Spaß war. Die Tarotleserin zog also ein paar Karten und enthüllte mir, dass ich ein wundervoller Mensch sei, warmherzig und voller Sonnenschein. Was für eine Gabe, dachte ich, erzähl den Leuten einfach genau das, was sie hören wollen.

Doch dann rief sie plötzlich: »Kleines Mädchen!«

Ich war wie vor den Kopf gestoßen. Ich sah hinunter auf meinen Bauch, und sie nickte. »Ja, es ist ein Mädchen.«

HIRN: Sie findet uns fett.

Es ist kein Geheimnis, dass ich während meiner Zeit auf der Plantage das ein oder andere Kilo zugenommen habe. Wenn man auf einer Plantage arbeitet, gibt es eben nicht viel mehr zu tun, als zu essen und Bier zu trinken. Ein Baby hatte ich jedoch ganz sicher nicht im Bauch. Obwohl ich oft fest überzeugt davon bin, schwanger zu sein, wusste ich in diesem Moment ganz genau, dass das unmöglich war – es sei denn, es handelte sich um eine Art unbefleckte Empfängnis, und daran hatte ich so meine Zweifel. Wahrscheinlich war diese Frau doch einfach eine Schwindlerin.

Sie hielt kurz inne, dann erklärte sie mir, dass sie meinen Dad sah, der hinter meiner linken Schulter stand und mir den Rücken zuwandte, und meine Mum, die panisch vor mir auf und ab rannte. Eine wirklich merkwürdige Wendung. Ich war davon ausgegangen, sie würde einfach nur ein bisschen im Trüben fischen und mir ein Kompliment nach dem anderen auftischen. Außerdem ergab das überhaupt keinen Sinn – meine Mum war eine ultraentspannte Frau und mein Dad mein bester Freund. Er würde sich niemals von mir abwenden. Einfach lächerlich.

Doch als ich die Wahrsagerin verließ, war da dieses vertraute Gefühl von Bauch.

BAUCH: Irgendetwas stimmt nicht.
Du solltest Mum fragen.

Es war schon eine sehr kuriose Vorstellung, meine Mum um sieben Uhr morgens anzurufen und sie zu fragen, ob sie in letzter Zeit panisch auf und ab gerannt war. Doch ich hatte mir vorgenommen, mehr auf Bauch zu hören, und Hirn schien derselben Meinung zu sein.

HIRN: Jep, Bauch hat recht.
Wir sollten sie fragen.

Ich zog mein Handy aus der Tasche und rief meine Mum an. Während ich aufs Meer hinausblickte, erzählte ich ihr, was die Wahrsagerin gesagt hatte, dass Dad sich von mir abwendet und dass sie panisch vor mir auf und ab rennt. Ich hatte erwartet, sie würde lachend sagen, das sei ja wohl lächerlich, geradezu barbarisch, so etwas zu erzählen – »Hol dir bloß dein Geld zurück!« –, doch stattdessen holte sie einmal tief Luft und sagte dann: »Hayley, dein Dad ist krank.«

Sie erklärte, dass mein Dad einen Hirntumor haben könnte. Er benehme sich so komisch. Seine Persönlichkeit habe sich verändert. Er sei anders geworden. Kalt. Noch nie habe ich meine Mutter so ernst erlebt. Ihre Panik rührte daher, weil meine Mum entschieden hatte, das Haus zu verkaufen und in ein kleineres Haus zu ziehen, da mein Dad nicht mehr arbeiten konnte. Doch sie machte sich furchtbare Sorgen: »Woher weiß ich, dass ich die richtige Entscheidung treffe?«

Ich hörte auf Bauch.

BAUCH: Es ist Zeit, nach Hause zu fahren.

Dad vs. Hirn

Fünf Monate nach meiner Abreise aus Australien fand ich mich in Orlando, Florida, wieder und arbeitete bei *Disney World*. Genau wie ich es geplant hatte. Ich verließ Australien lediglich einen Monat früher, den ich zu Hause verbrachte, bis mein Visum für die USA gültig war. Eigentlich wollte ich bei meiner Familie bleiben, aber meine Mum bestand darauf, ich dürfe mein Leben nicht aufs Abstellgleis stellen. »Was auch immer mit deinem Dad passiert, in einem Jahr wird er noch hier sein. Er wäre am Boden zerstört, wenn du diesen Job nicht annimmst, weil es ihm nicht gut geht, nachdem du dich so darauf gefreut hast.«

Es fühlte sich falsch an. So unglaublich falsch. Als würde ich aus purem Egoismus meine Familie sitzen lassen, aber wir hatten noch immer keine Ahnung, was mit meinem Dad los war, und Mum sagte, ich könne nichts tun. Also stieg ich widerstrebend in den Flieger.

Jetzt ist es vier Tage vor Weihnachten, und ich habe das Gefühl, in einer Blase zu leben, in einer Pseudorealität. Mein Leben in *Disney World* dreht sich darum, den Besucher:innen einen ganz besonderen Aufenthalt zu bescheren. Ich »zaubere« für Menschen aus der ganzen Welt ... indem ich Bier zapfe. Gestern hatte ich eine besonders lange Schicht, und um zwei Uhr nachmittags liege ich immer noch im Bett. Aber ich muss erst um vier arbeiten, bis dahin muss ich mich also nicht bewegen. Meine Mum sollte jeden Moment anrufen, um mir die Ergebnisse von Dads CT-Untersuchung und den anderen Tests mitzuteilen. In letzter Zeit hat sie mir nicht viel erzählt, ich vermute, dass sie mich schützen will. Aber ich bin 23 Jahre alt, ich finde, das muss sie nicht mehr.

Ich persönlich habe entschieden, dass es an seinen Medikamenten liegt. Fast solange ich denken kann, leidet er an Cluster-Kopfschmerzen und hat dagegen im Laufe der Jahre verschiedene Tabletten, Injektionen und starke Schmerzmittel bekommen. Richtig geholfen hat eigentlich nie etwas, aber wenigstens konnten die Medikamente ihm ein wenig Linderung verschaffen. Anfang des Jahres hat man seine Dosis angepasst, als sein Zustand sich verschlechterte.

Mein Handy summt. Meine Mum.

BAUCH: Mach dich bereit.

Ich atme langsam durch die Nase ein, meine Schultern wandern hoch bis unter meine Ohren. Bitte, bitte, bitte nichts Ernstes. Bitte sag, dass es kein Gehirntumor ist. Ich hebe ab. Sobald sie spricht, höre ich es in ihrer Stimme. Sie ist nicht gefasst und ruhig wie sonst. Sie klingt zittrig und schrill. Irgendetwas ist ganz und gar nicht in Ordnung. Ich will, dass sie endlich mit der Diagnose herausrückt, aber ich weiß, dass ihr das hier genauso schwerfällt wie mir. Tränen drücken auf meine Augen. Erst Stunden später, so erscheint es mir, kommt sie zum Punkt.

BAUCH: Es ist schlimm. Richtig, richtig schlimm.
Ab jetzt wird alles anders.

So ruhig sie kann, sagt Mum: »Es tut mir so leid, Hayley, dein Dad hat eine Demenz.«

Von all den Dingen, die ich erwartet habe, war dies hier das allerletzte. Mit 60 Jahren, vier Tage vor Weihnachten und über 6400 Kilometer von mir entfernt wurde mein Dad mit einer FT-Demenz diagnostiziert, der seltenen Form einer sehr schnell fortschreitenden Demenz.

HIRN: Fuck.

Ich habe keine Ahnung, was ich darauf sagen soll. Demenz? Mein Opa hatte Alzheimer, aber erst in seinen 80ern. Mit 60 sollte man davon weit entfernt sein. Wie kann ich einen Dad mit Demenz haben, wo ich doch gerade erst 23 bin? Ich verstehe das nicht. Er war eine stete Konstante in meinem Leben. Er hat immer alle Antworten parat. Er ist so klug. Als mein Opa starb, hat mein Dad jede Menge Vorsichtsmaßnahmen getroffen, damit ihm das nicht passiert. Er hat seine Ernährung umgestellt und angefangen, Spanisch zu lernen. Er achtete darauf, sein Hirn zu fordern. Er war immer so gesund und auf Draht. Das hat er nicht verdient. Er hat alles für seine Familie getan, hat jeden Einzelnen von uns vor sich selbst gestellt, trotz allem. Seit über zehn Jahren schlägt er sich mit Cluster-Kopfschmerzen herum. Wie, um Himmels willen, kann das Leben so verfickt grausam sein?

Ich sage meiner Mum, dass ich mir einen Flug buche und nach Hause komme. Ich kann nicht hier in Amerika bleiben, wenn meine Familie mich braucht. Aber davon will sie nichts hören. Sie meint es ernst. »Wag es ja nicht, nach Hause zu kommen. Das Leben ist so kostbar, und niemand weiß, wann es einem genommen wird.«

Also bleibe ich.

Es ist schwer. Richtig schwer. Ich fühle mich so schuldig. Jeden Tag rufe ich an und schreibe Nachrichten, bitte um Updates. Ich will mich versichern, dass es allen gut geht. Ich verändere mich. Ich bin nicht mehr so glücklich wie vor dieser Nachricht. Ich bin wütend, ich bin traurig, und ich spüre etwas Bleiernes in meinem Körper, das mir das Aufwachen jeden Morgen schwerer macht. Ich will einfach nur, dass alles wieder wie vorher wird. Ein paar Wochen vor meinem Flug nach Hause warnt meine Mum mich vor. Es könne ein Schock werden, meinen Dad wiederzusehen. Während meiner Zeit in den USA hatte ich fast keinen Kontakt zu ihm, weil seine Aufmerksamkeitsspanne keine Telefonate zulässt. Es war so merkwürdig, keine Verbindung mehr zu diesem Menschen zu haben, mit dem ich sonst immer sechsmal am Tag gesprochen habe.

Schließlich läuft mein Vertrag aus, und ich fliege nach Hause, aber es ist nicht das Zuhause, wie ich es kenne. Meine Eltern haben das Haus verkauft und sind in eine andere Gegend gezogen, in ein kleineres Haus, das auf ein Paar ausgelegt ist. Dieses neue Haus steht auf dem Kopf – oben ist unten, und unten ist oben, genau, wie sich mein Leben jetzt anfühlt. Es ist surreal, durch die Haustür zu treten. Als würde hier jemand Fremdes leben, nicht eine Person, die ich kenne und liebe. Es riecht anders. Es sieht anders aus. Alles ist anders.

Meine Mum schließt mich in eine feste Umarmung, und mein Bruder und meine Schwägerin heißen mich mit so viel Freude willkommen, wie sie aufbringen können. Mein Dad ist nicht da, um mich zu begrüßen. Ich frage, wo er ist, und wir gehen ihn zusammen suchen.

Als ich die Treppe hinuntersteige, kommt er gerade aus dem Schlafzimmer. Der Mann, den ich einst besser als jeden anderen Menschen auf der Welt kannte, sieht aus wie ein vollkommen anderer Mensch. Er ist mager und grau. Früher hat er sich immer die Haare gefärbt, aber das hat er aufgegeben. Er sieht verwirrt aus, traurig, als hätte jemand ihm alles Leben ausgesaugt. Ich breche in Tränen aus und stürze auf ihn zu, um ihn zu umarmen. Er lacht nur. Ich verstehe überhaupt nichts mehr. Warum lacht er? Wer ist das hier?

FT-Demenz ist grausam. Jede Demenz ist grausam, aber diese ist besonders schlimm. Sie schält einem Menschen Stück für Stück die Persönlichkeit ab und entreißt ihm die Kontrolle über seine Emotionen. Die meisten Erkrankten leben nach der Diagnose nur noch sieben Jahre. Am Ende können sie nicht einmal mehr sprechen. In diesem Moment überwältigt mich wieder die Schuld. Ich habe das Gefühl, die letzten Monate verpasst zu haben, die ich noch mit dem Dad hätte verbringen können, wie er einmal war. Diese Zeit habe ich mir selbst genommen. Ich versuche, mit ihm zu reden. Ich sage ihm, dass ich ihn liebe, dass ich ihn vermisst habe. Er sagt: »Alle sagen, ich habe Demenz, aber das stimmt nicht.«

Für die nächsten neun Monate ziehe ich wieder bei meinen Eltern ein und versuche zu helfen, so gut ich kann. Aber es ist hart. Wer einen geliebten Menschen an die Demenz verliert, trauert um ihn, während er noch am Leben ist. Die Person, die man einst kannte, rückt in immer weitere Ferne, nur ihre Hülle bleibt zurück. Ihre Hülle speichert all die eigenen Erinnerungen, alles, was einmal war, während die Persönlichkeit sich ganz und gar verändert. Die erkrankte Person benimmt sich nicht mehr so, wie man es gewohnt ist, und wenn man ihr etwas erzählt, reagiert sie ganz anders als früher. Ich habe das Gefühl, beraubt worden zu sein. Ich bin hilflos und wütend und verwirrt, warum das alles so schnell passiert. Meine Mum, mein Bruder und ich leben nach dem Motto: »Wenn du nicht lachst, dann weinst du.« Wir suchen nach dem Humor in allem, und manchmal ist das auch gar nicht so schwer.

Bei einem Geburtstagsessen meiner Tante wartet mein Dad so verzweifelt auf sein Abendessen, dass er vom Tisch aufsteht, in die Küche marschiert und zu erfahren verlangt, warum es so lange dauert. Den Rest des Abends klemmen meine Mum und mein Bruder ihn zwischen sich ein, damit er sich nicht wieder in die Küche stiehlt.

Außerdem führt er sich auf wie ein Ersti. Jedes Getränk, das wir ihm reichen, kippt er sofort runter. Mein Bruder und ich haben angefangen, dazu »Und ex und hopp und ex und hopp« zu grölen, einfach um uns alle zu erheitern.

Meinen neuen Freund – den ich während meiner Zeit in *Disney World* kennengelernt habe – trifft Dad zum ersten Mal, als ich ihn eines Morgens schlafend in meinem Bett zurückgelassen habe, um im Eckladen etwas fürs Frühstück zu holen. Mein Dad spaziert in mein Zimmer und zieht die Bettdecke weg, unter der halb nackt und im Halbschlaf mein Freund zum Vorschein kommt. Er starrt ihn an und sagt: »Oh, ich dachte, du bist Ollie.«

Ollie ist mein Bruder, der ganz bestimmt nicht nackt in meinem Bett schläft. Mein Dad streckt die Hand aus, um die meines Freundes zu schütteln, und schüttelt und schüttelt und schüttelt. Er lässt einfach nicht los, bis mein Bruder ins Zimmer kommt und dazwischengeht. Darüber lachen wir noch nach Wochen. Mein Freund und ich trennen uns irgendwann, was wohl keine Überraschung ist nach dieser traumatischen Erfahrung.

Mit der Zeit müssen wir Dad nachts im Haus einsperren. Er wird ein richtiger Ausbruchskünstler, ein kleiner Harry Houdini. Wir schließen die Haustür ab und lassen alle Fenster geschlossen, doch er versucht immer wieder, uns zu entkommen. Einmal klettert er aus einem Fenster im Erdgeschoss, doch mein Bruder bekommt ihn gerade noch zu fassen, ehe er auch das zweite Bein über das Fensterbrett schwingen kann. Wenn ihm die Flucht doch einmal gelingt, läuft er hoch zum Freizeitzentrum, wo meine Mutter Aerobic-Kurse gibt, stellt sich ganz hinten hin und winkt ihr zu.

Eines Abends, als ich spät von der Arbeit komme, lasse ich aus Versehen meinen Schlüssel in der Haustür stecken. Nach etwa einer Stunde wache ich von einem leisen Geräusch auf, als der Schlüssel sich im Schloss dreht. Wie ein Windhund auf Speed springe ich aus dem Bett und erwische meinen Dad dabei, wie er in nichts als seiner Unterhose aus der Haustür schlüpft. Er rennt los. Mitten in der Nacht sprinten wir also beide die Straße hinunter und ziehen die verwirrten Blicke der Nachteulen auf uns, die noch in den Pubs unterwegs sind. Zum Glück habe ich ihn bald eingefangen und kann ihn wieder nach Hause bugsieren und ins Bett verfrachten.

Schließlich erklärt der Arzt, es sei zu unsicher für Dad, weiter zu Hause zu wohnen. Wir wussten, dass dieser Tag kommen würde. Er braucht rund um die Uhr Aufsicht, und das können wir kaum noch leisten. Meine Mutter sucht ein Pflegeheim aus, das nicht einmal eineinhalb Kilometer von unserem Haus entfernt liegt, damit wir ihn so oft wie möglich besuchen können.

Am Tag seines Umzugs ins Pflegeheim bin ich nicht zu Hause, und erst eine Woche später besuche ich ihn dort. Mein Dad. Mein bester Freund. Der stärkste Mann, den ich kenne. Er sieht schwach aus, verletzlich und verloren. Das ist einer der grauenvollsten Augenblicke meines Lebens und hat sich mir für immer eingebrannt. Er scheint gar nicht mehr mein Dad zu sein. Die Erinnerungen an meinen Dad, wie ich ihn kannte, verblassen in meinem Geist. Der Mann, der mir alles bedeutet hat, wird von dieser neuen Version ersetzt. Es fällt mir so schwer, mich daran zu erinnern, wie er einmal war. Vergangene Gespräche, gemeinsame Erlebnisse. Als wäre dieser Teil von Hirn herausgeschnitten worden. Bei jedem Besuch fühlt es sich an, als würde ein Teil von mir mit ihm sterben. Es tut so weh, ihn dort zu sehen. Alle anderen Bewohner:innen sehen so alt neben ihm aus, ich kann das noch immer nicht begreifen. Jedes Mal, wenn ich ihn besuche, werfen wir uns Bälle zu, spielen Basketball oder Tischtennis, und er schlägt mich immer noch jedes Mal. Seine Hand-Augen-Koordination und sein Talent für Ballspiele bleiben ihm bis zum Schluss erhalten, und weder das eine noch das andere hat sich bei mir je verbessert. Was es uns allen zumindest etwas leichter macht, ist die Tatsache, dass Dad im Pflegeheim glücklicher zu sein scheint. Die Pflegekräfte, die sich um ihn kümmern, sind für ihn gute Freund:innen, und sie umsorgen ihn so rührend. Ich bin ihnen beiden so dankbar.

Das letzte Mal, dass ich meinen Dad richtig besuchen konnte, war vor der Pandemie. Dieses Virus hat uns so viel wertvolle Besuchszeit gekostet. Er war ganz allein im Pflegeheim und hatte keine Ahnung, warum wir ihn plötzlich verlassen hatten. Als man uns endlich wieder hineinlässt, trennt uns ein Metallzaun. Er sitzt meinem Bruder und mir gegenüber, es ist Vatertag, er isst seine Mahlzeit, und wir reichen ihm unsere Karten und Geschenke. Mit aller Kraft halte ich meine Tränen zurück.

Ich vs. Trauer

Niemand bringt dir bei, wie man trauert. Ich wünschte, darüber würden wir in der Schule sprechen. Irgendwie verrückt, dass niemand sich die Zeit nimmt, uns frühzeitig ein paar Methoden an die Hand zu geben, mit denen wir uns einer der einschneidendsten Situationen des Lebens stellen können. Stattdessen lernen wir:

- *Den Satz des Pythagoras*
- *Wie man Männchenketten aus Papier schneidet*
- *Wie man eine Kartoffelbatterie bastelt*

Letzteres erscheint mir besonders sinnlos. Wie sollte es mir aus einer Notlage helfen, eine Kartoffel mit Kabeln zu erdolchen, um eine winzige Uhr zum Laufen zu bringen?

Am 13. April 2021 starb mein Dad. Die Nachricht zerriss mich komplett. Und obwohl seine Diagnose bereits fünf Jahre zurücklag, war es ein Schock. Er war gerade erst 65 geworden; seine Glückwunschkarte und sein Geschenk lagen noch in meinem Auto. Ich wollte beides bei meiner Mum vorbeibringen, denn während des letzten Lockdowns durfte nur sie ihn im Pflegeheim besuchen. Doch wegen der Arbeit hatte ich es nicht geschafft. Ich fühlte mich so schuldig, dass er meine Geburtstagskarte und mein Geschenk nicht mehr bekommen hatte. Womöglich dachte er, dass ich ihn nicht mehr liebte?

Als ich an jenem Morgen aufwachte, fühlte mein Körper sich unheimlich schwer an. Ich war müde, furchtbar müde. Ich war noch nicht bereit, mein Bett zu verlassen, also lag ich da und scrollte mich durchs Internet, als meine Mum anrief.

Die Stimme blieb ihr immer wieder in der Kehle stecken, und sie entschuldigte sich am laufenden Band. Als die Worte ihr endlich aus dem Mund kamen, ließ ich mich vor Schmerz zu Boden fallen. Es war wirklich genauso dramatisch, wie es klingt. Trotzdem fühlten die Tränen sich fremd an. Sie strömten mir schon übers Gesicht, als ich noch zu begreifen versuchte, was Mum da gerade gesagt hatte. Auf der Fahrt zu ihr verlor ich so viel Flüssigkeit, dass ich damit ein Bierfass hätte füllen können. Eine halbe Klopapierrolle war nötig, um den ganzen Rotz aus meiner Nase zu trocknen. Doch noch immer hatte ich es nicht begriffen. Meine Erinnerungen an die Ereignisse dieses Tages sind Momentaufnahmen. Ich weiß noch genau, wie ich im Bett lag, als mein Handy klingelte, und welche Gedanken mir durch den Kopf gingen, als die Nummer meiner Mutter auf dem Bildschirm erschien. Noch immer blitzen all diese Erinnerungen in meinem Geist auf.

Wir befanden uns noch im Lockdown. Meine ganze Familie hatte sich immer streng an die Regeln gehalten, doch jetzt kamen wir zusammen, alle in einem Zimmer. Wir umarmten uns, wir weinten, und wir öffneten nicht ein einziges Fenster. Richtig rebellisch, ich weiß. Aber es fühlte sich so gut an, beisammen zu sein, sich an all die Geschichten über meinen Dad zu erinnern, die wir schon vergessen hatten. Seine Abwesenheit war mir so grausam bewusst, in diesem Moment hätte ich alles getan, um die vergangenen fünf Jahre rückgängig zu machen. Hätte ich doch nur etwas tun, etwas verändern können, um ihn hierzubehalten. Ich wollte einfach, er hätte sein ganzes Leben leben können, wie es hätte sein sollen.

Ein paar Tage nachdem mein Dad gestorben war, googelte ich »wie trauert man«. Ich hatte Angst, dass ich es nicht richtig machte. Da stieß ich auf das Akrostichon SARAH, ein Trauermodell, dass der Reaktion vieler Menschen entspricht.

S – SCHOCK
A – ANGST UND WUT
R – RÜCKWEISUNG
A – ANNAHME
H – HEILUNG UND HOFFNUNG

Schlüssig fand ich das, aber es entsprach nicht so richtig meiner eigenen Erfahrung. Meine Reise verlief eher so:

H – HART IM NEHMEN
A – ANGEPISST
Y – YMMER MÜDE
L – LACHEN
E – EIFERSUCHT
Y – YA, OKAY, DAS IST PASSIERT

Sorry, besser kriege ich das nicht hin.

Hart im Nehmen

Nach den ersten Tränen befand ich, dass es meine Aufgabe wäre, tapfer und stark und für den Rest meiner Familie da zu sein. Also übernahm ich einen Teil der Anrufe und sagte anderen Angehörigen Bescheid, übermittelte ein ums andere Mal die schreckliche Nachricht. Mit jedem arglosen

Gesprächspartner musste ich den Schmerz aufs Neue durchleben und leise am Telefon innehalten, während die Person am anderen Ende der Leitung ihre eigene Reaktion durchlebte.

Ich kann mich nicht erinnern, dass einer von uns an dem Tag, als mein Dad starb, besonders lange weinte. Wir haben uns sofort alle zusammengerissen. Haben Geschichten über ihn erzählt, die Gesellschaft der anderen genossen und eine Art Normalität aufrechterhalten. Die Realität war noch nicht richtig zu uns durchgedrungen, und vor allem wollten wir alle meine Mum unterstützen. Niemand konnte nachempfinden, was meine Mum durchmachte, einfach unvorstellbar, wie diese Nachricht sie getroffen haben musste. Ich weiß noch, dass ich mir Sorgen machte, dass – falls es Geister vielleicht doch gab – mein Dad womöglich mit im Raum war und dachte, dass wir einfach so taten, als wäre nichts passiert, oder wir sogar froh wären, dass er fort war. Später habe ich mit ihm gesprochen, als wäre er da. Ich habe ihm erzählt, dass wir ihn vermissen, dass wir alle am Boden zerstört sind und dass das Leben nie wieder so sein würde wie früher – nur für den Fall.

Als ich an diesem ersten Abend im Bett lag und einschlafen wollte, schoss mir plötzlich ein durchdringender Schmerz in die Brust.

DOKTOR HIRN: Das ist ein Herzinfarkt,
wir sterben.

Merkwürdigerweise beruhigte mich diese Aussicht. Der Schmerz war stark und fühlte sich nicht so an, als würde er gleich wieder abklingen. Ob es sich wohl so anfühlte, an einem gebrochenen Herzen zu sterben? Zum ersten Mal in meinem Leben hatte ich keine Angst vor dem Tod. Komisch, aber die Vorstellung, wieder mit meinem Dad vereint zu sein, war bisher das Einzige, das meine Health-Anxiety zum Schweigen bringen konnte.

Der Tag der Beerdigung kam, und ich verbrachte den Morgen damit, hektisch irgendetwas für die Arbeit zu erledigen. Als wollte ich mir selbst nicht gestatten, mich auf das zu konzentrieren, was eigentlich los war. Wenn ich meine Gedanken wandern ließ, dann verhedderte ich mich darin und in meinem gebrochenen Herzen, und all der Schmerz kehrte zurück. Mit 65 sollte er noch nicht fort sein. Das war doch absurd. Wir hätten noch so viele gemeinsame Augenblicke erleben sollen. Er hätte in Rente gehen und noch viele glückliche Jahre vor sich haben sollen. Das alles ergab keinen Sinn.

Beim Anblick des Leichenwagens lief es mir bereits kalt über den Rücken, doch als ich den Sarg sah, presste es mir alle Luft aus den Lungen. Die Zeremonie war kurz, Krematorien sind eine Art Bestattungslaufband. Aber es war genau, wie wir es uns vorgestellt hatten. Ein Trauerredner erzählte die Geschichte seines Lebens, und wir lachten und weinten gemeinsam, erinnerten uns an den Helden, der mein Dad gewesen war. Wir spielten seine Lieblingssongs, und ich hielt eine Rede. Natürlich war ich egozentrisch genug, um davor ordentlich Lampenfieber zu bekommen.

Den Leichenschmaus hielten wir im Garten des Hauses meiner Eltern ab. Noch immer herrschte Lockdown, und wir durften nicht viele Leute ins Haus einladen. Das Wetter war unterirdisch, es pieselte die ganze Zeit, sogar von der Seite, und starke Windböen peitschten durch den Garten. Dafür war Dad verantwortlich, da waren wir uns alle einig, denn das war genau sein Humor. Trotz des Wetters stießen wir mit Bierflaschen auf ihn an, und meine Familie und ich durften seinen Kolleg:innen und besten Freund:innen lauschen, die lustige und schöne Geschichten über ihn erzählten. Noch nie war ich so stolz, die Tochter meines Dads zu sein.

Angepisst

Diese Phase war wohl eine der schlimmsten. Nach der Bestattung verwandelte ich mich in eine sehr angepisste kleine Dame. Es kam wie aus dem Nichts. Eigentlich bin ich kein jähzorniger Mensch. Aber plötzlich, als ich zum Beispiel zusammengerollt auf dem Sofa saß und mir einen Film ansah, wurde mein Körper von einem brennenden Zorn gepackt. Und schon schlug ich meine Sofakissen zu Brei. Eine sonderbare Erfahrung, ohne triftigen Grund auf marineblaue Samtkissen einzuprügeln. Sie waren weich und flauschig und hatten mich immer gestützt, und doch wünschte ich ihnen den Tod. Mein Gesicht wurde heiß und lief rot an, also rannte ich aus der Tür, ganz egal, was ich gerade trug, und rannte und rannte, bis der Zorn abebbte. Einmal verließ ich das Haus in meiner Micky-Maus-Pyjamahose und einem ärmellosen Top und rannte einfach die Straße hinunter. Drei Autos hupten mir hinterher, was mich nur noch wütender machte.

Ymmer müde

Nach dem Tod meines Dads verbrachte ich viel Zeit im Bett oder völlig erschlagen auf dem Sofa. Damals verstand ich nicht, was mit mir los war, ich dachte einfach, vielleicht sterbe auch ich. Wenn ich morgens aufwachte, hatte ich das Gefühl, als wäre ich erst von einem Bus überrollt, dann von einem Zug mitgeschleift und schließlich zwischen zwei dicken Mauern eingequetscht worden.

Ein typischer Tag sah in etwa so aus:

- *Wecker klingelt um 7 Uhr*
- *Snooze drücken bis 09:30 Uhr*
- *Aufstehen und mit Bettdecke aufs Sofa wechseln*
- *Auf dem Sofa liegen, im Hintergrund einen Film laufen lassen und Tee trinken*
- *Bis Mittag vor mich hin dösen*
- *Aufwachen und frühstücken*
- *Bis 15 Uhr vor mich hin dösen*
- *Aufwachen und irgendetwas gucken*
- *Essen machen*
- *Bis 19 Uhr vor mich hin dösen*
- *Ins Bett gehen*

Ich konnte kaum die Augen offen halten. Diese Phase dauerte ewig, nahm und nahm kein Ende. Wenn ich meine Familie besuchte, versuchte ich, mich fröhlich zu geben, doch sobald ich wieder zu Hause war, ging ich sofort ins Bett, ganz egal, wie spät es war, und döste bis zum Morgen unruhig vor mich hin. An diese Trauerphase erinnere ich mich nur sehr neblig, sie fühlt sich fast an wie eine Lücke in meiner Geschichte. Ich glaube, Hirn hat damals einfach versucht, mich zu schützen.

Lachen

Manchmal stellte ich mir vor, mein Dad wäre gar nicht tot, sondern dass er einfach noch immer im Pflegeheim wohnte. Das alles fühlte sich immer noch nicht echt an. Eine Woche nach seiner Bestattung holte ich seine Asche ab. Ich dachte, das würde mir bei der Verarbeitung helfen. Wenn ich die Asche selbst abholte, dann musste ich es endlich begreifen.

Als ich das Bestattungsinstitut betrat, wurde ich sofort mit Beileidsbekundungen überschüttet, alle klopften mir auf den Rücken. Wer in einem Bestattungsinstitut arbeitet, kommt aus dem Mitgefühl wohl gar nicht mehr raus. Ich wurde ins Hinterzimmer geführt, wo man mir die Asche meines Dads überreichte, in einer schicken, schneeweißen Präsenttüte. Als hätte ich gerade ein Designerteil in einer sehr teuren Boutique gekauft. Überreste: Gucci.

Als ich die Tüte von dem Bestattungsunternehmer entgegennahm, machte ich eine Bemerkung darüber, wie schwer mein Dad immer noch war.

> HIRN: O mein Gott! Bodyshamest
> du da gerade einen Toten?

Schnell ging ich zurück zum Auto und fuhr nach Hause, meinen toten Dad in seiner Präsenttüte auf dem Beifahrersitz festgeschnallt. Sobald ich zu Hause war, kamen meine Mum und mein Bruder dazu, um ihn auszupacken. Wir hatten uns gegen eine eindrucksvolle Urne entschieden, weil die alle so »urnenhaft« aussahen, aber wir hatten auch nicht erwartet, dass man ihn in etwas umfüllen würde, was ich nur als Butterbrottüte beschreiben kann. Immerhin, dachten wir, falls wir ihn aus Versehen fallen lassen, können wir ihn einfach aufsaugen und im Staubsaugerbeutel wieder hinstellen, das würde niemandem auffallen.

Heute nennen wir die Tüte unseren »Dad Bag«, was uns immer zum Lachen bringt. Oft tätschele ich den Dad Bag, wenn ich mit ihm rede, und frage mich, ob ich gerade seine Zehen, seinen Ellbogen oder seine Genitalien tätschele.

Es klingt hirnrissig, aber wir haben nach seinem Tod wirklich viel gelacht. Ich glaube, anders hätten wir es einfach nicht überstanden. Mein Dad war ein urkomischer Mann, und er hätte es nicht anders gewollt.

Eifersucht

Ich sehe mir Bilder der Hochzeit einer alten Freundin an. Wunderschön. Sie hatten wirklich einen traumhaften Tag.

> HIRN: Dein Dad wird dich niemals
> zum Altar führen.

Meine Kollegin besucht uns auf der Arbeit mit ihrem neuen Baby. Es ist so süß und winzig.

> HIRN: Dein Dad wird niemals deine
> Kinder kennenlernen.

Eines Sonntagnachmittags im Pub, eine Familie neben uns spielt Karten.

> HIRN: Ihr werdet nie wieder eine
> vierköpfige Familie sein.

Ich glaube, Eifersucht ist die härteste Trauerphase. So ungefähr die schlimmste FOMO aller Zeiten. Plötzlich ist alles, was ich sehe, Vater-Tochter-relevant. Der Vatertag, nur ein paar Wochen nach seinem Tod, fühlt sich direkt an wie ein persönlicher Angriff. Zwei ganze Wochen gehe ich nicht in den Supermarkt, aus Angst, in der Öffentlichkeit beim Anblick eines Vatertagregals zusammenzubrechen.

Ya, okay, das ist passiert

Etwa ein Jahr nachdem mein Dad gestorben war, kam etwas über mich. Wie ein Windstoß, der mir ins Gesicht fegte. Ich spürte, wie mir das Blut aus dem Gesicht und hinunter in die Zehen rauschte. Er war fort, und ich würde ihn niemals wiedersehen.

Ein Gefühlstsunami brach aus mir hervor, und ich konnte nichts dagegen tun. Ich versuchte es auch gar nicht. Ich erging mich einfach in allen Emotionen, die ich empfand. Doch es verschaffte mir keine Linderung. Ich hatte das Gefühl zu ersticken, als könnte nichts mich jemals wieder trösten. Was denn auch? Dieses Loch in meinem Herzen würde für immer leer bleiben, und ich würde einfach damit leben müssen.

Ich habe nie verstanden, warum es ein ganzes Jahr dauerte, bis mir das Geschehene ins Bewusstsein drang. Noch immer fällt jeder Tag mir schwer. Ich kann nicht über ihn sprechen, ohne in Tränen auszubrechen. Ich kann nicht an ihn denken, ohne den Schmerz wieder aufzukratzen. Ich spreche fast täglich mit ihm, und meine Nachbar:innen denken bestimmt, ich hätte nicht mehr alle Tassen im Schrank, aber aus irgendeinem Grund fühle ich mich ihm dann näher. Jedes Mal, wenn ich große Neuigkeiten erhalte, danke ich ihm und erzähle ihm davon, als wäre er einfach nur am anderen Ende der Telefonleitung. Es gibt mir Hoffnung, dass er in meiner Nähe ist und mich auf jedem Schritt begleitet. Manchmal, wenn in einem Restaurant einer seiner Lieblingssongs erklingt, denke ich, dass er mir damit etwas sagen will. Dass er bei mir ist.

HIRN: Vielleicht ist er das wirklich?

Meine verzögerte Reaktion auf den Tod meines Vaters ist normal. Ich wusste, dass es passieren würde, ich wusste nur nicht, wann. Trauer ist kein linearer Vorgang. Vielleicht verläuft es bei dir nicht nach Modell SARAH oder HAYLEY; jede:r von uns durchläuft diese einzigartige Erfahrung im eigenen Tempo, und es gibt kein Richtig oder Falsch. Es kann Wochen, Monate oder sogar Jahre dauern, bis man den Tod eines geliebten Menschen akzeptieren kann, und selbst dann, glaube ich, wird man es nie endgültig hinnehmen.

Anfangs ist die Trauer vielleicht auch gar nicht als solche zu erkennen, doch irgendwann ergibt alles Sinn. In den frühen Phasen wird man noch ständig gefragt, ob alles in Ordnung sei. Einen Monat lang steht man voll im Fokus, alle wollen sichergehen, dass es einem gut geht. Wenn das Interesse von außen verblasst, kriegt man nur allzu schnell das Gefühl, eine Last zu sein, wenn man über das Erlebte spricht, aber das stimmt nicht. Der Tod verändert das Leben. Es ist nicht vorgesehen, ihn schnell hinter sich zu lassen. Ich weiß nicht, ob man jemals aufhört, um einen geliebten Menschen zu trauern. Ich glaube, man lernt einfach, drum herumzuleben. Darüber zu sprechen hilft mehr, als man denkt, und wenn man nur Erinnerungen an den geliebten Menschen teilt. Ich erzähle immer noch gerne Geschichten über meinen Dad, er war eines der strahlendsten Lichter in meinem

Leben, und ich bin unheimlich betrübt, dass nicht jeder meinen Helden kennenlernen konnte.

Als mein Dad starb, erzählte meine beste Freundin Immy mir etwas, das sie aufgeschnappt hatte, als sie selbst einen geliebten Menschen verlor: »Wenn du im Bauch deiner Mutter bist, dann kennst du nur ihren Bauch, obwohl du nur Zentimeter entfernt bist von einer ganz anderen Welt, in der alle wissen, dass es dich gibt. Wer weiß schon, ob diejenigen, die wir lieben und die von uns gegangen sind, vielleicht auch nur Zentimeter von uns entfernt sind und uns alle immer noch sehen können?«

Wenn du also demnächst mal wieder masturbierst, denk dran: Alle deine toten Verwandten sehen dir wahrscheinlich gerade dabei zu. Echt krank.

Hirn vs. Date

Wenn du gerade erst eine große Lebensveränderung durchgemacht, dich von deinem Freund – im Ausland kennengelernt – getrennt hast und dann auch noch einen Elternteil verlierst; kaum ein Experte würde dir dann wohl empfehlen, im Anschluss gleich eine weitere große Entscheidung zu treffen, zum Beispiel eine neue Beziehung anzufangen oder auf entkoffeinierten Kaffee umzusteigen. Zum Glück hatte ich dem Koffein schon vor ein paar Jahren abgeschworen, und aus der Datingszene wollte ich mich erst einmal komplett heraushalten. Ich wollte Single sein und einfach meine eigene Gesellschaft genießen. Das tat ich auch, und zwar in vollen Zügen. Ich ging kaum aus dem Haus. Tatsächlich verbrachte ich den Großteil der Monate, die auf den Tod meines Vaters folgten, allein auf dem Sofa im Haus meiner Familie auf der *Isle of Wight* und sah fern – man glaubt nicht, was teilweise im Fernsehen läuft. Aber genau das brauchte ich.

Als ich mich schließlich zaghaft wieder hinaus in die Welt wagte, fand ich mich eines Abends auf der Geburtstagsparty meiner Freundin Sarah wieder. Sie feierte im Pub, und das hielt ich für einen relativ sicheren Ort, um mich wieder in die Gesellschaft einzugliedern, außerdem wusste ich, dass ein paar meiner alten Freund:innen da sein würden. Ich nahm mir selbst das Versprechen ab, sofort zu gehen, wenn ich keine Lust mehr hatte – man sieht, ich war richtig in Feierlaune. Sarah erzählte mir praktisch sofort, dass sie ebenfalls seit Kurzem Single sei und dass ihr nach der Trennung erst ein One-Night-Stand das Gefühl gegeben habe, wieder nach vorne sehen zu können. Deshalb hatte sie für mich einen Typen in den Pub eingeladen. Ich war nicht so überzeugt von ihrer Idee, aber ich hatte bereits drei Margaritas intus, also beschwor ich meinen weltberühmten Enthusiasmus und sagte: »Na schön.«

Mir unangenehm bewusst, dass ich meinen schlimmsten »Trauerschlüpper« trug – meine älteste, löchrigste Unterhose –, saß ich also plötzlich neben einem Typen, den ich guten Gewissens als *Love-Island*-Teilnehmer beschreiben kann. Er war gut 1,95 groß und künstlich gebräunt, hatte unwahrscheinliche Muskelberge, die sein zu kleines T-Shirt wölbten, und Augenbrauen, die nicht nur völlig überzupft waren, sondern auch noch sehr auffällig dunkelbraun gefärbt. Eigentlich überhaupt nicht mein Typ, aber viele der anderen Mädels im Pub schienen ihn anzuhimmeln.

Keine Ahnung, wie Sarah ihn dazu gebracht hatte, so schnell im Pub zu erscheinen, aber ihre Ausführungen darüber, wie scharf ich auf eine heiße Nacht war, dürften etwas übertrieben gewesen sein. Nett war er auf jeden Fall. Leider war ich die furchtbarste Gesprächspartnerin aller Zeiten. Er fragte mich nach meinen Hobbys (keine), was ich sonst so machte (nichts) und was meine Pläne fürs Wochenende wären (keine). Er erwähnte seinen Dad, und da brach ich sofort in Tränen aus – große, zittrige, sehr nasse Tränen. Er legte mir sanft den Arm um die Schulter, führte mich dann zu einem Taxi und winkte mir hinterher. Wirklich nett, eigentlich. Ich hoffe, er kriegt, was er verdient: eine wundervolle Freundin, einen Co-Moderationsvertrag über zwei Staffeln *Love Island – Aftersun* und einen Sponsorenvertrag mit einem Fitnesszentrum.

Ein paar Monate später, während ich auf dem Sofa meinem liebsten Hobby des Nichtstuns nachging, ploppte eine Benachrichtigung auf meinem Handy auf. Von *Hinge*. Ein neues Match! Wann immer mir langweilig war, habe ich mich sporadisch durch Dating-Apps gescrollt, aber niemals mit ernsthaften Absichten. Ich habe lauter Profile auf »Ja« gewischt, aber ich habe nie mit jemandem geschrieben oder mir meine Matches angesehen. Ich weiß nicht, was dieses Mal anders war, aber ich öffnete die Benachrichtigung, um nachzusehen, wer hinter dem Match steckte. Sein Name war Damien, er war 31, 1,87 groß, arbeitete in der Werbebranche, rauchte nicht, nahm keine Drogen, trank nur gelegentlich. Offenbar eine richtige Schlaftablette, aber ehrlich gesagt war das genau mein Ding.

In den kommenden Tagen schrieben Damien und ich hin und her. Anfangs wartete ich immer die herkömmlichen zehn Minuten ab, ehe ich antwortete, aber ich hatte wirklich Spaß an der Sache. Schon bald schrieben wir ohne Zeitverzögerung hin und her, wie bei einem richtigen Gespräch – voll retro! Wir waren praktisch verheiratet. Er war toll, witzig, freundlich und kam mir nicht vor wie ein Serienmörder. Was für ein Hauptgewinn.

Dann fragte er mich, ob ich etwas mit ihm trinken gehen wolle.

> **HIRN:** Äh, du hast da wohl eine
> Kleinigkeit vergessen.

Ach ja, ich vergaß zu erwähnen, dass ich ihn *catfishte*. Nicht, dass ich ein akribisch durchdachtes Fake-Profil erstellt hätte. Ich hatte mich nicht als 19-jähriges Model ausgegeben oder als nigerianischer Prinz mit prall gefülltem Konto. Ich hatte nur London als Wohnort eingestellt, während ich noch immer auf der *Isle of Wight* lebte. Zu meiner Verteidigung: Ich hatte ja gar nicht vorgehabt, mich mit irgendjemandem zu treffen, und hätte ich meinen Wohnort auf die Isle umgestellt, dann wären all meine Matches die zehn Leute gewesen, mit denen ich schon zur Schule gegangen war, und vielleicht der Typ von *Love Island*.

Ich musste mir eine Ausrede einfallen lassen, warum ich mich nicht mit ihm treffen konnte, also erzählte ich ihm die Wahrheit, im wightesten Sinne (wie man das halt so macht, wenn man im Geheimen eigentlich auf der *Isle of Wight* lebt). Ich schrieb: *Ah, tut mir leid! Eigentlich gerne! Momentan bin ich aber wegen der Arbeit die nächsten paar Wochen auf der Isle of Wight. Vielleicht, wenn ich wieder zurück in London bin?*

> **HIRN:** Genial! Okay, was machen wir,
> wenn er in ein paar Wochen noch mal fragt?

Ich hatte das nicht ganz zu Ende gedacht. Ich war noch nicht bereit, wieder nach London zu ziehen, und ganz sicher nicht für ein Date mit einem Typen von *Hinge* ... oder etwa doch? Ich öffnete *Rightmove* und suchte nach Mietwohnungen. Wie erwartet gab es in meiner Preisklasse nichts Größeres als einen Schuhkarton, außerdem fiel mir gerade noch rechtzeitig ein, dass ich wahrscheinlich für ein einziges Date nicht gleich umziehen sollte.

Zwei Wochen verstrichen, und wir schrieben uns immer noch ziemlich viel. Nicht zu viel, wir wollten uns ja nicht das Geheimnisvolle an der Sache kaputtmachen, aber genug, damit ich ein paar Fakten über ihn zusammentragen und damit eine sehr gründliche Internetrecherche zu seiner Person anstellen konnte. Ich sollte für die Regierung arbeiten. Ich fand heraus, wo er arbeitete, wo er wohnte, wie seine Familie aussah, wie lange er schon in London lebte und natürlich auch, wer seine Ex-Freundin war. Er hingegen wusste über mich nur, dass ich definitiv in London wohnte.

HIRN: Erzähl's ihm einfach!
Wenn er uns wirklich mag, ist es egal.

Ich hatte ja nichts zu verlieren, also schrieb ich: *Ich kann nicht glauben, dass ich dir das jetzt erzähle, aber ich habe dich gecatfisht.* Ich heiße wirklich Hayley, und alles, was ich gesagt habe, ist wahr, aber ich wohne nicht in London. Eine Pause. Ungefähr drei Minuten lässt er mich auf »gelesen« hängen, es fühlt sich an wie eine Ewigkeit. Dann erscheint die Tippblase. Während ich warte, beschleunigt sich mein Atem, mein Herz rast, und ich frage mich, ob er mir gleich schreibt, ich solle mich verpissen.

HIRN: Er schreibt irgendetwas Gemeines,
bestimmt ist er total sauer auf uns.

Seine Antwort ploppt auf meinem Bildschirm auf: Ich wusste es!!! Welcher Comedian muss denn einfach mal für ein paar Wochen auf die *Isle of Wight*? Hattest du jemals vor, dich mit mir zu treffen? Offenbar war das gut gegangen – er war nicht wütend, nur etwas verwirrt. Ich erklärte, warum ich London als meinen Wohnort eingestellt hatte und dass ich irgendwann zurückziehen wollte. Tatsächlich hatte ich bereits ausgemacht, in etwa einem Monat ein paar Freund:innen dort zu besuchen. Er fragte, ob ich dann Zeit für einen Drink hätte.

Der Monat vergeht. Ich bin bei meiner Freundin Lucy zu Besuch und versuche, mich für ein Outfit zu entscheiden. Nur für diesen Zweck habe ich einen gigantischen Koffer für meinen Kurztrip mitgebracht. Er ist vollgestopft mit Outfits, die meine Nippel betonen (nicht absichtlich) und auch meine Zehen, für den Fall, dass er Fußfetischist ist. Ich weiß noch nicht, ob das für mich okay wäre, aber ich will für jeden Fall gewappnet sein.

HIRN: Warum bist du so nervös?
Es ist doch nur ein Date.

Klar. Es ist nur ein Date. Das habe ich schon mal gemacht.

HIRN: Könnte natürlich auch das wichtigste Date unseres Lebens werden.

Das ist eigentlich viel zu viel Stress für ein Date. Muss wohl daran liegen, dass wir uns schon so viel geschrieben haben, da hat der Druck sich richtig aufgebaut. Ich probiere es mit Jeans und T-Shirt, aber das sieht viel zu lässig aus. Dann ein Kleid, viel zu formell. Ich schicke Bilder in alle WhatsApp-Gruppen, um möglichst viele Meinungen von möglichst vielen Freund:innen einzuholen – 30 unqualifizierte Stylist:innen geben alles, um mir mitzuteilen, dass ich gleichzeitig over- und underdressed bin für ein Date in einem Pub mit einem Typen, den ich nicht mal wirklich kenne.

HIRN: Ich glaube, wir sollten absagen.

HERZ: Wir können nicht absagen!
Was, wenn er der Eine ist? Nächstes Jahr
sind wir verheiratet und leben in einem
riesigen Haus mit tausend Pflanzen und
tanzen zusammen in unserer blitzblanken
Küche.

UTERUS: Mit unseren zehn Kindern!
Um Himmels willen, vergesst nicht die Kinder!

Herz und Uterus stellen sich mich immer vor wie in einem romantischen Film von Nancy Meyers. Vagina sieht mich eher in der Gosse landen.

VAGINA: Los, wir vögeln ihn einfach, und
dann tschüss. Auf nach Bumshausen, Baby!

Das reicht jetzt. Ich habe das Gefühl, mich übergeben zu müssen oder mir in die Hosen zu scheißen, vielleicht auch beides. Ich glaube, in meinem ganzen Leben war ich noch nicht so nervös. Was, wenn *er* mich *gecatfisht* hat, obwohl ich die ganze Zeit dachte, es wäre andersherum? Aber die Zeit wird knapp, also blende ich den Lärm aus und entscheide mich für ein Outfit, das versehentlich mein größter Fashion-Fauxpas wird. Nicht nur habe ich meine Zehen entblößt, ich trage auch ein durchsichtiges Top, unter dem ich keinen BH anziehen kann, sodass man auch noch meine Nippel sieht. Ich habe es mit Nippelcovern versucht, aber das sah irgendwie aus, als würde ich zwei Scheiben Schinken unter meinem Oberteil wegschmuggeln wollen. Und so hüpfe ich jetzt ins Taxi und präsentiere der Welt meine beiden Zs – Zitzen und Zehen.

Drei Minuten später überlege ich, ob ich einfach aus dem Taxi springen soll. Ich kann das nicht. Ich fühle mich so unwohl und albern. Vielleicht bin ich noch nicht bereit dafür, irgendjemand Neues kennenzulernen.

HIRN: Na ja, aber was haben wir schon
zu verlieren?

Tja, nichts, denke ich.

HIRN: Hat nicht alles Gute immer etwas unheimlich angefangen?

Ja, aber was, wenn nichts aus uns wird? Was, wenn er mich nicht mag? Was, wenn ich ihn nicht mag? Das könnte alles total für'n Arsch sein.

HIRN: Na und? Wir kommen auch allein zurecht, das wissen wir ja.

Wir kommen allein zurecht. Ich hasse es, wie recht sie hat. Ich habe nichts zu verlieren. Meine flatternden Nerven kann ich allerdings nicht abschütteln. Ich schreibe Damien: *Bin unterwegs, aber ich bin echt nervös* ☺.

Er antwortet: *Ich auch! Mach dir keine Sorgen. Ich sitze draußen, bis gleich.*

Genau in dem Moment hält mein Taxi vor der Rückseite des Pubs. Ich entdecke Damien – alles, was er über sich erzählt hat, ist wahr. Tatsächlich sieht er richtig gut aus, viel besser als auf seinen Fotos. Er hebt den Kopf, und unsere Blicke treffen sich. Ich hebe eine Hand und winke. Er lächelt. Dann fährt das Taxi weiter, und ich sitze immer noch darin.
Der Fahrer murmelt: »Ich setze Sie vorne ab.«

HIRN: O mein Gott, er wird denken, dass du sofort abgehauen bist, als du ihn gesehen hast!

Ich gerate in Panik. Was soll ich tun? Vor dem Pub angekommen, zahle ich den Taxifahrer und steige schnell aus dem Auto. Dann rufe ich Lucy an und frage, was ich tun soll. Sie meint, ich solle einfach schnell wieder nach hinten gehen.

Also schlurfe ich los, in meinen blöden, ach so tollen Flip-Flops, während meine Nippel Fluchtversuche unternehmen. Dieser Pub ist aber auch unnötig gigantisch. Wer hielt es für eine gute Idee, einen so großen Pub zu bauen? Wird der jemals richtig voll? Als ich endlich seinen Tisch erreiche, demütigend außer Atem – was ich verzweifelt zu überspielen versuche –, steht er mit seiner Jacke über dem Arm da. »Gehst du?«, kreische ich.

Er lacht. »Ich wollte dich gerade suchen gehen.«

Der Rest des Abends ist schön. Wirklich schön. Ich trinke ein paar Gin Tonics zu viel und entspanne mich ein wenig (irgendwann). Am Ende des Abends verabschieden wir uns und sehen uns nie wieder. Scherz! Seitdem sind wir ein Paar, und hoffentlich sind wir das noch immer, wenn du das hier liest.

Oh, und nein, wie sich herausgestellt hat, ist er kein Zehenfetischist.

Ich vs. Therapie

Bevor ich selbst eine Therapie anfing, schwirrte es in meinem Kopf nur so von Vorurteilen darüber. Ich stellte mir vor, dass ich dabei auf einem Sofa liegen und all meine merkwürdigen Sexträume schildern müsste. In meinem Kopf saß mir dabei ein uralter Mann gegenüber, der sich über den Bart strich und mich im Stillen für alles verurteilte, was ich erzählte. Vor allem dachte ich aber, eine Therapie sei dafür da, dass man sich verrät. Wenn ich auch nur ein falsches Wort sagte, so stellte ich mir vor, würde man mich sofort in ein viktorianisches Irrenhaus einweisen. Eine Therapie war für mich nichts potenziell Hilfreiches.

In der zweiten Hälfte meiner Zwanziger überlegte ich dann aber, ob es nicht vielleicht sinnvoll wäre, mal mit jemand anderem als Hirn über alles zu sprechen, was mich so beschäftigte. Möglicherweise könnte ich dann sogar mal überprüfen, ob Hirn überhaupt wusste, wovon sie sprach. Nach meinen ersten Panikattacken fast zehn Jahre zuvor hatte meine Ärztin mir bereits eine Therapie empfohlen. Damals war ich dafür noch nicht bereit – ich konnte einfach keinen Gewinn darin sehen. Ich habe es einmal ausprobiert, aber es war überwältigend, also gab ich einfach auf. Doch dann stellte ich fest, dass alle meine Freund:innen eine Therapie machten. Vielleicht war es ja mittlerweile cool, sich durch sämtliche Kindheitstraumata zu wühlen? Außerdem fand ich, nachdem ich schon vor seinem Tod um meinen Dad trauern musste, und dann noch einmal danach, sollte ich zumindest darüber mal mit einem Profi sprechen.

Der erste Schritt in eine Therapie ist die Suche nach einem Therapeuten oder einer Therapeutin. Und das ist auch schon fast der schwierigste Schritt, denn man sucht im Prinzip die Nadel im Heuhaufen. Als würde man einen Hürdenlauf von hinten angehen – immer vorausgesetzt, dass die höchste Hürde ganz hinten steht. Ehrlich gesagt habe ich keine Ahnung vom Hürdenlaufen. Ich bin eher die Ostereiersucherin, Hauptsache, am Ende wartet eine Belohnung und kein Schmerz. Am Anfang meiner Suche schrieb ich mir eine Kriterienliste – in der Nähe, Mindestalter, keine gemeinsamen Freunde. Diese Regeln sind natürlich nicht in Stein gemeißelt, es waren nur meine persönlichen Suchkriterien. Eine:n Therapeut:in zu finden ist fast wie Dating – mach dich auf viele Enttäuschungen gefasst, aber wenn du die richtige Person findest, dann kriegt sie dich auf jeden Fall wieder hin (das ist natürlich nicht ernst gemeint. Niemand muss dich wieder hinkriegen; du bist nicht kaputt!).

Schon bald änderten sich meine Suchparameter. Ich schätzte Therapeut:innen anhand ihrer Fotoposen auf ihren Webseiten ab. Sollte mein:e Therapeut:in glücklich oder ernst sein? Wollte ich einen Mann oder eine Frau? Ein weißes Hemd oder eine bauschige Bluse? Ich entschied, dass ich eine Frau wollte, die über 40 war, und ehrlich gesagt wollte ich auch, dass sie ein bisschen mütterlich aussah.

> **HIRN:** Vielleicht solltest du einfach mit unserer Mum reden? Das wäre viel günstiger. Außerdem kennt sie sich schon mit

unseren Kindheitstraumata aus, sie war
schließlich dabei.

Nein, ich wollte mit einer Frau sprechen, die nichts über
mich wusste. Die mich nicht verurteilen würde oder irgendwelche vorgefertigten Meinungen über meine Person hatte.
Meine Mum hat immer gute Ratschläge parat, aber ich wollte
keine Ratschläge. Ich wollte einfach nur reden.

Nach einer langen Suche und zahllosen Absage-E-Mails (zum
Glück habe ich nicht auch noch ein Problem mit Zurück-
weisung, sonst hätte ich gleich zwei Therapeutinnen gebraucht; eine, um über die Absagen hinwegzukommen, und
eine für den ganzen anderen Kram) glaube ich, endlich
die richtige gefunden zu haben. Sie hat ein freundliches
Lächeln und eine schöne Bluse, und sie ist auf Verlust
und Angststörungen spezialisiert – das Venn-Diagramm
der Champions. Ich lasse mir einen Termin geben, und zwei
Tage später mache ich mich auf den Weg zu einem hohen
Gebäude hinter der Hauptstraße, um Marie kennenzulernen.

Vor meiner Sitzung muss ich noch einen Fragebogen ausfüllen, auf dem ich mich selbst einschätzen soll. Sofort fange
ich an zu lügen. Ich trage einen anderen Job ein. Meine Antwort auf die Frage, wie glücklich ich bin, verbiege ich auch.
Sogar bei meiner Adresse flunkere ich. Beinahe hätte ich mir
auch einen neuen Namen zugelegt, aber dann fällt mir ein,
dass meine E-Mail-Adresse meinen Vor- und Nachnamen ent-
hält und Marie denken könnte, dass ich dieselbe Krankheit
habe wie mein Dad.

HIRN: Nein, du machst das schon richtig so.
Erzähl ihr nichts. Dann kann sie dich

auch nicht mit unseren tiefsten, dunkelsten Geheimnissen erpressen!

Ein paar Minuten später winkt sie mich herein und bittet mich, ihr gegenüber Platz zu nehmen. Sie sieht genauso aus wie auf dem Bild, auch ihr Lächeln. Ich fühle mich sofort wohl in ihrer Gegenwart. Sie durchblättert meinen Fragebogen, dann blickt sie auf und sieht mich etwas verwirrt an. »Eine Paartherapie mit einer einzelnen Person ist eher ungewöhnlich.«

Ich stimme ihr zu. »Na ja, sehen Sie, Hirn und ich, wir kommen nicht so gut miteinander klar.«

Offensichtlich beunruhigt es sie, dass ich über Hirn und mich als »wir« spreche, aber sie sagt nichts dazu. Stattdessen fragt sie, warum ich gekommen bin.

Ich will ihr erzählen, dass die Trauer mich in die Knie zwingt. Dass ich glaube, den Tod meines Vaters nicht verarbeitet zu haben, genauso wenig wie seine Demenz. Ich will ihr sagen, dass ich mich innerlich taub fühle und dass ich die letzten fünf Jahre mit aller Kraft versucht habe, mich abzulenken, wann immer Hirn mir befiehlt, meine Dozentin zu küssen, Babys zu treten und mit dem Auto von hohen Klippen zu fahren.

Stattdessen sage ich: »Ach, Sie wissen schon, normales Zeugs.«

Sie bittet mich, das etwas zu konkretisieren.

> **HIRN:** Auf gar keinen Fall. Du hast ihr schon genug erzählt. Wie stehe ich denn jetzt da? Du kannst mich doch nicht so demütigen!

Doch nach so vielen Jahren meiner eigenen Demütigung, die ich ein ums andere Mal verwunden habe, finde ich, dass

Hirn das jetzt aushalten muss. Nachdem ich einmal angefangen habe, kann ich gar nicht mehr aufhören zu reden. Ich erzähle Marie alles – von Dad, von meinen vergangenen Trennungen, von meinen zermürbenden Selbstzweifeln, auch alles über Hirn, wirklich alles. Ich lasse kein Detail aus. Es strömt mir einfach aus dem Mund, wie Wortkotze.

Nach einer Weile fragt sie: »Und glauben Sie, dass diese Gefühle, die Sie haben, normal sind?«

Glaube ich, dass diese Gefühle normal sind? Keine Ahnung. Ich lebe jeden Tag damit, das ist klar, aber fühlen andere Menschen genauso? Ich kann ja nicht der einzige Mensch auf dieser Welt sein, der sogar schon Angst bekommt, ganz vorne in der Schlange am Postschalter zu stehen, weil sich das so unangenehm anfühlt.

»Ja«, antworte ich.

> HIRN: Großartig. Jetzt hast du's geschafft,
> gleich ruft sie die Männer in Weiß.
> Ab ins Irrenhaus, Baby!

Marie versichert mir, dass es wirklich vollkommen normal ist. Sie erklärt, dass Angststörungen, Trauer und Stress alle möglichen Emotionen und Verhaltensänderungen mit sich bringen können. Sie fragt mich nach meiner Kindheit und wann Hirn so laut geworden ist.

> HIRN: Wow, sie ist ja ganz schön überzeugt von dem ganzen »Ich bin die Böse hier«, oder?

Im Laufe der Sitzung wächst in mir die Überzeugung, dass ich dieser Frau viel zu viel erzählt habe. Mir läuft Schnodder aus der Nase, und ich habe mich durch ihr ganzes Päckchen Taschentücher geschnäuzt. Während ich erzähle, sagt sie immer wieder Sachen wie »Das muss sehr schwer gewesen sein« und »Es tut mir leid, dass Sie das empfunden haben«.

Die Art, wie sie mich ansieht und mit mir spricht, fühlt sich bestätigend an. Ich glaube, ich könnte ihr meine schlimmsten Gedanken überhaupt erzählen und sie würde weiter so mitfühlend dreinsehen, doch das gesamte Gespräch über habe ich gar nicht das Gefühl, etwas so Schlimmes zu sagen.

Kurz vor dem Ende der Sitzung zeichnet sie ein kleines Diagramm auf ein Whiteboard und packt das Chaos meines Lebens aus. Sie will herausfinden, wo das eine in das andere greift und wo die Wurzel all meiner Probleme liegt. Sie gibt mir ein paar Arbeitsblätter mit, Hausaufgaben für mich und Hirn, die ich bis zur nächsten Sitzung ausfüllen soll. Statt zu streiten, setzen Hirn und ich uns also jeden Abend der folgenden Woche zusammen hin und füllen die Blätter aus.

HIRN: Weißt du, es ist echt nett, dass ich zur Abwechslung auch mal was gefragt werde.

Stimmt.

Ich und Hirn

Wenn du das hier liest, dann bin ich tot.

Scherz! Ich lebe. Zumindest glaube ich das. Wenn du das liest und ich tatsächlich tot sein sollte, dann sag bitte meiner Mum, dass ich sie liebe und sie soll auf gar keinen Fall in meine Nachttischschublade gucken. Einfach das ganze Teil wegschmeißen – ist besser so.

Willkommen zum Ende meines Buches. Wir haben es geschafft! Ich habe ein ganzes Buch geschrieben, und du hast ein ganzes gelesen – das haben wir wirklich gut gemacht! Wie viel Spaß wir zusammen hatten. Erinnerst du dich noch daran, wie ich einmal fast bei einem Raketenangriff gestorben wäre? Oder als ich mit meinem Auto beinahe von der Klippe gefahren bin?

> HIRN: Oder wie du einmal kurz vorm
> Abnippeln warst und in die Notaufnahme
> musstest, und dann stellte sich heraus,
> dass du gar nicht gestorben wärst?
> Das war wirklich mal eine spaßige Art der
> Zeitverschwendung für alle Beteiligten.

Jep, jede Menge Spaß! Es gab wortwörtlich beschissene Zwischenfälle, es gab Trennungen und Durchbrüche, aber nichts konnte uns beide darauf vorbereiten, einen Elternteil zu verlieren. Wir haben schon eine Menge zusammen durchgemacht, oder, Hirn?

HIRN: Allerdings. Und nachdem ich das jetzt alles so aufgeschrieben gesehen habe, brauche ich – glaub ich – erst mal wieder Urlaub.

Vielleicht könnten wir dich jetzt endlich einmachen und in einem Glas auf meinen Schreibtisch stellen?

Mit 28 Jahren meinen Dad zu verlieren war eines der härtesten, einschneidendsten Erlebnisse meines Lebens. Und irgendwie wurde dieses Buch zu einer Art Therapie. Ich war gezwungen, mich an Zeiten zurückzuerinnern, über die ich vielleicht nicht so sehr nachdenken wollte. Natürlich sind da eine Menge Tränen geflossen, aber dafür solltest du mal meine ganzen schönen Heul-Selfies sehen.

Manchmal fühlte ich mich beim Schreiben sehr gehemmt und unsicher, aber dann dachte ich immer an einen Ratschlag meines Dads: *Tu, was immer du tun willst. Wenn andere Leute dich komisch finden – na und? Wenn es dir Spaß macht, dann tu's. Wahrscheinlich siehst du die meisten niemals wieder, wen interessiert's also?*

HIRN: Hey, das ist ja wirklich mal ein guter Ratschlag.

Ich kann nicht sagen, dass ich für Hirn jemals so etwas wie Zuneigung empfunden habe, sie war für mich einfach immer nur eine Nervensäge. Den Großteil meines Lebens hat sie mich dazu gebracht, vor allem Schuldgefühle, Scham und Angst zu empfinden. Doch jetzt, da ich hier in einem Café bei mir um die Ecke sitze, stelle ich fest, dass ich mich ein wenig besser fühle. Hirn hat zwar immer noch ihre kleinen Rituale, aber das macht mir nicht mehr so viele Sorgen wie früher. Mein Leben lang habe ich versucht, sie zum Schweigen zu bringen, doch ich habe erkannt: Das ist nicht nur unmöglich, sondern auch unnötig. Manchmal ist es sogar sinnvoll, ihr zuzuhören.

HIRN: Sag ich doch! Ich hab immer recht!

Du hast nicht immer recht, aber auch das ist okay. Niemand hat immer recht.

In letzter Zeit versuche ich, mit anderen Menschen über Hirn zu sprechen. Und zwar viel. Und wie sich herausstellt, bin ich mit meinem überaktiven Hirn nicht allein. Viele von uns haben so eins. Wir glauben, die ganze Welt beobachtet uns, während wir einfach nur am Straßenrand stehen und auf Grün warten, wir teilen diesen plötzlichen Drang, unseren Zahnärzt:innen in den gummibehandschuhten Finger zu beißen, und wir haben uns sogar schon einmal vorgestellt, uns vor einen vorbeirasenden Zug zu werfen (einer der aufdringlichen Gedanken, über den ich nur sehr zögerlich spreche, weil er sich nach einem besonders großen Tabu anfühlt). Aber all das sind normale, menschliche Gefühle, nichts weswegen man sich schämen müsste, und in den allermeisten Fällen ist es einfach Hirns Art, uns vor gefährlichen Situationen zu schützen. Sie wählt dafür nur eine besonders ausgefallene Methode.

Darüber hinaus habe ich begriffen, dass einige dieser Gedanken und Gefühle einfach Hirn-Zeugs sind. Sie definieren mich nicht – sie sind nicht mein wahres Ich, nicht meine wahren Gefühle. Wenn du Gedanken und Gefühle hast, die dir Sorgen bereiten, dann vertrau dich jemandem an, such dir Hilfe. Hirn will dir vielleicht einreden, dass das nicht geht, aber das ist Hirns Problem, nicht deines. Eine Therapie anzufangen war eine der besten Entscheidungen, die ich je für mich getroffen habe. Aus verschiedenen Gründen habe ich es lange vor mir hergeschoben, aber heute bereue ich nur, dass ich diesen Schritt nicht eher gegangen bin. Wir alle müssen lernen, uns um die graue Blubbermasse unserer Gehirne zu kümmern, diese verrückten, kleinen Tierchen.

Ich werde niemals vollständig frei sein von Hirn. Es ist eine Art Bund fürs Leben. Ja, sie ist jetzt nicht mehr ganz so laut wie früher, aber sie schafft es immer noch, mich ganz plötzlich in Panik zu versetzen, mich zu verschüchtern oder mir Sorgen einzuflüstern. Manchmal wirft sie mir aber auch ein Kompliment zu, einen Einfall oder einfach eine richtig schöne Erinnerung, und ich glaube, Hirn und ich ... ja, wir sind Freundinnen.

> HIRN: Das sind wir wirklich,
> ich bin immer für dich da.

Danksagung

Ich habe keinen blassen Schimmer, wie dieser Teil funktioniert. Sobald es sentimental oder gefühlvoll wird, verwandle ich mich in die fleischgewordene Unbeholfenheit. Für Situationen wie diese setze ich mir meist einen australischen Akzent auf, also lies das Folgende bitte in deinem besten Aussie-Akzent, denn so ist es gedacht.

Als Erstes möchte ich meinem unglaublichen Dad Kevin Morris danken, für alles, was er mir im Leben beigebracht hat, dafür, dass er mir die Welt der Comedy zeigte und immer für mich da war, in den guten und in den schlechten Zeiten – du warst wirklich der beste Dad, den ich mir hätte wünschen können. Ich danke meiner Mum für all die guten Ratschläge und dass sie meine Cheerleaderin war, in all den Augenblicken meines Lebens, in denen ich nicht die leiseste Ahnung hatte, was ich eigentlich tat. Meinem Bruder, dem lustigsten Menschen, den ich kenne (er ist viel lustiger als ich), für alle Albernheiten unserer Kindheit und dafür, dass er mein Fels in der Brandung war, als wir unseren wundervollen Dad verloren.

Danke an Zennor, für deine Hilfe, dieses Buch auf die Welt zu bringen, durch all meine Tränen und »Ich glaube, ich kann das nicht, das ist alles Mist«-Nachrichten. Und an Charlie, weil du gemeinsam mit mir durch den tiefen Sumpf meiner Wortkotze gewatet bist.

An »Damien«, die stete Beständigkeit, während ich dieses Buch schrieb, und danke für all die köstlichen Abendessen, die mir die nötige Energie gaben. Meiner besten Freundin Immy, die ewig lange Sprachnachrichten und Chats ertrug. An Ella, auf die ich mich immer verlassen kann.

Ich möchte meinen Agent:innen Milly und Stan danken, und allen anderen bei InterTalent (wenn ich dabei nicht zu sehr wie eine Möchtegern-Diva klinge), für alles.

Und schließlich möchte ich dir und euch danken. Mein Leben hat sich seit 2021 dramatisch verändert, und ich bin so glücklich, wie ich es lange nicht war. Es ist ein absolutes Privileg, morgens aufzustehen und mein Geld mit einem Job zu verdienen, der mir jeden einzelnen Tag so viel Freude bereitet. Die Gemeinschaft, die wir online aufgebaut haben, ist meine Wohlfühlzone, dort können wir uns alle ganz normal fühlen und gemeinsam unsere sehr ähnlichen, furchtbar nervigen Gehirne feiern. Nichts davon wäre ohne dich, ohne euch möglich gewesen. Danke, danke, danke.